Erfolgreich zum Doktortitel

Erfolgreich zum Doktortitel

Erfolgreich zum Doktortitel

Eelko Huizingh

Strategien und Kompetenzen für die Promotion

Eelko Huizingh 🆔
Huizingh Academic Development
Assen, Niederlande

ISBN 978-3-032-15928-1   ISBN 978-3-032-15929-8   (eBook)
https://doi.org/10.1007/978-3-032-15929-8

Die Deutsche Nationalbibliothek verzeichnet diese Publikation in der Deutschen Nationalbibliografie; detaillierte bibliografische Daten sind im Internet über https://portal.dnb.de abrufbar.

Übersetzung der englischen Ausgabe: „Unlocking PhD Success" von Eelko Huizingh, © The Editor(s) (if applicable) and The Author(s), under exclusive license to Springer Nature Switzerland AG 2023. Veröffentlicht durch Springer International Publishing. Alle Rechte vorbehalten.

Dieses Buch ist eine Übersetzung des Originals in Englisch „Unlocking PhD Success" von Eelko K.R.E. Huizingh, publiziert durch Springer Nature Switzerland AG im Jahr 2023. Die Übersetzung erfolgte mit Hilfe von künstlicher Intelligenz (maschinelle Übersetzung). Eine anschließende Überarbeitung im Satzbetrieb erfolgte vor allem in inhaltlicher Hinsicht, so dass sich das Buch stilistisch anders lesen wird als eine herkömmliche Übersetzung. Springer Nature arbeitet kontinuierlich an der Weiterentwicklung von Werkzeugen für die Produktion von Büchern und an den damit verbundenen Technologien zur Unterstützung der Autoren.

Springer ist ein Imprint der eingetragenen Gesellschaft Springer Nature Switzerland AG und ist ein Teil von Springer Nature.
Die Anschrift der Gesellschaft ist: Gewerbestrasse 11, 6330 Cham, Switzerland

Wenn Sie dieses Produkt entsorgen, geben Sie das Papier bitte zum Recycling.

Vorwort

Der Weg zur Promotion ist herausfordernd. Die hohen Abbruchquoten bei Promotionen (30 % bis 70 %) verdeutlichen, wie herausfordernd er ist. Die Bewältigung der Herausforderungen einer Promotion erfordert mehr, als nur die eigene Forschung korrekt durchzuführen. Um auf dem Weg zur Promotion erfolgreich zu sein, benötigen Sie das „richtige" Kompetenzprofil. Und genau darum geht es in diesem Buch. Hier wird erklärt, welche Kompetenzen Sie benötigen, warum sie notwendig sind und wie Sie diese entwickeln können.

Viele Betreuerinnen und Betreuer gehen davon aus, dass Studierende die entscheidenden Kompetenzen für die Promotion „nebenbei" erlernen. Dies liegt daran, dass Promotionsprojekte als Lernprojekte konzipiert sind und zahlreiche Gelegenheiten bieten, Kompetenzen zu erwerben und zu üben. Und die Betreuungspersonen haben recht: Lernen durch Versuch und Irrtum funktioniert, es kostet nur viel Zeit und Mühe. Zeit und Mühe, die Studierenden in der Regel fehlen (oder die sie besser nutzen könnten).

Lernen durch Versuch und Irrtum verlangsamt den Lernprozess zudem unnötig. Es ist vergleichbar mit Fahrradfahren oder dem Spielen eines Musikinstruments. Es ist eine große Hilfe, wenn Ihnen jemand erklärt, wie Sie auf das Fahrrad steigen und wo Sie Ihre Hände und Füße platzieren, oder wie Sie das Instrument halten und wo Sie Ihre Finger hinlegen sollen. Im Wesentlichen ist dies das Ziel dieses Buches: *Ihnen dabei zu helfen, den Lernprozess zu beschleunigen, indem Sie sich bewusst werden, welche Fähigkeiten für Ihr Projekt benötigt werden, welche Kompetenzen diese umfassen und wie Sie diese erwerben können.*

Schließen Sie Ihre Reise zur Promotion erfolgreich ab

Die Abbruchquoten bei Promovierenden sind hoch, und das liegt nicht daran, dass die Kandidatinnen und Kandidaten nicht klug genug wären. In den über 200 Workshops, die ich gegeben habe, und bei den zahlreichen Promotionskolloquien, an denen ich im Laufe der Jahre beteiligt war, habe ich mehrere Tausend Promovierende kennengelernt. Doch ich habe nie eine Studentin oder einen Studenten getroffen, die oder der nicht klug, ehrgeizig, leidenschaftlich und fleißig war. Dennoch garantiert das keinen Erfolg. Um ein Scheitern zu vermeiden, muss man sich zum richtigen Zeitpunkt ein breites Spektrum an Kompetenzen aneignen.

Dieses Buch ermöglicht es Ihnen, die transformative Reise zu einem selbstbewussten und erfolgreichen Wissenschaftler bzw. einer selbstbewussten und erfolgreichen Wissenschaftlerin zu vollziehen. Es behandelt ausführlich die sechs grundlegenden Kompetenzen, die jede Doktorandin und jeder Doktorand beherrschen muss: Forschen, Schreiben, Präsentieren, Zeitmanagement, Durchhaltevermögen und Kooperation. Jedes Kapitel geht auf die Bedeutung dieser Fähigkeiten im Promotionsprozess ein, untersucht die erforderlichen Kompetenzen und bietet praktische Strategien zu deren Erwerb.

Mit zahlreichen Tipps, Tricks und umsetzbaren Ratschlägen möchte ich Sie dabei unterstützen, Ihre Leistung während Ihrer Reise auf dem Weg zur Promotion zu optimieren. Sie werden erfahren, wie Sie Ihre aktuellen Kompetenzen einschätzen, Verbesserungsbereiche identifizieren und einen individuellen akademischen Entwicklungsplan erstellen können. Nutzen Sie die vielen informativen Abbildungen und Tabellen wie ein Lunchbuffet, das Ihnen schnellen und einfachen Zugang zu wertvollen Hinweisen bietet.

In seiner Anfangsphase war dieses Buch das Lesematerial, das ich für meinen Workshop zur Förderung akademischer Talente entwickelt habe. Seine Inhalte habe ich aus unzähligen Quellen zusammengestellt: aus meinen eigenen Erfahrungen als Wissenschaftler, aus den zahlreichen Gesprächen mit Doktorandinnen und Doktoranden aus aller Welt, aus dem Austausch mit Studierenden bei Workshops, Kolloquien, Seminaren und Konferenzen sowie aus der Teilnahme an ihren Präsentationen und dem Lesen ihrer Arbeiten. Die vielen Notizen, die ich im Laufe der Jahre gemacht habe, sind in dieses Buch eingeflossen. Ich verdanke allen, mit denen ich in Kontakt stand, sehr viel. Vielen Dank dafür!

Ich habe die Erfahrung gemacht, dass viele Doktorandinnen und Doktoranden nur teilweise wissen, was es braucht, um ihren Weg zu Ende zu gehen. Vielleicht fühlen Sie sich unsicher, es fehlt Ihnen an Selbstvertrauen oder Sie zweifeln sogar an sich selbst. Aber Sie sind talentiert! Ich kann nur hoffen, dass die Lektüre dieses Buches Ihnen dabei hilft, Ihr volles Potenzial als herausragende Doktorandin oder herausragender Doktorand zu entfalten. Ich wünsche Ihnen viel Glück!

Groningen/Assen, Niederlande

Eelko Huizingh
info@hacademic.com
https://www.HAcademic.com

Inhaltsverzeichnis

1

Einführung: Akademische Talententwicklung

Fürchte dich nicht davor, langsam zu gehen, fürchte dich nur davor, stehen zu bleiben.

Chinesisches Sprichwort

Zusammenfassung Promotionsvorhaben sind Lernprojekte, und um die richtigen Kompetenzen zu entwickeln, sollten Sie Ihr Projekt und den Arbeitskontext analysieren, Ihre aktuellen Fähigkeiten reflektieren und entscheiden, welche Kompetenzen Sie wann und wie herausbilden können. Das Ergebnis ist ein persönlicher akademischer Entwicklungsplan, der als Fahrplan dient, um von Ihren aktuellen Kompetenzen zu den für Ihr Projekt erforderlichen Kompetenzen zu gelangen. Diese Kompetenzen sind auch für die akademische Arbeit notwendig, die Forschung und Publizieren, Lehre, Betreuung, Einwerbung von Forschungsgeldern, administrative Aufgaben und das Sammeln internationaler Erfahrung umfasst. Mit dem Fokus auf Spitzenakademiker werden sieben Strategien identifiziert, um solche Aktivitäten effektiv durchzuführen. Für Promovierende sind sechs akademische Kompetenzen essenziell. In drei Kategorien gruppiert, beziehen sich diese auf die Durchführung (Forschung und Kooperation), Kommunikation (Schreiben und Präsentieren) sowie Management (Zeitmanagement und Durchhaltevermögen).

© Der/die Autor(en), exklusiv lizenziert an Springer Nature Switzerland AG 2026

E. Huizingh, *Erfolgreich zum Doktortitel,* https://doi.org/10.1007/978-3-032-15929-8_1

Eine Promotion zu beginnen bedeutet, sich auf eine chaotische Reise zu begeben. Eine Reise voller Wendungen, die eine komplexe und potenziell frustrierende Kombination aus Versuch und Irrtum beinhaltet. Sie erfordert gleichzeitiges Lernen und Handeln: Lernen für berufliches, akademisches und persönliches Wachstum und Handeln, um ein Forschungsprojekt zu definieren, zu gestalten und durchzuführen sowie Publikationen zu verfassen. Diese Reise ist mit vielen Unsicherheiten und Fallstricken verbunden. Werden Ihre Forschungsideen aufgehen? Ist Ihre Betreuungsperson ein guter Mentor oder eine gute Mentorin? Können Sie Rückschläge überwinden und mit Stress umgehen? Können Sie sich die nötigen Fähigkeiten schnell genug aneignen? Promotionsprojekte sind oft ehrgeizig, risikoreich und schlecht strukturiert. Der Weg zum Doktortitel (Doctor of Philosophy, Ph.D.) ist ein Marathon, kein Sprint. Es ist daher nicht überraschend, dass viele Studierende das Ziel nicht erreichen.

Die Abbruchquoten bei Promotionen werden auf 30–70 % geschätzt.[1] Auch wenn sie je nach Fachrichtung und Land variieren, sind sie in der Regel hoch und stabil. Eine aktuelle Studie mit 1500 Promovierenden nannte als wichtigste Gründe das wahrgenommene Kompetenzniveau, die Beziehung zur Betreuungsperson und anderen Dozierenden sowie die Präsentations- und Publikationsrate der Kandidat*innen.[2] Das bedeutet, dass in vielen Fällen eine frühere und bessere Entwicklung entscheidender Kompetenzen für die Promotion einen Unterschied gemacht hätte. Um erfolgreich zu sein, müssen Promovierende die „richtige Art von Kapital" entwickeln, um sich erfolgreich in den sozialen und wissenschaftlichen Feldern zu bewegen.[3] Zudem haben viele Promovierende nur ein begrenztes Verständnis davon, was eine Promotion erfordert, und/oder unrealistische Erwartungen.[4] Hohe Stresslevel sind die wahrscheinliche und bedauerliche Folge, da die Kandidat*innen meist keine Zeit haben, sich angemessen auf ihre Promotionsreise vorzubereiten. Wie Gabriela Rivera, die ihr erstes Jahr als Doktorandin beschreibt, feststellte: „Von Doktoranden wird erwartet, dass sie sofort loslegen, sodass ihnen nicht viel Zeit zum Überlegen bleibt."[5]

---

[1] Grasso et al. (2009); Stubb et al. (2012); Jones (2013); Litalien und Guay (2015).
[2] Litalien und Guay (2015).
[3] Usher und McCormack (2021).
[4] Lovitts (2001).
[5] Rivera (2022).

Das Ziel dieses Buches ist es, Ihnen als aktuellen oder angehenden Doktorand*innen zu helfen, Ihre Reise erfolgreich zu beenden, indem es Sie unterstützt bei der:

1. Schaffung eines Bewusstseins für die wesentlichen Promotionskompetenzen: Welche Fähigkeiten benötigen Sie?
2. Einschätzung der aktuellen Fähigkeiten: Wie gut sind Sie angesichts der Anforderungen Ihres Projekts vorbereitet?
3. Ermöglichung der Kompetenzentwicklung: Welche Verbesserungen streben Sie an, und wie und wann wollen Sie diese umsetzen?

Als angehende Wissenschaftlicher*innen verfügen Sie wahrscheinlich noch nicht über alle erforderlichen Kompetenzen. Das ist gut so, denn Promotionsprojekte sind als Lernprojekte gedacht – Sie werden viele Gelegenheiten haben, sich weiterzuentwickeln, kein Grund zur Sorge! Auf Ihrer Promotionsreise lernen Sie nicht nur Ihr Forschungsfeld kennen, sondern auch, wie man Forschung konzipiert, durchführt, präsentiert und publiziert. Sie erwerben persönliche Kompetenzen, etwa wie man zusammenarbeitet, Rückschläge überwindet und eine Vielzahl von Aufgaben bewältigt.

Wie Sie dieses Buch nutzen

Die folgenden Kapitel beschreiben im Detail jede der für eine erfolgreiche Promotion erforderlichen Kompetenzen. Diese Fähigkeiten nehmen je nach Projekt unterschiedliche Formen an. Für eine experimentelle Studie benötigen Sie andere Forschungskompetenzen als für qualitative Forschung. Sie hängen auch von Ihnen selbst ab – Ihrem Hintergrund, Ihren Interessen, Kenntnissen und Erfahrungen – sowie von Ihrem Umfeld, Ihrem Betreuer, Ihrer Forschungsgruppe, Universität, Kooperationen usw.

Promovierende haben wenig Zeit, einschließlich der Zeit dafür, herauszufinden, welche Kompetenzen sie entwickeln müssen. Daher ist dieses Buch als Lunchbuffet für Kompetenzentwicklung konzipiert. Fast jeder Abschnitt enthält eine Abbildung oder Tabelle, die die besprochenen Themen zusammenfasst. Überfliegen Sie diese, um zu entscheiden, ob sich ein tieferer Einstieg für Sie im Moment lohnt. Selektieren, lesen und nutzen Sie einfach die Elemente, von denen Sie in Ihrer aktuellen Promotionsphase profitieren können – bei Bedarf können Sie jederzeit zu einem Kapitel zurückkehren.

Dieses erste Kapitel gibt einen Überblick über die Entwicklung von Kompetenzen im Kontext der akademischen Talentförderung. Es beginnt mit einer Diskussion darüber, wie sich Kompetenzen allgemein entwickeln und warum Lernen bedeutet, die eigene Komfortzone zu verlassen und sich Aufgaben zu stellen, die etwas weiter von dem entfernt sind, was Ihnen vertraut ist (Abschn. 1.1). Dieses Buch befürwortet einen aktiven Ansatz zur Kompetenzentwicklung, was bedeutet, dass Sie selbst entscheiden, welche Fähigkeiten Sie wie und wann entwickeln möchten. Die angestrebte Kompetenzentwicklung wird in einem persönlichen akademischen Entwicklungsplan festgehalten, und Abschn. 1.2 beschreibt den Aufbau eines solchen Plans.

Die nächsten beiden Abschnitte befassen sich mit der Arbeit in der Wissenschaft. Abschn. 1.3 konzentriert sich darauf, welche Aufgaben zur wissenschaftlichen Arbeit gehören, und Abschn. 1.4 beschreibt, wie besonders erfolgreiche Wissenschaftler*innen diese bewältigen. Die letzten drei Abschnitte kehren zur Kompetenzentwicklung zurück. Abschn. 1.5 befasst sich damit, wie man eine Richtung für die Kompetenzentwicklung wählt. Die sechs grundlegenden akademischen Kompetenzen, die die Struktur dieses Buches bilden, werden in Abschn. 1.6 kurz vorgestellt; die folgenden Kapitel behandeln sie dann jeweils ausführlich. Der abschließende Abschn. 1.7 widmet sich dem Prinzip des Growth Mindset, einem Ansatz zur Kompetenzentwicklung, der hilfreich ist, um weiteres Wachstum zu ermöglichen.

1.1   Kompetenzen entwickeln

Kompetenzen spiegeln die Fähigkeit wider, eine Aufgabe oder Tätigkeit auszuführen. Mit höheren Kompetenzen können Sie Arbeit leichter, schneller, besser und mit mehr Selbstvertrauen erledigen. Jede Promotion beinhaltet zahlreiche Herausforderungen, zum Beispiel: Sie erhalten keinen Zugang zu den richtigen Daten, Datenanalysen liefern keine interessanten Ergebnisse oder eine Betreuungsperson wechselt plötzlich die Stelle. Diese und viele andere unglückliche Ereignisse können eintreten, liegen jedoch meist außerhalb Ihrer Kontrolle. Sie können nur das steuern, was Sie beeinflussen können, und dazu gehört, sicherzustellen, dass Sie die für den Erfolg Ihres Projekts notwendigen Kompetenzen entwickeln. Sie benötigen das richtige Maß an „Doktorandenkapital", das eine Kombination bestimmter wissenschaftlich nützlicher Praktiken, Eigenschaften, Einstellungen und Verhaltensweisen darstellt.[6] Solche Kompetenzen verhindern zwar nicht, dass negative

---

[6] Walker und Yoon (2017), Nori et al. (2020).

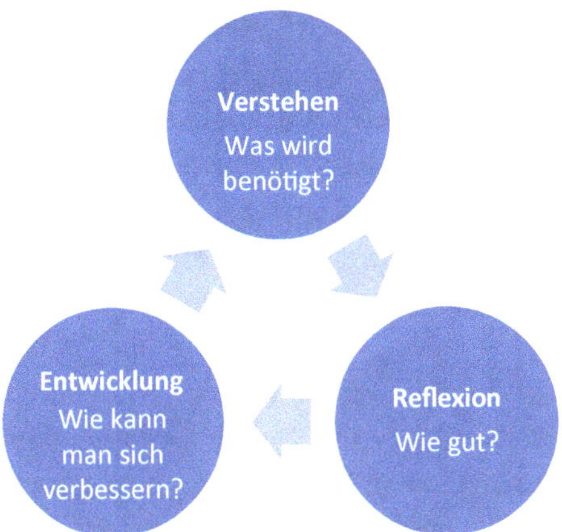

Abb. 1.1 Laufender Prozess des Kompetenzaufbaus

Ereignisse eintreten, aber sie versetzen Sie in die beste Position, um mit ihnen so umzugehen, dass sie zu überwindbaren Hindernissen werden.

Kompetenzen zu entwickeln erfordert drei Schritte, siehe Abb. 1.1. Zunächst müssen Sie die anstehenden Aufgaben verstehen und die dafür erforderlichen Fähigkeiten identifizieren. Bei der Analyse großer Datensätze benötigen Sie andere Fähigkeiten als bei der Forschung auf Basis von Interviews mit wenigen Personen. Eine Betreuungsperson mit einem umfangreichen internationalen Netzwerk verringert die Notwendigkeit, ein eigenes Netzwerk aufzubauen. Teil einer großen, intensiv zusammenarbeitenden Forschungsgruppe zu sein, ist etwas anderes, als überwiegend allein zu arbeiten. Welche Kompetenzen sind also angesichts des Projekts und Ihres Umfelds erforderlich?

Der zweite Schritt besteht darin, die eigenen aktuellen Kompetenzen zu reflektieren. Schauen Sie kritisch, aber fair in den Spiegel, um die Qualität Ihrer derzeitigen Fähigkeiten einzuschätzen. Sie müssen nicht perfekt sein – niemand ist das. Der Maßstab für „gut genug" ergibt sich aus Ihrem Projekt. Vielleicht sind Sie in Statistik nicht gerade Weltklasse, aber wenn Ihre statistischen Kenntnisse ausreichen, um Ihre Daten zu analysieren, ist das in Ordnung. Was sind Ihre Stärken und Schwächen im Hinblick auf das, was für den erfolgreichen Abschluss Ihres Projekts erforderlich ist?

Der dritte Schritt betrifft die Kompetenzentwicklung. Was, wann, wo und wie können Sie machen, um Ihre Kompetenzen zu erweitern, und woran erkennen Sie, dass Sie einen Fortschritt gemacht haben? Können Sie von Online-Ressourcen profitieren oder einen Kurs besuchen, können andere Promovierende Ihnen helfen, kann Ihre Betreuungsperson Sie coachen, oder geht es darum, in einem geschützten Umfeld zu üben? Versuchen Sie nicht, alle Ihre Kompetenzen gleichzeitig zu verbessern, sondern setzen Sie Prioritäten. Überlegen Sie auch, wie Sie feststellen können, ob Sie eine Verbesserung erreicht haben. Das stärkt nicht nur Ihr Selbstvertrauen und gibt Ihnen einen Grund zu feiern, sondern signalisiert auch, dass es Zeit ist, sich auf die Entwicklung einer weiteren Kompetenz zu konzentrieren oder, falls es nicht geklappt hat, eine andere Methode zur Kompetenzentwicklung zu wählen.

Kompetenzaufbau wird hier als einfacher Dreischritt dargestellt, aber wie Abb. 1.1 zeigt, handelt es sich um einen fortlaufenden, iterativen Prozess. Jeder Zyklus ermöglicht es Ihnen, Kompetenzen zu entwickeln, und gleichzeitig lernen Sie, welche Kompetenzen genau erforderlich sind und welche Methoden zur Kompetenzentwicklung für Sie am besten funktionieren. In verschiedenen Phasen Ihres Projekts benötigen Sie unterschiedliche (Niveaus von) Kompetenzen. Deshalb ist Kompetenzaufbau ein nie endender Prozess – auch nach dem Promotionsprojekt nicht: Wir sind nie zu alt, um zu lernen.

Wie gesagt, mit den richtigen Kompetenzen können Sie Ihr Projekt leichter, schneller, besser und mit mehr Selbstvertrauen vorantreiben. Aufgaben erfordern weniger Aufwand und Zeit, Ihre Leistung steigt, und der Kompetenzaufbau sowie das Überwinden von Rückschlägen stärken Ihre Überzeugung, dass Sie es wirklich schaffen können. Das reduziert Stress, während Energie und positive Emotionen steigen. Die Spirale wirkt auf vielfältige Weise!

Kompetenzen werden eingesetzt, um Aufgaben zu erledigen, und Aufgaben können einer von drei Zonen zugeordnet werden, siehe Abb. 1.2. Die erste Zone ist die *Komfortzone*, die Aufgaben und Tätigkeiten umfasst, die

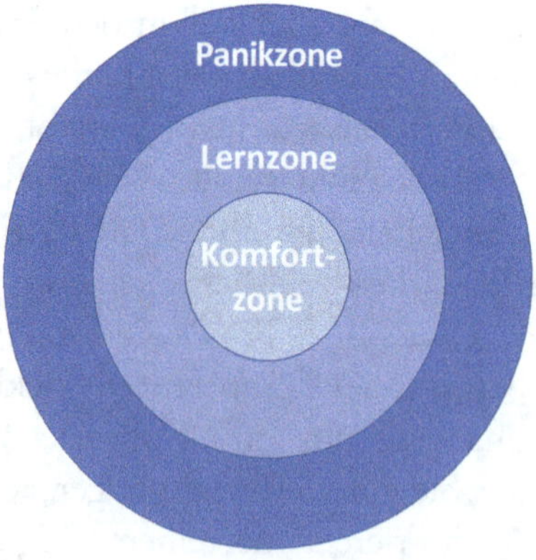

Abb. 1.2 Lernzonenmodell

Sie bewältigen können. Bei solchen vertrauten Aufgaben wissen Sie, was und wie zu tun ist. Das Ergebnis ist eine konstante Leistungsfähigkeit, und Sie fühlen sich wohl, sicher und haben die Kontrolle. Allerdings findet in diesem Bereich kaum Lernen statt.

Wachstum findet statt, wenn Sie Herausforderungen annehmen, die knapp außerhalb Ihrer Komfortzone liegen. Solche Herausforderungen gehören zur *Lernzone* (oder „Zone der nächsten Entwicklung" im ursprünglichen Modell des Psychologen Lev Vygotsky). Das Betreten dieser Zone erfordert das Dehnen der eigenen Kompetenzen, wodurch Sie bestehende Fähigkeiten verbessern und neue entwickeln können. Sie erkunden und erweitern Ihre Grenzen. Aufgaben in dieser Zone erfordern konzentrierte Anstrengung und Aufmerksamkeit, weshalb Sie sich sowohl angeregt und engagiert als auch unwohl fühlen können. Kompetenzaufbau bedeutet, kalkulierte Risiken einzugehen. Lernherausforderungen sind riskant, weil nie sicher ist, dass alles klappt, und Probleme zu erwarten sind. Aber wenn Sie Ihre persönliche Entwicklung gut organisieren, werden die Herausforderungen zu kalkulierten Risiken, indem Sie ein Sicherheitsnetz einbauen. Üben Sie eine wichtige Präsentation zunächst in einem geschützten Rahmen, zum Beispiel mit Ihren Kolleginnen und Kollegen. Wenn Sie zum ersten Mal ein Experiment entwerfen oder eine komplexe statistische Analyse durchführen, lassen Sie Ihre Arbeit von einer erfahrenen Forscherin oder einem erfahrenen Forscher überprüfen, bevor Sie weitermachen. Im Laufe der Zeit, während Sie Kompetenzen in der Lernzone entwickeln, üben und verbessern, werden diese Teil Ihrer Komfortzone. Auch Ihr Selbstvertrauen wächst, denn erfolgreiche persönliche Entwicklung steigert nicht nur Ihre Kompetenzen, sondern zeigt und stärkt auch Ihre Fähigkeit zu wachsen.

Die dritte und letzte Zone ist die *Panikzone*. Hier finden sich Tätigkeiten, die derzeit außerhalb dessen liegen, was Ihnen vertraut ist und was Sie realistischerweise lernen können. Solche Aufgaben können demotivierend und überwältigend wirken. Die Angst zu scheitern erzeugt Stress, der Lernen und Wachstum hemmt. Sie überfordern sich, und es ist besser, kleinere Schritte zu machen.

Da Lernen knapp außerhalb der Komfortzone stattfindet, ist es sinnvoll, sich gelegentlich in eine leicht unangenehme Situation zu bringen, indem Sie sich Aufgaben vornehmen, bei denen Sie nicht sicher sind, ob Sie sie bewältigen können. So erweitern Sie Ihre Komfortzone und entwickeln neue Kompetenzen. Damit Herausforderungen effektive Lerngelegenheiten sind, sollten sie nicht zu nah an Ihrer Komfortzone liegen, da Sie sonst nur in Mikro-Schritten lernen. Selbstvertrauen und Vertrauen in Ihre Fähigkeit, zu wachsen, sollten Sie davon abhalten, an einer unnötig flachen Lernkurve festzuhalten. Andererseits sollten die Herausforderungen nicht zu weit außerhalb Ihrer Komfortzone liegen, da Sie sonst Gefahr laufen, in die Panikzone zu geraten. Angesichts des feinen Gleichgewichts zwischen diesen gegensätzlichen Anforderungen kann es Versuch und Irrtum erfordern, die besten Lernaktivitäten zu bestimmen. Das Gleichgewicht ist zudem je nach Kompetenz, Situation und Person unterschiedlich.

1.2   Persönlicher akademischer Entwicklungsplan

Da wir alle individuelle Komfort-, Lern- und Panikzonen haben, entwickelt sich jede Forscherin und jeder Forscher auf unterschiedliche Weise und in unterschiedlichem Tempo. Dennoch ist die Verbesserung von Kompetenzen zu wichtig, um sie dem Zufall zu überlassen. Die erfolgreiche Durchführung eines Promotionsprojekts ist wahrscheinlicher, wenn Sie die richtigen Kompetenzen zur richtigen Zeit entwickelt haben. Ein persönlicher akademischer Entwicklungsplan dient als Fahrplan, um von Ihren aktuellen Kompetenzen zu den für Ihr Projekt erforderlichen Fähigkeiten zu gelangen. Ein solcher Plan listet die für Ihr Projekt benötigten Kompetenzen auf, identifiziert Bereiche, in denen Sie sich weiterentwickeln müssen, legt Ziele für die weitere Verbesserung fest, bestimmt, wann und wie Sie sich verbessern, und zeigt auf, woran Sie erkennen, dass eine Verbesserung eingetreten ist.

Abb. 1.3 gibt einen Überblick über die Struktur eines persönlichen akademischen Entwicklungsplans. Die erste Spalte listet die Kompetenzen auf, die für den Abschluss Ihres Projekts noch weiterentwickelt werden müssen. Wie bereits erwähnt, geht es nicht darum, die perfekte Forscherin oder der perfekte Forscher zu werden – das Ziel ist, Ihr Projekt abzuschließen.

Die zweite Spalte legt fest, welche Verbesserung Sie für eine bestimmte Kompetenz erreichen möchten. Was genau wollen Sie können? Ein Experiment entwerfen, Daten analysieren oder eine überzeugende Präsentation

Persönlicher akademischer Entwicklungsplan				
Welche Fähigkeit?	Welches Ziel?	Wann verbessern?	Wie verbessern?	Feedback?
1.				
2.				
3.				

Abb. 1.3 Persönlicher akademischer Entwicklungsplan

halten? Je spezifischer Sie die gewünschte Kompetenzverbesserung definieren, desto leichter ist es, die Verbesserung zu erreichen und zu erkennen, dass Sie gewachsen sind.

Die dritte Spalte bezieht sich auf das Timing: Legen Sie fest, bis zu welchem Datum Sie eine bestimmte Kompetenz verbessert haben sollten – basierend darauf, wann Sie diese Fähigkeit für Ihr Projekt benötigen.

Die vierte Spalte enthält die Aktivitäten, die Sie zur Verbesserung unternehmen möchten. Dazu kann das Lesen eines Blogs, das Ansehen von You-Tube-Videos oder ein Gespräch mit einer oder einem anderen Promovierenden gehören, die oder der in dieser Kompetenz besonders stark ist. Es gibt viele verschiedene Wege, Kompetenzen zu entwickeln, und der effektivste Weg hängt von der zu entwickelnden Fähigkeit, der Person (verschiedene Lernstrategien passen zu unterschiedlichen Menschen) und der Situation (was ist in Ihrem Kontext möglich?) ab.

Die letzte Spalte „Feedback" bezieht sich darauf, wie Sie feststellen können, dass Sie die Kompetenzverbesserung erreicht haben. Dies kann auf Ihrer eigenen Reflexion beruhen, aber auch Feedback von anderen, wie Ihrer Betreuungsperson oder anderen Promovierenden, einbeziehen. Feedback, das signalisiert, dass Wachstum stattgefunden hat, sollte Sie Ihren Fortschritt feiern lassen und als Sprungbrett für den nächsten Lernzyklus dienen.

Ein persönlicher akademischer Entwicklungsplan wird schrittweise entwickelt, indem Sie die für Ihr Projekt benötigten Kompetenzen und deren zeitlichen Bedarf ermitteln und mit Ihren aktuellen Fähigkeiten vergleichen. Der Plan ist – wie Ihr Kompetenzprofil – im Grunde ein „work in progress" und nie abgeschlossen. Kehren Sie regelmäßig zu diesem Dokument zurück, reflektieren Sie es und überarbeiten Sie es. So wird es zur Spur Ihres persönlichen Entwicklungsprozesses mit aufeinanderfolgenden Zyklen aus Anforderungsanalyse, Selbstreflexion und Lernaktivitäten.

1.3 Was umfasst die akademische Arbeit und die Promotion?

Wie jeder andere Beruf umfasst auch die akademische Arbeit verschiedene Tätigkeiten, siehe Abb. 1.4. Die beiden offensichtlichsten sind Forschung und Lehre. *Forschung und Publikationen* beinhalten das Identifizieren von relevanten Fragestellungen, das Entwerfen von Forschungsprojekten, deren Durchführung sowie das Teilen der gewonnenen Erkenntnisse. Letzteres kann sowohl mündlich (zum Beispiel durch Vorträge auf Konferenzen) als

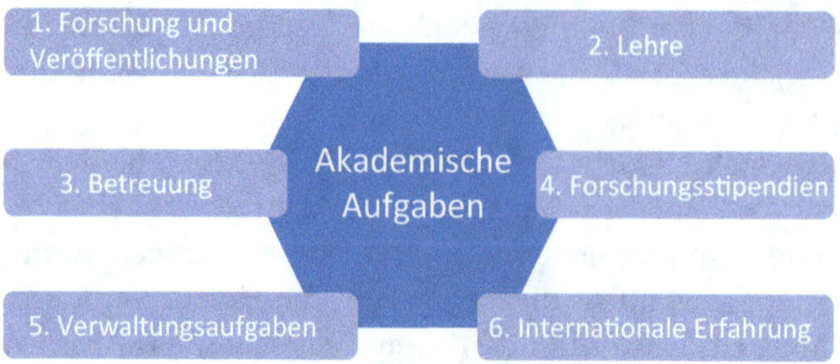

Abb. 1.4   Tätigkeiten, die die akademische Arbeit ausmachen

auch schriftlich (Veröffentlichung von Artikeln und Büchern) erfolgen. Veröffentlichungen können sich zudem an unterschiedliche Zielgruppen richten. Die Ansprache eines wissenschaftlichen Publikums ist sinnvoll, da deren Rückmeldungen helfen können, die eigene Forschung weiter zu verbessern, und Publikationen in wissenschaftlichen Zeitschriften sind wichtig, um die für eine akademische Laufbahn notwendige Publikationsliste aufzubauen. In jüngerer Zeit betonen immer mehr Universitäten die Bedeutung gesellschaftlicher Relevanz. Wie können verschiedene Akteure außerhalb der Wissenschaft, wie politische Entscheidungsträger, Manager, Praktiker oder die breite Öffentlichkeit, von den durch Ihre Forschung gewonnenen Erkenntnissen profitieren? Dies erfordert in der Regel, wissenschaftliche Beiträge in nützliche praktische Empfehlungen zu übersetzen. Für Promovierende erfolgt das Publizieren häufig in Kooperation mit anderen Forschenden, insbesondere mit den Betreuerinnen und Betreuern.

Obwohl die akademische Freiheit die Wahl eigener Forschungsthemen einschließt, beginnen viele Promotionsprojekte mit einem Projektvorschlag oder zumindest mit Forschungsideen, die von jemand anderem entwickelt wurden. Das bedeutet, dass der Fokus des Projekts mehr oder weniger festgelegt ist, bevor die Kandidatin oder der Kandidat beginnt, was sowohl Vor- als auch Nachteile hat. Der Vorteil ist ein schneller Einstieg: Jemand hat bereits erste Forschungsideen entwickelt, relevante Literatur gesichtet und über Möglichkeiten zur Gestaltung der Studie nachgedacht. Vielleicht können Sie sogar von Daten profitieren, die in einem vorherigen Projekt erhoben wurden. Der Nachteil ist eine geringere Freiheit: Der Spielraum, einen eigenen Weg zu entwickeln und zu verfolgen, kann eingeschränkt sein.

Lehre findet auf Bachelor- und Masterebene statt, kann aber auch das Abhalten von Kursen für Promovierende umfassen. Sie beinhaltet die Interaktion mit der nächsten Studierendengeneration, indem Sie Ihr Fachwissen,

Ihre Begeisterung und ungelöste Fragestellungen weitergeben. Ob und wie viel Lehre Promovierende übernehmen, ist unterschiedlich. Viele Universitäten weisen Promovierenden eine feste, aber begrenzte Anzahl an Lehrverpflichtungen zu, andere wiederum nicht. Häufig umfasst die Lehre allgemeinere Bachelor-Kurse oder die Betreuung von Bachelorarbeiten. Besonders wenn diese Aufgaben mit dem eigenen Forschungsprojekt in Verbindung stehen, können Sie in mehrfacher Hinsicht von der Lehre profitieren. Lehre erweitert Ihr Verständnis für Ihr Forschungsfeld. Die meisten wissenschaftlichen Forschungsprojekte sind sehr spezialisiert, aber Lehre zwingt dazu, einzelne Studien in den größeren Zusammenhang des Forschungsgebiets einzuordnen. Lehre kann auch dazu beitragen, das eigene Verständnis zu vertiefen, denn der beste Weg, ein Thema zu beherrschen, ist, es zu lehren. Schließlich bietet die Lehre die Möglichkeit, die eigenen Präsentationsfähigkeiten zu verbessern. Wie gelingt es, die Aufmerksamkeit eines Raumes voller wenig motivierter Bachelorstudierender zu gewinnen und zu halten? Einen Kurs zum ersten Mal zu unterrichten, erfordert viel Vorbereitung. Da die erneute Durchführung desselben Kurses deutlich weniger Vorbereitung benötigt, sind die Zeitersparnisse erheblich, wenn es gelingt, jedes Jahr dieselben Kurse zu übernehmen.

Die dritte Aufgabe, *Betreuung,* kann sowohl mit Forschung als auch mit Lehre verbunden sein. Betreuung bedeutet, Studierende bei ihren Forschungsprojekten zu begleiten, was in Bachelor- oder Masterarbeiten münden kann. Erfahrenere Forschende betreuen Promovierende und leiten Teams in größeren Forschungsprojekten; für sie wird die Betreuung oft zur Hauptform der Forschungstätigkeit. Abgesehen von der Betreuung von Bachelorarbeiten wird von Promovierenden in der Regel nicht erwartet, dass sie umfangreiche Betreuungsaufgaben übernehmen.

Wie viele Organisationen verfügen auch Forschungseinrichtungen meist über zu wenig finanzielle Mittel, sodass das Einwerben von *Forschungsförderung* zu einem wichtigen Bestandteil akademischer Arbeit geworden ist. Häufig ist die Einwerbung von Drittmitteln ein hochkompetitiver Prozess, der mehrere Runden sowohl schriftlicher als auch mündlicher Präsentationen eines Forschungsvorhabens umfasst. In vielen Fällen ist die Finanzierung bereits gesichert, bevor eine Promovierende oder ein Promovierender beginnt, sodass zu Beginn keine Antragstellung erforderlich ist. Später kann dies jedoch notwendig werden, zum Beispiel um weitere Projektteile, Konferenz- oder Forschungsaufenthalte im Ausland oder (am Projektende) den Übergang in eine Postdoc-Position zu finanzieren.

Das Übernehmen *administrativer Aufgaben* ist notwendig, da Forschungseinrichtungen weitgehend von und für Wissenschaftler*innen geführt werden. Obwohl dies grundsätzlich positiv ist, empfinden viele Akademikerinnen und Akademiker die Mitwirkung an der Bürokratie ihrer Organisation als Belastung. Dies reicht von der Koordination von Studiengängen, Mitgliedschaften in Prüfungsausschüssen bis hin zu mehr oder weniger vollzeitigen Leitungsfunktionen wie Institutsleitung oder Dekanat. Manchmal übernehmen Promovierende administrative Aufgaben im Zusammenhang mit ihrem eigenen Projekt, insbesondere wenn es von Drittmittelgebern finanziert wird, die Berichterstattung verlangen. In den meisten Fällen sind Promovierende jedoch kaum mit administrativen Aufgaben konfrontiert. Gute Betreuerinnen und Betreuer schützen ihre Promovierenden so weit wie möglich vor administrativen Pflichten, damit sie sich auf ihre Kernaufgabe, die Forschung, konzentrieren können.

Die letzte Aufgabe, *internationale Erfahrung*, mag auf den ersten Blick nicht wie eine echte Aufgabe erscheinen, spielt aber eine wichtige Rolle bei Einstellungs- und Beförderungsentscheidungen. Die Wissenschaft ist und war schon immer ein globales Geschäft. Weltweit beschäftigen sich Forschende mit ähnlichen Fragestellungen, und gemeinsam streben wir danach, unsere Untersuchungsgegenstände besser zu verstehen. Es ist wichtig, nachzuweisen, dass Sie Teil dieses internationalen Netzwerks sind. Mögliche Nachweise sind gemeinsame Forschungsprojekte, gemeinsam mit internationalen Forschenden verfasste Artikel, längere Aufenthalte an renommierten ausländischen Forschungseinrichtungen oder (befristete) Anstellungen im Ausland. All diese Möglichkeiten stehen auch Promovierenden offen, und es kann sowohl beruflich als auch persönlich bereichernd sein, internationale Erfahrung zu sammeln. Falls Ihre Betreuerin oder Ihr Betreuer dies nicht initiiert, kümmern Sie sich selbst darum.

1.4   Wie machen das Top-Akademiker*innen?

Wenn man neu in einem Beruf ist, lohnt es sich, einen Blick darauf zu werfen, wie die Spitzenkräfte ihre Arbeit machen. Abb. 1.5 enthält Leitlinien, die Ihnen bei Entscheidungen in Ihrer akademischen Laufbahn helfen können.[7]

---

[7] Petre und Rugg (2010).

Abb. 1.5   Strategien, die Top-Akademiker erfolgreich machen

Qualität

Top-Akademiker streben nach hoher Qualität in Forschung, Schreiben und Lehre. Das Verstehen, Übernehmen und Einhalten hoher Standards hilft enorm, um erfolgreich zu werden – ganz gleich, was Sie tun. Hohe Standards zu setzen, führt nicht automatisch zum Erfolg, ist aber definitiv eine notwendige Voraussetzung dafür.

Sichtbarkeit

Allein gute Arbeit zu leisten, reicht nicht aus – andere sollten dies auch bemerken. Spitzenwissenschaftler teilen ihre Arbeit bei vielen Gelegenheiten und sind in wissenschaftlichen Gemeinschaften aktiv. Identifizieren Sie die relevanten Communitys in Ihrem Bereich und deren Aktivitäten. Die Anmeldung bei Mailinglisten und die Mitgliedschaft in wichtigen Fachgesellschaften ermöglichen es Ihnen, von nützlichen Ressourcen der Community zu profitieren. Viele Verbände, Konferenzen, Workshops und Seminarreihen leben von ehrenamtlichem Engagement. Wenn Sie Ihre Hilfe anbieten, lernen Sie nicht nur neue Fähigkeiten und erweitern Ihr Netzwerk, sondern erhöhen auch Ihre Sichtbarkeit in den relevanten Communitys.

Leidenschaft

Sie werden für Ihre Arbeit bezahlt, aber lange Arbeitszeiten durchzuhalten und Rückschläge zu überwinden, fällt viel leichter, wenn Sie lieben, was Sie tun. Denken Sie an den Unterschied zwischen einer leidenschaftlichen Lehrperson und einer, die nur ihre Stunden ableistet. Leidenschaft bringt intrinsische Motivation, die weiter steigt, wenn Sie Ihre Aufgaben als sinnvoll empfinden. Wie leidenschaftlich sind Sie – sowohl in Bezug auf Ihr Forschungsthema als auch auf akademische Aufgaben wie Forschung, Publizieren und Lehre?

Vision

Für Ihre akademische Laufbahn ist es hilfreich, wenn Sie Expertin oder Experte „für etwas" werden. Entwickeln Sie eine zusammenhängende Geschichte darüber, was Sie „als Ganzes" gemacht haben – und nicht nur eine Liste mehr oder weniger zufälliger Projekte, an denen Sie beteiligt waren. Denken Sie über Ihre Stärken und Leidenschaften nach und knüpfen Sie dann ein Netz von Aktivitäten, die diese repräsentieren und dazu passen. Betrachten Sie die Projekte und Aktivitäten, die Sie durchführen, als Teil des Aufbaus eines Portfolios, das zeigt, wofür Sie stehen – Ihre Vision.

Kooperation

Jede Person weiß etwas, das Sie nicht wissen. Das bedeutet, dass wir alle von Kooperation profitieren können, aber auch, dass die Auswahl der Forschungspartner*innen sorgfältig erfolgen sollte. Top-Akademiker*innen arbeiten mit anderen exzellenten Personen zusammen. Suchen Sie Forschende mit Fähigkeiten und/oder Ressourcen, die Ihre eigenen ergänzen und die bereit und in der Lage sind, Ihre Denkweise herauszufordern.

Ehrlichkeit

Wenden Sie hohe ethische Standards an und halten Sie sich daran. Hier kann ich mich kurzfassen: Auf lange Sicht funktionieren Abkürzungen nicht.

Keep it simple and stupid

Dies ist das berühmte KISS-Prinzip: Sie können nicht alles auf einmal machen. Selbst bei Aufgaben, die Sie gerne tun, können es zu viele werden. Begrenzen Sie daher die Anzahl der Projekte, an denen Sie beteiligt sind, achten Sie auf ausreichende Überschneidungen und scheuen Sie sich nicht, Anfragen oder Gelegenheiten auch einmal abzulehnen. Kennen Sie Ihre Prioritäten und machen Sie sich bewusst, dass diese von denen anderer abweichen können. Bauen Sie das Portfolio, das Sie haben möchten, Schritt für Schritt auf. Vertrauen Sie einfach darauf, dass eine hochwertige und abgeschlossene Arbeit zur nächsten führen wird.

1.5 Die Wahl der Richtung für die Kompetenzentwicklung

Dieses Buch beschäftigt sich mit Kompetenzentwicklung. Unabhängig davon, wie gut Sie derzeit sind, gibt es immer viele verschiedene Fähigkeiten, in denen Sie sich weiterentwickeln können. Daher müssen Sie Prioritäten setzen. Auf welche Kompetenzen sollten Sie sich konzentrieren? Drei Perspektiven, jede mit eigenen Vor- und Nachteilen, helfen bei der Beantwortung dieser Frage, siehe Abb. 1.6.[8]

Die erste Perspektive ist *bedarfsorientiert*. Diese Sichtweise beginnt mit der Einschätzung, welche Kompetenzen aktuell oder in naher Zukunft wichtig sein werden. Wenn Sie wissen, welche Fähigkeiten Ihr Projekt oder potenzielle zukünftige Arbeitgeber (ein-)fordern, fällt es Ihnen leichter, Ihren Lebensunterhalt (und Ihre Karriere) zu sichern. Der Nachteil kann sein, dass Sie Zeit und Energie in das investieren, was andere von Ihnen erwarten, nicht in das, was Sie selbst gerne tun würden oder was zu Ihrer Persönlichkeit passt. Sie laufen Gefahr, Motivationsprobleme zu bekommen.

Die zweite Perspektive nimmt das Individuum als Ausgangspunkt und ist *stärkenorientiert*. Die eigenen Stärken zu identifizieren und gezielt weiterzuentwickeln hat den Vorteil, dass Sie wahrscheinlich schnell lernen und durch den Aufbau von Expertise Ihre Attraktivität für zukünftige Kooperationspartner und Arbeitgeber steigern. Allerdings kann diese Perspektive den Horizont Ihrer Entwicklungsmöglichkeiten einschränken. Stärken basieren auf bisherigen Erfahrungen. Manche Kompetenzen zählen nur deshalb nicht zu

---

[8] Visser (2014).

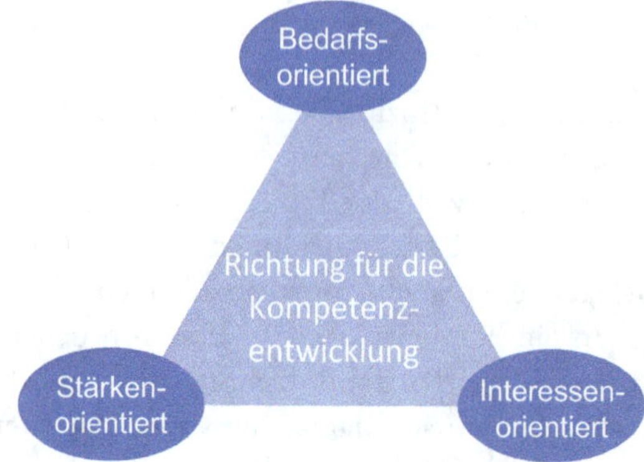

Abb. 1.6   Drei Perspektiven zur Wahl der Richtung für die Entwicklung Ihrer Kompetenzen

Ihren Stärken, weil Sie nie in einer Situation waren, die Ihnen die entsprechenden Erfahrungen ermöglicht hätte. Wenn Sie sich neue Erfahrungen erlauben, können Sie neue Talente entdecken.

Die dritte Perspektive bei der Wahl einer Richtung für die Kompetenzentwicklung ist *interessenorientiert.* Hier steht im Mittelpunkt, was Ihnen wichtig ist. Was schätzen Sie? Was treibt Sie an? Die Auseinandersetzung mit unseren Leidenschaften hat viele Vorteile. Sie lässt uns aufmerksamer sein, Informationen effizienter verarbeiten, effektivere Lernstrategien anwenden, härter arbeiten und länger durchhalten,[9] einfach weil das, was wir tun, für uns sinnvoll ist. Ein möglicher Nachteil dieser Perspektive ist, dass Sie sich in eine Richtung entwickeln, in der es nur wenige berufliche Möglichkeiten gibt.

Für Karriereziele bietet die Bedarfsperspektive möglicherweise die beste Strategie, während für einen reibungslosen Lernprozess die Stärkenperspektive besonders wertvoll ist. Machen Sie sich bewusst, dass ein Promotionsstudium ein Lernprozess ist. Erlauben Sie sich, neue Herausforderungen zu erleben, unbekanntes Terrain zu betreten und sich selbst besser kennenzulernen. Das bietet wertvolle Lektionen für die Zukunft, zum Beispiel bei Karriereentscheidungen, der Auswahl neuer Herausforderungen oder der Entscheidung über mögliche Kooperationen.

In der Praxis spielen alle drei Perspektiven eine Rolle und überschneiden sich häufig. Wenn Sie für ein Projekt eingestellt werden, ist die Bedarfsperspektive offensichtlich relevant. Die Weiterentwicklung Ihrer Stärken macht

---

[9] Murphy Paul (2013).

Abb. 1.7   Sechs entscheidende Kompetenzen für eine erfolgreiche Promotion

Sie zu einem wertvollen Kooperationspartner für andere, denen Ihre einzigartigen Kompetenzen fehlen. Und langfristig ist es wichtig, sich selbst treu zu bleiben und sich entsprechend der eigenen Interessen weiterzuentwickeln.

1.6   Wichtige Kompetenzen für die Promotion

Promotionsprogramme unterscheiden sich erheblich in ihrer Dauer und Gestaltung,[10] nicht nur zwischen verschiedenen Ländern, sondern auch innerhalb von Ländern und Forschungseinrichtungen, abhängig von der Projektfinanzierung und den Qualifikationen der Kandidatinnen und Kandidaten. Dennoch gibt es auch viele Gemeinsamkeiten. Die meisten Programme legen Wert auf eigenständige, individuelle Forschung, die einen originellen Beitrag zum wissenschaftlichen Erkenntnisstand leisten soll, beinhalten eine oder mehrere betreuende Personen sowie eine Prüfungskommission und umfassen Kurse zu Fachthemen und übertragbaren Kompetenzen.[11] Basierend auf diesen Gemeinsamkeiten und um eine strukturierte Diskussion zu ermöglichen, konzentriert sich dieses Buch auf die sechs wichtigsten Kompetenzen für den erfolgreichen Abschluss eines Promotionsprojekts. Auch wenn ihre relative Bedeutung von Projekt zu Projekt variiert und sich im Zeitverlauf ändern kann, werden Sie jede der in Abb. 1.7 aufgeführten Kompetenzen definitiv benötigen. Die sechs essenziellen wissenschaftlichen Kompetenzen sind in drei Kategorien gruppiert: Tun, Kommunizieren und Managen.

Die beiden Kompetenzen im Bereich „Tun" sind Forschung und Zusammenarbeit. *Forschung* ist selbstverständlich eine Kernkompetenz für Promovierende. Jede Doktorandin und jeder Doktorand ist einem bestimmten

---

[10] Jackman et al. (2022).
[11] Levecque et al. (2017).

Forschungsprojekt zugeordnet. Das bedeutet, Sie benötigen die Fähigkeit, Ihr Projekt zu definieren und zu gestalten sowie die Studie durch die oft iterativen Phasen der Datenerhebung, Datenanalyse und Ergebnispräsentation zu führen. Die erforderlichen Forschungskompetenzen werden in Kap. 2 ausführlicher behandelt.

Kooperation ist die zweite Kompetenz, die jede und jeder Promovierende benötigt. Eine Promotion kann sich manchmal wie eine einsame Aufgabe anfühlen, ist aber keine, die man allein bewältigt. Mindestens Ihre Betreuungsperson ist involviert, aber oft arbeiten Sie auch mit anderen Forschenden zusammen oder profitieren vom Austausch mit ihnen – sei es für gemeinsame Forschung, um von deren Erfahrungen zu lernen oder um Materialien, Geräte oder andere Ressourcen zu teilen. Zusammenarbeit beschränkt sich nicht auf andere Wissenschaftler*innen, sondern kann eine Vielzahl weiterer Personen umfassen, darunter Projektfördernde, Teilnehmende Ihrer Feldforschung sowie Organisator*innen von Konferenzen und anderen Veranstaltungen, auf denen Sie Ihre Arbeit präsentieren. Schlechte Zusammenarbeit ist eine Belastung, gute Zusammenarbeit motiviert und beschleunigt. Kap. 3 widmet sich den Kompetenzen für erfolgreiche Kooperation.

Kommunikation ist sowohl für Forschung als auch Lehre erforderlich, wobei die beiden Hauptformen schriftliche und mündliche Präsentationen sind. *Schreiben* ist unvermeidlich, da Sie am Ende Ihres Projekts eine Dissertation vorlegen müssen; in den meisten Fällen verfassen Promovierende zudem mehrere Artikel für Konferenzen und Fachzeitschriften. Wissenschaftliches Schreiben ist eine spezielle Form der Berichterstattung, und Sie müssen wissen, was gutes wissenschaftliches Schreiben ausmacht, um Ihre Artikel zu veröffentlichen, siehe Kap. 4.

Mündliche *Präsentationen* auf Konferenzen, Workshops oder Seminaren sind ein gängiger Weg, um die Erkenntnisse Ihrer Forschung zu teilen und Feedback von Fachkolleginnen und -kollegen zu erhalten. Präsentieren kann beängstigend sein, wenn man allein vor einem kritischen Publikum steht, das oft mehr über ein Thema weiß als man selbst. Aber Präsentieren kann auch anregend sein: die Gelegenheit, die eigene Forschung mit klugen Menschen zu diskutieren, die Ihre Leidenschaft für ein Thema teilen. Zwei Seiten derselben Medaille – es liegt an Ihnen, welche Seite Sie sehen möchten. Präsentationskompetenzen sind Thema von Kap. 5.

Die letzten beiden Kompetenzen betreffen das Management. *Zeitmanagement* ist erforderlich, um Ihr Projekt mit den verfügbaren Ressourcen im vorgesehenen Zeitraum abzuschließen. Wissenschaftliche Arbeit ist nie wirklich abgeschlossen, und die meisten Forschenden neigen zum Perfektionismus. Es gibt immer Möglichkeiten, ein Forschungsdesign weiter zu verbessern, einen Artikel zu überarbeiten oder eine Präsentation zu verfeinern. Es ist verlockend, immer weiterzumachen, aber jede Aufgabe muss irgendwann abgeschlossen werden. Um alles zu bewältigen, müssen Sie Ihre Zeit gut einteilen, siehe Kap. 6.

Die letzte Kompetenz ist *Durchhaltevermögen*. Unabhängig davon, wie gut Ihre Kompetenzen sind, Rückschläge sind unvermeidlich, und Promotionswege sind dafür bekannt, die psychische Gesundheit der Kandidatinnen und Kandidaten zu belasten. Es werden Dinge schiefgehen – sowohl solche, die Sie beeinflussen können, als auch solche, die außerhalb Ihrer Kontrolle liegen; Sie wissen nur nicht, was, wo und wann. Daher benötigen Sie Kompetenzen, um mit Rückschlägen effektiv umzugehen – nicht nur, um sie zu überstehen, sondern auch, um daraus zu lernen und zu profitieren. Durchhaltevermögen wird in Kap. 7 behandelt.

1.7 Kann man die Kompetenzen für die Promotion erlernen?

„Ich bin einfach kein Redner." Oder: „Ich kann nicht schreiben." Manche Menschen haben eine sehr klare und endgültige Meinung über ihre Fähigkeiten: Es wäre schön gewesen, aber ich habe einfach kein Talent dafür. Ich stimme zu, dass nicht alle Menschen die gleichen Talente haben und gleich klug sind. Wir alle haben unterschiedliche Fähigkeiten. Aber sowohl die Selbstselektion als auch die Auswahl durch Betreuungspersonen und Berufungskommissionen stellen sicher, dass diejenigen, die die Promotion beginnen, klug, ehrgeizig und leidenschaftlich sind. Und egal, wie herausfordernd Promotionsprojekte auch sein mögen, die meisten von ihnen sind keine Raketenwissenschaft (es sei denn, das ist Ihr Thema …). Das bedeutet, dass Sie in der Lage sein sollten, die Fähigkeiten zu erwerben, die Sie für den Abschluss Ihres Projekts benötigen.

Ein guter Ansatz zur Entwicklung von Kompetenzen ist es, ein Growth Mindset einzunehmen. Basierend auf der Forschung von Carol Dweck und Kollegen[12] unterscheidet die Literatur zwischen zwei Denkweisen, die Einfluss darauf haben, ob Menschen neue Kompetenzen erwerben können. Diese Denkweisen werden als Fixed Mindset (statisches Selbstbild) und

---

[12] Siehe zum Beispiel: Dweck (2006, 2012).

Tab. 1.1 Wichtige Unterschiede, die sich aus dem Glauben an ein Growth Mindset oder ein Fixed Mindset ergeben

Merkmal	Growth Mindset	Fixed Mindset
Fähigkeiten	Können sich im Laufe der Zeit entwickeln	Sind angeborene Talente
Meine Erfolge	Ergebnis von Anstrengung und Übung	Durch Talent bestimmt
Erfolge anderer	Quelle der Inspiration: Was kann ich von ihnen lernen?	Bedrohung oder Quelle von Neid: Sie haben Talente, die ich nicht habe
Feedback	Hinweise zum Wachsen	Kritik: Urteile über meine Qualitäten
Lernen	Ich kann alles lernen, was ich will	Ich bin entweder gut darin oder nicht
Grenzen der Fähigkeiten	Begrenzt durch meine Anstrengung und Einstellung	Begrenzt durch mein Potenzial
Neue Herausforderung	Chance zum Lernen ergreifen	Bedrohung: Könnte zeigen, dass ich es nicht kann
Misserfolg	Was kann ich daraus lernen?	Beweis, dass ich es nicht kann
Schwäche	Anerkennen: Ich habe es noch nicht gemeistert	Leugnen: Mir fehlt dieses Talent
Durchhaltevermögen	Hoch: Ich habe es noch nicht gelernt	Niedrig: Ich kann es nicht
Kontrollüberzeugung	Intern: Ich kann es schaffen, wenn ich mich genug anstrenge	Extern: Es liegt nicht in meiner Reichweite
Reflexion	Häufiger	Seltener
Auswirkung auf die Entwicklung	Potenzial wird entwickelt	Potenzial wird nicht ausgeschöpft

Growth Mindset (dynamisches Selbstbild) bezeichnet. Ein *Fixed Mindset* geht davon aus, dass menschliche Fähigkeiten festgelegt sind und durch unsere Talente und Intelligenz bestimmt und begrenzt werden. Man muss mit dem auskommen, was man hat. Das *Growth Mindset* hingegen nimmt an, dass menschliche Fähigkeiten wachsen können und als Potenzial betrachtet werden, das entwickelt werden kann. Was Sie haben, ist Ihr Ausgangspunkt, und mit Anstrengung und Zeit können Sie sich weiterentwickeln.

Untersuchungen haben gezeigt, dass die Überzeugungen, die Menschen über ihre Fähigkeiten haben, sich auf ihre Lernfähigkeit, ihre Entwicklung und letztlich auf ihre Leistung auswirken.[13] Tab. 1.1 listet eine Reihe von

---

[13]Trotz ihrer Attraktivität ist die Mindset-Theorie kein Allheilmittel; einen gut verständlichen Überblick über die laufende Diskussion bieten: Denworth (2019); Bennett (2022).

Unterschieden zwischen beiden Denkweisen auf und zeigt, wie sie Einstellungen und Reaktionen beeinflussen. Ein häufiges Missverständnis ist, dass das Growth Mindset suggeriert, wir könnten alle zu Einstein werden. Das stimmt nicht; das Growth Mindset macht keine Aussage über unser Endziel, sondern lediglich darüber, dass wir besser werden können, als wir es derzeit sind.

Das Growth Mindset beeinflusst nicht nur, wie wir als Individuen lernen können, sondern es legt auch nahe, welche Art von Feedback hilfreich ist. Wenn man eine Studierende oder Kollegin dafür lobt, dass „sie sehr gut in etwas ist", verstärkt das ein Fixed Mindset. Wenn man jedoch den Prozess lobt, zum Beispiel die Anstrengung, die Strategie oder den erzielten Fortschritt, fördert das ein Growth Mindset: „Wenn ich einen Schritt geschafft habe, kann ich auch den nächsten schaffen!"

Das Growth Mindset geht davon aus, dass wir alle unsere Kompetenzen verbessern können, aber die Theorie nimmt nicht an, dass die Verbesserung von selbst kommt. Sie erkennt an, dass das Entwickeln von Kompetenzen harte Arbeit ist, die Zeit und Mühe erfordert. Die Kompetenzentwicklung beginnt mit der Definition einer *effektiven Lernstrategie,* was bedeutet, dass Sie explizit festlegen, was und wie Sie lernen möchten. Setzen Sie sich klare, idealerweise messbare Ziele für das, was Sie erreichen wollen. Nicht „Ich möchte meine Präsentationsfähigkeiten verbessern", sondern „Ich möchte, dass meine Präsentation problemlos in den vorgegebenen Zeitrahmen passt", vorausgesetzt, Ihr Problem ist, dass Sie häufig nicht rechtzeitig mit einer Präsentation fertig werden.

Der zweite Schritt besteht in *gezieltem Üben,* was im Wesentlichen bedeutet, eine Tätigkeit so lange zu wiederholen, bis man sie beherrscht. Es geht jedoch nicht um gedankenlose Wiederholungen; gezieltes Üben erfordert konzentrierte Aufmerksamkeit und wird mit dem spezifischen Ziel durchgeführt, die Leistung zu verbessern. Im obigen Beispiel könnten Sie sich entscheiden, weniger Folien zu verwenden, weniger Inhalt auf die Folien zu packen oder Zwischenzeiten zu nutzen, um zu überprüfen, wie gut Sie im Zeitplan liegen (und bitte entscheiden Sie sich nicht dafür, einfach schneller zu sprechen).

Das dritte Element ist *Feedback.* Wir können nur aus dem Üben lernen, wenn wir schnelles und präzises Feedback erhalten. Gutes Feedback zeigt, wie gut Sie das zu Beginn des Lernprozesses gesetzte Ziel erreichen. Wenn Sie Ihre Leistung nicht überwachen, ist es schwierig, sich systematisch zu verbessern. Im Präsentationsbeispiel könnten Sie messen, wie viel Zeit eine Präsentation beim Üben in normalem Sprechtempo benötigt oder bei welcher Folie Sie sind, wenn die zugeteilte Zeit abgelaufen ist.

Der letzte Schritt umfasst die *Evaluation* Ihrer Leistung, die Reflexion darüber, wie Sie geübt haben, und die Festlegung, was und wie Sie im nächsten Lernzyklus üben wollen, vorausgesetzt, Sie haben Ihr Ziel noch nicht erreicht. Im Präsentationsbeispiel könnten Sie sich entscheiden, über ein bestimmtes Thema weniger zu sprechen oder Themen zu überspringen.

Mit dem richtigen Feedback und einer ehrlichen Reflexion brauchen Sie keinen externen Coach, um sich zu verbessern – Sie können Ihr eigener Coach sein. Erst wenn Sie nicht weiterkommen und ein weiterer Lernzyklus nicht zu ausreichenden Verbesserungen führt, sollten Sie in Erwägung ziehen, jemanden hinzuzuziehen, der Ihnen hilft, wieder auf Kurs zu kommen. Das bedeutet nicht, dass Sie nicht auf andere schauen sollten. Andere zu beobachten kann sehr hilfreich sein, um Ideen für Verbesserungen zu gewinnen. Nicht, um deren Verhalten zu kopieren, sondern um zu verstehen, welche Möglichkeiten es gibt. Es geht nicht um „one size fits all", sondern um die Lösung, die zu Ihnen passt.

Literatur

Bennett, Paul W. (2022), Overhyped psychological theory: What does the „growth mindset" controversy teach us?, July 3, https://educhatter.wordpress.com/2022/07/03/overhyped-psychological-theory-what-does-the-growth-mindset-controversy-teach-us/.

Denworth, Lydia (2019), Debate arises over teaching „growth mindsets" to motivate students, *Scientific American*, August 12, https://www.scientificamerican.com/article/debate-arises-over-teaching-growth-mindsets-to-motivate-students/ Or.

Dweck, Carol S. (2006), *Mindset: The new psychology of success*, Random House.

Dweck, Carol S. (2012), *Mindset: How you can fulfill your potential*, Constable & Robinson Limited. Or search the internet for ‚growth mindset'.

Grasso, Maureen, Melissa Barry, and Thomas Valentine (2009), *A data-driven approach to improving doctoral completion*, Washington, DC: Council of Graduate Schools (Chapter 1).

Jackman, Patricia C., Lisa Jacobs, Rebecca M. Hawkins, and Kelly Sisson (2022), Mental health and psychological wellbeing in the early stages of doctoral study: A systematic review, *European Journal of Higher Education*, 12, 3, 293–313, DOI: https://doi.org/10.1080/21568235.2021.1939752.

Jones, Michael (2013), Issues in doctoral studies – Forty Years of journal discussion: Where have we been and where are we going?, *International Journal of Doctoral Studies*, 8 (6), 83–104.

Levecque, Katia, Frederik Anseel, Alain De Beucklaer, Johan Van de Heyden, and Lydia Gisle (2017), Work organization and mental health problems in Ph.D. students, *Research Policy*, 46, 868–879, doi: https://doi.org/10.1016/j.respol.2017.02.008.

Litalien, David , and Frédéric Guay (2015), Dropout intentions in Ph.D. studies: A comprehensive model based on interpersonal relationships and motivational resources, *Contemporary Educational Psychology*, 41, 218–231.

Lovitts, Barbara E. (2001), *Leaving the Ivory tower: The causes and consequences of departure from doctoral study*, Roman & Littlefield, Boston.

Nori, Hanna, Marja Peura, and Arto Jauhiainen. (2020), From imposter syndrome to heroic tales: doctoral students' backgrounds, study aims, and experiences, *International Journal of Doctoral Studies*, 15, 517–539.

Murphy Paul, Annie (2013), *How the power of interest drives learning*, Nov 4. https://www.kqed.org/mindshift/32503/how-the-power-of-interest-drives-learning Zugegriffen 17 Juni 2021.

Petre, Marian, and Gordon Rugg (2010), *The unwritten rules of Ph.D. research*, 2nd Edition, McGraw Hill Education.

Rivera, Gabriela (2022), Making sense of the new Ph.D. student experience: Adapting to the first year of doctoral studies program, *Journal of Management Inquiry*, 31(3), 331–334. https://doi.org/10.1177/10564926221092343

Stubb, Jenni, Kirsi Pyhältö, and Kirsti Lonka (2012), The experienced meaning of working with a Ph.D. thesis, *Scandinavian Journal of Educational Research*, 56, 4 (August), 439–456.

Usher, Wayne and Brittany A. McCormack (2021), Doctoral capital and well-being amongst Australian Ph.D. students: Exploring capital and habitus of doctoral students, *Health Education*, 121 (3), 322–336.

Visser, Coert (2014), Interesses als drijvende krachten achter ontwikkeling, *TvOO*, 2, 18–22.

Walker, Jude, and EeSeul Yoon (2017), Becoming an academic: The role of doctoral capital in the field of education, *Higher Education Research & Development*, 36, 2, 401–415.

2

Forschungskompetenz

Forschung ist formalisierte Neugier.

Es ist ein gezieltes Stochern und Nachforschen.

Zora Neale Hurston (1891–1960)

Zusammenfassung Forschung zu betreiben erfordert sowohl akademische Kompetenzen, wie kritisches Hinterfragen, unabhängiges Urteilsvermögen, gründliche Analyse und klare Ausdrucksfähigkeit, als auch methodische Kompetenzen, die sich auf die Konzeption und Durchführung Ihres Forschungsprojekts beziehen. Da Promotionsprojekte darauf abzielen, neues Wissen zu generieren, ist das Verständnis des aktuellen Stands des Wissens eine Voraussetzung. Die Erweiterung Ihres Wissens erfolgt durch die Auswahl, Analyse und Reflexion über die relevante Literatur. Qualitativ

© Der/die Autor(en), exklusiv lizenziert an Springer Nature Switzerland AG 2026

E. Huizingh, *Erfolgreich zum Doktortitel*, https://doi.org/10.1007/978-3-032-15929-8_2

hochwertige Forschung entsteht durch kritische Merkmale sowohl der Studie als auch des Forschungsumfelds. Da jedes Fachgebiet zahlreiche Forschungsmöglichkeiten bietet, ist es essenziell, im Rahmen eines iterativen Prozesses den richtigen Fokus für Ihr Projekt zu wählen. Welche Wissenslücke möchten Sie schließen? Der nächste Schritt besteht darin, eine Forschungsfrage zu formulieren. Sieben Anforderungen an eine „gute" Forschungsfrage werden im Detail erläutert.

Forschung zu betreiben ist das Kernstück jedes Promotionsprojekts, weshalb Forschung die erste Kompetenz ist, die im Detail besprochen wird. Das Kapitel beginnt mit der Identifikation notwendiger Forschungskompetenzen, die sowohl allgemeine akademische Kompetenzen als auch spezifischere methodische Kompetenzen umfassen; siehe Abschn. 2.1. Promotionsprojekte zielen darauf ab, neues Wissen beizutragen. Um behaupten zu können, dass Ihre Studie dies tut, müssen Sie ein tiefgreifendes Verständnis Ihres Forschungsfeldes haben. Nur wenn Sie den Stand der Forschung in Ihrem Bereich kennen, können Sie mit Überzeugung behaupten, neue Erkenntnisse zu liefern. Abschn. 2.2 behandelt, wie Sie Ihr Wissen auf das erforderliche Niveau bringen.

Die Qualität der Forschung wird von verschiedenen Faktoren beeinflusst. Abschn. 2.3 behandelt die Rolle der Definition des Studienziels, der Forschungsplanung und des Forschungsprozesses, wie Wissensansprüche begründet werden und die Anwendung ethischer wissenschaftlicher Standards. Ein unterstützendes Forschungsumfeld fördert hochwertige Forschung. Ein solches Umfeld wird durch seine Forschungskultur, vorhandene Expertise, angemessene Ressourcen und ein unterstützendes soziales Umfeld bestimmt; siehe Abschn. 2.4.

Die letzten beiden Abschnitte befassen sich mit der Frage, wie Sie den richtigen Fokus für Ihre Studie finden. Promotionsprojekte haben einen relativ engen Fokus, was bedeutet, dass viele interessante Themen nicht Teil Ihres Projekts werden. Abschn. 2.5 behandelt, wie Sie den Zweck Ihres Projekts bestimmen. Der abschließende Abschnitt gibt einen Überblick über die Anforderungen an die Formulierung einer guten Forschungsfrage, einen der wichtigsten Schritte in den Anfangsphasen eines Forschungsprojekts. Forschungsfragen leiten sich sowohl aus dem Stand des Wissens als auch aus praktischen Problemen ab, hängen aber auch von Ihren persönlichen Interessen ab; siehe Abschn. 2.6.

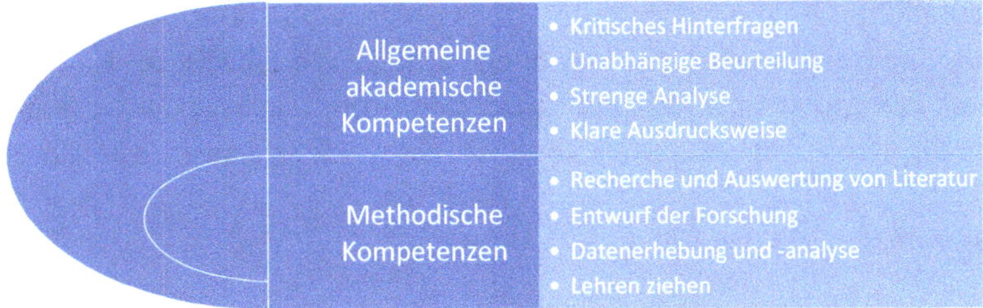

Abb. 2.1 Entscheidende Kompetenzen für Spitzenforschung

2.1 Wichtige Forschungskompetenzen

Unabhängig vom Thema Ihrer Forschung benötigen Sie sowohl allgemeine akademische Kompetenzen als auch methodische Kompetenzen (Abb. 2.1).[1] Zu den allgemeineren akademischen Kompetenzen zählen kritisches Hinterfragen, unabhängiges Urteilsvermögen, gründliche Analyse und klare Ausdrucksweise. Eine kritische Denkweise ist notwendig, da der Fortschritt in der Wissenschaft darauf beruht, den Stand der Forschung nicht einfach zu akzeptieren. Dinge, die lange als selbstverständlich galten, können durch neue Erkenntnisse widerlegt werden. Lange Zeit glaubten die Menschen, die Erde sei flach (und einige glauben das immer noch). Oder nehmen Sie die berühmte Aussage von Lord Kelvin (1824–1907), der einst sagte, „Flugmaschinen, die schwerer als Luft sind, sind unmöglich". Seine Aussage ist nachvollziehbar, wenn man Flugmaschinen als Geräte betrachtet, die in der Luft schweben. Doch sobald wir verstanden hatten, dass es die Schwerkraft ist, die Flugmaschinen, die schwerer sind als Luft, zu Boden fallen lässt, konnten wir eine Lösung entwickeln, indem wir ein Gerät konstruierten, das eine nach oben gerichtete Gegenkraft erzeugt.

Unabhängiges Urteilsvermögen ist wichtig, da in der Wissenschaft Wissensansprüche nur akzeptiert werden, wenn ein Forscher überzeugende Beweise vorlegt. Die Bewertung der Beweise oder Argumente – nicht die Person, die sie vorbringt – entscheidet darüber, ob wir einen Wissensanspruch akzeptieren. Es sollte keine Rolle spielen, ob Sie eine „Koryphäe" oder ein Promotionsanfänger sind. Folgen Sie auch nicht einfach Ratschlägen, nur weil sie von erfahrenen Forschern kommen, sondern weil deren Argumentation für Sie nachvollziehbar ist.

---

[1] Abgeleitet aus: Gill und Johnson (2010).

Gründliche Analyse verhindert, dass offensichtliche, aber falsche oder unvollständige Bewertungen aus oberflächlichen Beobachtungen abgeleitet werden. Ein großartiges Beispiel ist der berühmte Dialog, den der Schweizer Psychologe Jean Piaget (1896–1980) mit der fünfjährigen Julia beschrieb[2] :

Piaget: Was macht den Wind?

Julia: Die Bäume.

Piaget: Woher weißt du das?

Julia: Ich habe gesehen, wie sie mit den Armen gewunken haben.

Echte Ursache-Wirkungs-Zusammenhänge zu erkennen, ist nicht immer so einfach! „Der Teufel steckt im Detail", wie man sagt, und das gilt besonders für wissenschaftliche Forschungsprojekte. Geben Sie sich nicht mit oberflächlichen Reflexionen zufrieden, sondern gehen Sie in die Tiefe.

Die letzte allgemeine akademische Kompetenz, die klare Ausdrucksweise, ist immer für eine effektive Kommunikation erforderlich, in der Wissenschaft jedoch besonders wichtig. Forschende müssen sehr präzise, genau und dennoch verständlich formulieren, sowohl was als auch warum sie etwas in ihrer Studie getan haben und was wir daraus lernen können. Dies betrifft die Literaturübersicht, die methodischen Details des Studiendesigns, die Beschreibung der Daten, die Art der Datenanalyse, die Ergebnisse und wie diese unser Verständnis erweitern. Jeder dieser Aspekte sollte transparent dargestellt werden. Wenn Sie sich klar ausdrücken, können Gutachter widersprechen; unklare Ausdrucksweise sollte zu Einwänden der Gutachter führen.

Methodische Kompetenzen beziehen sich auf das Vorstellen, Konzipieren und Durchführen von Forschungsprojekten. Dazu gehört die Literaturrecherche und die Auswertung früherer Forschung, um den Fokus Ihres Projekts zu bestimmen. In den nächsten Phasen des Projekts müssen Sie wissen, welche Methoden zur Verfügung stehen, deren Vor- und Nachteile, wie Sie einen gewählten Ansatz begründen und wie Sie die Datenerhebung und -analyse durchführen. Welche Methoden werden häufig verwendet, und sind sie für Ihr Projekt geeignet? Wann sollten Sie der bisherigen Forschung folgen, und wann ist es besser, davon abzuweichen, um neue Erkenntnisse

---

[2] Papert (1999).

zu gewinnen? Schließlich müssen Sie in der Lage sein, aus Ihrer Forschung sinnvolle Lehren zu ziehen, was bedeutet, Ihre Ergebnisse sowohl im Kontext des aktuellen Stands des Wissens in Ihrem Fachgebiet als auch der Praxis zu betrachten.

Für jede dieser methodischen Kompetenzen ist es wichtig, die Standards für qualitativ hochwertige Forschung in Ihrem Fach zu kennen. Studieren Sie im Detail Arbeiten, die in den führenden wissenschaftlichen Zeitschriften veröffentlicht wurden. Wie berichten diese Arbeiten über frühere Forschung, begründen ihren Forschungsfokus, entwerfen und führen ihre Studien durch und leiten Erkenntnisse ab? Überlegen Sie, was Sie davon übernehmen können, um sicherzustellen, dass Ihre Studie den höchsten Forschungsstandards Ihres Fachgebiets entspricht.

2.2 Bringen Sie Ihr Wissen auf das erforderliche Niveau

Das Ziel wissenschaftlicher Forschung ist es, neues Wissen zu unserem globalen Wissensbestand hinzuzufügen. Betrachten Sie wissenschaftliche Forschung als einen fortlaufenden Prozess, bei dem nach Puzzleteilen gesucht wird, die dem unvollendeten Puzzle hinzugefügt werden können. Ihre Studie sollte uns das nächste Teil liefern. Dafür müssen Sie den Stand des Wissens in Ihrem Fachgebiet kennen. Nur dann können Sie behaupten, neue Erkenntnisse zu liefern. Studieren Sie die Literatur, um sich über aktuelle Konzepte, Definitionen, Messungen und Theorien zu informieren. Wenn Sie dies ignorieren, laufen Sie Gefahr, diese unter anderen Bezeichnungen erneut zu entwickeln.[3] Es ist wenig erfreulich, in einem Gutachten zu lesen: „Großartige Studie, aber das wurde bereits vor einem Jahrzehnt in einer Arbeit veröffentlicht, die die Autoren offenbar übersehen haben".

Die Anfangsphasen Ihres Projekts sind der Entwicklung eines tiefgehenden Verständnisses des aktuellen Wissens gewidmet. Da „aktuelles" Wissen ein bewegliches Ziel ist, ist Literaturrecherche und -lektüre kein einmaliger Schritt, sondern ein fortlaufender Prozess. Abb. 2.2 enthält fünf Tipps, die dabei helfen, den Stand des Wissens in Ihrem Fachgebiet zu erfassen.

---

[3] Berente et al. (2022).

Abb. 2.2 Fünf Tipps, um das Wissen über Ihr Forschungsgebiet auf das erforderliche Niveau zu bringen

1. Lesen Sie viel

Der erste Ratschlag lautet: lesen, lesen, lesen. Aber lesen Sie nicht einfach alles. Nicht, weil das keinen Spaß macht – ich lese immer gerne über Themen, für die ich mich begeistere. Der Grund ist, dass es wahrscheinlich keine andere Tätigkeit gibt, mit der Forschende so leicht Zeit verschwenden können wie mit Lesen. Es ist vergleichbar mit stundenlangem Surfen im Internet. Lesen Sie mit einer Strategie, das heißt, fragen Sie sich zuerst: Welches Wissen bringt mein Projekt voran?

Es ist sinnvoll, zwischen zwei Phasen zu unterscheiden, die jeweils eine andere Lesestrategie erfordern. Zunächst sollten Sie sich beim Lesen auf die Breite konzentrieren, um einen schnellen Überblick über verschiedene Theorien, Konzepte, Definitionen, Methoden, Messungen usw. in Ihrem Fachgebiet zu erhalten. Nützliche Lektüre können Lehrbücher (wenn Sie auf einem grundlegenden Niveau beginnen) und veröffentlichte Dissertationen sein. Auch Fachzeitschriftenartikel können hilfreich sein, vor allem, wenn es sich um Metaanalysen, systematische Literaturübersichten oder andere Übersichtsartikel handelt. Solche Arbeiten bieten einen recht vollständigen und aktuellen Überblick über ein Fachgebiet, enthalten viele Referenzen und werden meist von erfahrenen Forschenden verfasst. Sie geben einen schnellen Einblick, worüber sich Forschende in einem Gebiet einig sind, worüber Uneinigkeit besteht und welche Themen (Fragen, Ansätze) bisher übersehen wurden. Solche Arbeiten sind ein hervorragender Ausgangspunkt, um den Fokus Ihres Projekts zu entwickeln.

In der nächsten Phase, wenn Sie Ihren Fokus genauer kennen, ist die Tiefe wichtiger. Beschränken Sie Ihre Lektüre auf Forschung zu Ihrem Fokusbereich und stellen Sie sicher, dass Sie einen vollständigen Überblick darüber erhalten, welche Aspekte eines Phänomens frühere Forschende wie untersucht haben. Dies ist notwendig, um eine Forschungsfrage zu formulieren, die neu und relevant ist. Neuartigkeit bedeutet, dass die Erkenntnisse Ihrer Studie noch nicht veröffentlicht wurden – stellen Sie sicher, dass die „Lücke in der Literatur", auf die Sie sich konzentrieren, eine echte Lücke ist. Relevanz bezieht sich auf den Wert dieser Erkenntnisse, damit Sie mit Ihrer Forschung einen Unterschied machen.

2. Lesen Sie, was wichtig ist

Beschränken Sie Ihre Lektüre auf das, was am wichtigsten ist. Sie müssen selektiv sein, denn es ist unmöglich, jede veröffentlichte Studie in Ihrem Bereich zu lesen. Versuchen Sie es gar nicht erst. Zwei Maßstäbe, um zu entscheiden, ob ein Artikel lesenswert ist: (1) Er ist für Ihr Projekt wichtig und (2) es handelt sich um eine hochwertige Publikation.

Was für Ihr Projekt relevant ist, hängt sowohl vom Thema Ihrer Studie als auch von der Phase ab, in der Sie sich befinden. Wenn Sie Ihr Forschungsdesign entwickeln, springen Sie direkt zum Methodikteil eines Artikels, um zu sehen, wie diese Forschenden ihre Studie gestaltet haben. Wenn Sie Daten analysieren, konzentrieren Sie sich auf den Ergebnisteil, um zu sehen, wie andere Daten analysiert oder Ergebnisse in Tabellen oder Abbildungen dargestellt haben.

Das zweite Kriterium ist die Qualität der Publikation. In der Wissenschaft gibt es eine ausgeprägte Hierarchie der Fachzeitschriften. In Top-Journals veröffentlichte Artikel basieren in der Regel auf besserer Forschung, behandeln wichtigere Fragestellungen und werden von fachkundigeren Forschenden verfasst. Ihre Ergebnisse gelten zudem als glaubwürdigere Evidenz als Forschung, die in zweit- oder drittrangigen Zeitschriften erscheint. Informieren Sie sich darüber, welche die führenden Fachzeitschriften sind (siehe Abschn. 4.2) und wer die führenden Forschenden in Ihrem Fachgebiet sind, und nutzen Sie dieses Wissen zur Auswahl der Literatur. Das Lesen solcher Artikel hilft auch dabei zu verstehen, was hochwertige Forschung ausmacht, was als valide Evidenz gilt und wie man gute wissenschaftliche Beiträge verfasst. Lesen Sie nur das, was am wichtigsten ist; andere Publikationen können Sie überfliegen, für einen möglichen späteren Gebrauch speichern oder vorerst einfach ignorieren.

3. Analysieren und dokumentieren Sie

Lesen Sie nicht passiv, sondern analysieren und dokumentieren Sie das Gelesene. Lesen Sie Artikel mit kritischem Blick und fragen Sie sich fortlaufend: Was meinen die Autor*innen? Stimme ich ihrer Argumentation und ihren Aussagen zu, und welche Implikationen ergeben sich daraus für meine eigene Forschung? Was aus diesem Artikel kann meine Forschung verbessern? Beantworten Sie solche Fragen während des Lesens und machen Sie sich Notizen. Ein häufiges Problem in der Anfangsphase eines Projekts ist, dass Sie noch nicht wissen, was für Ihre Studie relevant ist. Machen Sie einfach mehr Notizen, damit Sie später, wenn Sie wissen, was für Ihr Projekt wichtig ist, die relevanten Teile eines Artikels schnell wiederfinden können. Notizen zu machen ist unerlässlich. Mehrfach in meiner Laufbahn habe ich mich klar daran erinnert, dass ich etwas Interessantes in einem Artikel gelesen hatte und dass es sich am Ende der rechten Spalte befand, aber ich hatte vergessen, in welchem Artikel es stand. Bitte wiederholen Sie nicht meinen Fehler. Analysieren und dokumentieren Sie, was Sie lesen.

Für die Verwaltung Ihrer Artikel und Notizen benötigen Sie ein System. Sie können entweder allgemeine Software wie eine Textverarbeitung oder eine Tabellenkalkulation nutzen oder spezielle Programme verwenden. Beispiele für spezielle Literaturverwaltungssoftware sind *Mendeley, EndNote,* und *Zotero*. Der Vorteil spezieller Software liegt darin, dass sie besondere Funktionen für das Literaturmanagement bietet, wie das strukturierte Ablegen von Artikeln, das schnelle und einfache Wiederfinden von Artikeln und Notizen, das Erstellen von Zitaten und Literaturverzeichnissen im von Zeitschriften geforderten Format sowie das Teilen von Literatur mit Kolleginnen und Kollegen. Entscheiden Sie sich zu Beginn Ihres Projekts für ein System. Recherchieren Sie im Internet die Vor- und Nachteile der verschiedenen Literaturverwaltungsprogramme, fragen Sie andere Promovierende und Kooperationspartner*innen, welches System sie nutzen, und prüfen Sie, welche Software an Ihrer Institution verfügbar ist, da nicht alle Programme kostenlos sind.

4. Führen Sie intellektuelle Diskussionen

Der vierte Tipp zur Erweiterung Ihres Wissens ist, intellektuelle Diskussionen über Ihr Forschungsthema zu führen. Diskutieren Sie die Details Ihres Forschungsprojekts offen und kritisch mit informierten Personen. Diskutieren Sie den Fokus Ihres Projekts, wie und warum es sowohl für die Theorie als auch für die Praxis relevant ist, den Kontext Ihrer Feldforschung,

Ihren Ansatz zur Datenerhebung, -analyse und -präsentation – sprechen Sie all diese Aspekte an und prüfen Sie, welche Verbesserungen möglich sind. „Informierte Personen" sind selbstverständlich Ihre Betreuerin oder Ihr Betreuer, aber auch (Senior-)Kolleg*innen sowie andere Promovierende, sowohl von Ihrer eigenen Universität als auch von anderen Forschungseinrichtungen. Befragen Sie Praktiker*innen aus Ihrem Fachgebiet, um deren tatsächliche Probleme und Lösungen kennenzulernen und herauszufinden, wie Ihre Forschung ihnen helfen kann. Jeder Mensch hat einen einzigartigen Hintergrund und eine andere Perspektive, was Ihnen die Möglichkeit bietet, dazuzulernen oder die Bestätigung zu erhalten, dass Sie auf dem richtigen Weg sind.

5. Beteiligen Sie sich am wissenschaftlichen Prozess

Der letzte Tipp ist, sich aktiv am wissenschaftlichen Prozess zu beteiligen. Die wissenschaftliche Gemeinschaft besteht aus Fachgesellschaften, Zeitschriften, Konferenzen, Workshops, Seminaren, Blogs usw. Nehmen Sie daran teil, lesen Sie mit, lernen Sie, was funktioniert und was nicht, erkennen Sie aktuelle Themen, die viel Forschungsinteresse auf sich ziehen, identifizieren und kontaktieren Sie Schlüsselfiguren und wichtige Forschungsgruppen, werden Sie aktiv und bringen Sie sich ein. Die wissenschaftliche Gemeinschaft ist eine globale, recht offene und dynamische Gemeinschaft. Seien Sie nicht schüchtern, werden Sie Teil dieser Gemeinschaft. Sie bietet zahlreiche Möglichkeiten, sowohl Ihr Projekt als auch Ihre Fähigkeiten weiterzuentwickeln. Sie lernen nicht nur, Ihre Arbeit zu präsentieren und zu verteidigen, sondern gewinnen auch wertvolle Kontakte und potenzielle Kooperationspartner*innen.

Diese fünf Tipps helfen Ihnen nicht nur dabei, Ihr Wissen auf das für neue Erkenntnisse erforderliche Niveau zu bringen, sondern auch dabei, zu verstehen, wie sich Ihr Fachgebiet im Laufe der Zeit entwickelt hat. State-of-the-Art-Wissen ist wie ein Bild dessen, was wir aktuell wissen; Ihr Fachgebiet zu verstehen bedeutet, zu wissen, wie es sein heutiges Niveau erreicht hat. Das erleichtert es nicht nur, eigene Beiträge richtig einzuordnen und zu formulieren, sondern hilft auch, Themen zu identifizieren, die weiterer Forschung bedürfen. Was werden die nächsten Trendthemen in Ihrem Bereich sein? Durch eine kritische Bewertung des bisher Erreichten können Sie Begrenzungen oder Verzerrungen im aktuellen Wissensstand erkennen. Tab. 2.1 enthält Fragen, die dabei hilfreich sein können.

Tab. 2.1 Fragen, die Sie sich stellen können, um besser zu verstehen, wie sich Ihr Fachgebiet entwickelt hat und welche Themen weiterer Untersuchung bedürfen

---

Welche Fragestellungen wurden zuerst in der wissenschaftlichen Forschung aufgegriffen und welche kamen später hinzu?

Welche Definitionen wurden bisher verwendet und welche haben sich aus welchen Gründen durchgesetzt?

Wie wurde das zentrale Problem bisher gefasst und welche anderen Perspektiven sind möglich?

Welche Probleme sind gelöst und welche noch ungelöst?

Bei welchen Themen scheint in der bisherigen Forschung Einigkeit zu bestehen und bei welchen nicht?

Welche Faktoren wurden berücksichtigt und welche möglichen weiteren Faktoren nicht?

Welche Theorien oder Methoden wurden am häufigsten angewandt und welche weniger oder gar nicht?

Welche Kontexte wurden am häufigsten untersucht und welche weniger oder gar nicht?

Was sind die dominierenden Forschungsansätze (oder Schulen)?

Was sind aktuelle Herausforderungen für Praktikerinnen und Praktiker?

Was sind die Standards für valide Evidenz (Messungen, Analysen) im Fachgebiet?

Welche Zeitschriften veröffentlichen am häufigsten zu diesen Themen?

Wer sind die führenden Forschenden (Forschungsgruppen) im Fachgebiet?

2.3   Was macht eine „gute" Studie aus?

Mehrere Faktoren machen eine „gute" Studie aus. In diesem Kapitel besprechen wir sie, gruppiert in zwei Kategorien: Faktoren, die die Studie selbst betreffen, und Faktoren, die das Umfeld betreffen, in dem der Forschende arbeitet (was Thema des nächsten Abschnitts ist). Dieser Abschnitt konzentriert sich auf die vier Säulen qualitativ hochwertiger Forschung: den Zweck der Studie, die Forschungsplanung und den Forschungsprozess, die Begründung von Wissensansprüchen und ethische Standards; siehe Abb. 2.3.

Zweck der Studie

Jede Studie beginnt mit der Definition des Zwecks des Projekts. Ohne einen klaren Fokus kann jede Entscheidung bei der Gestaltung und Durchführung der Forschung richtig oder falsch sein. In manchen Promotionsprojekten ist der Zweck von Anfang an klar definiert, meist dann, wenn bereits ein Forschungsantrag vorliegt, zum Beispiel wenn das Projekt von einer externen Stelle finanziert wird. In anderen Fällen ist zu Beginn nur eine Richtung bekannt, und es ist die Aufgabe der Promovierenden, einen klaren Zweck zu

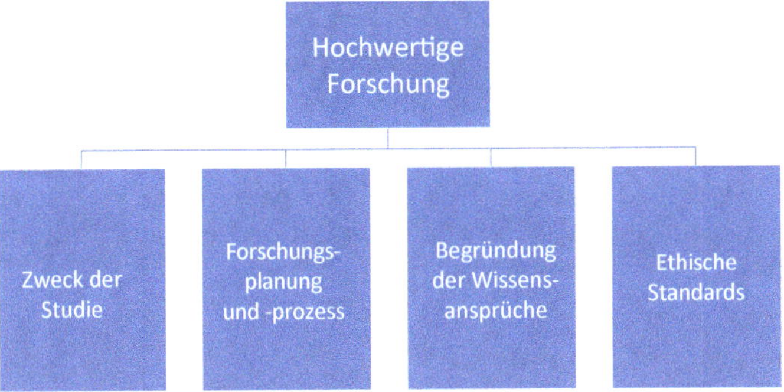

Abb. 2.3 Vier forschungsbezogene Säulen, die eine qualitativ hochwertige Studie ausmachen

erarbeiten und zu spezifizieren. Ein guter Zweck ist einer, der sowohl für die Wissenschaft als auch für die Praxis von Bedeutung ist und das persönliche Interesse des Forschenden weckt. Suchen Sie in Ihrem Fachgebiet nach drängenden Problemen, streben Sie nach etwas, das wir wissen müssen, nicht nur nach „nice to know" (siehe Abschn. 2.5 und 2.6 für weitere Details).

Forschungsplanung und -prozess

Die Forschungsplanung und der Forschungsprozess beziehen sich auf die eigentliche Studie, die Sie durchführen. Welche Schritte und Aktivitäten müssen in welcher Reihenfolge erledigt werden, um das Projekt abzuschließen? Dies betrifft sowohl die wissenschaftliche als auch die praktische Planung des Projekts. Aus wissenschaftlicher Sicht müssen Sie den Stand des Wissens in Ihrem Fachgebiet kennen, die Konzepte, Definitionen, Theorien, Methoden, Messungen usw., die in Ihrem Bereich entwickelt wurden und die Sie als Bausteine für Ihr eigenes Projekt nutzen können.

Aus praktischer Sicht umfasst jedes Forschungsprojekt eine Reihe von Aktivitäten, die Zeit und andere Ressourcen erfordern, in einer bestimmten Reihenfolge durchgeführt werden müssen und manchmal auch dazu führen können, dass Sie zu einer früheren Aktivität oder Phase zurückkehren. Überlegen Sie, welche Aktivitäten Sie durchführen müssen, in welcher Reihenfolge und welche Ressourcen sie benötigen. Vergleichen Sie, was Ihr Projekt erfordert, mit den Ressourcen, die Ihnen zur Verfügung stehen. Wie viel Zeit, Wissen, Fähigkeiten, Finanzierung, Materialien und andere entscheidende Ressourcen stehen Ihnen zur Verfügung? Falls diese nicht ausreichen, könnten Sie Möglichkeiten prüfen, zusätzliche Ressourcen zu beschaffen.

Optionen sind zum Beispiel die Beantragung von Fördermitteln, das Einstellen von Hilfskräften, das Absolvieren von Schulungen oder die Zusammenarbeit mit Forschenden, die über das Benötigte verfügen. Falls dies nicht gelingt, müssen Sie Ihr Projekt möglicherweise neu ausrichten, zum Beispiel indem Sie es eingrenzen oder den Zweck ändern. Die Entwicklung eines Projektplans und das Zeitmanagement werden ausführlich in Kap. 6 behandelt.

Begründung von Wissensansprüchen

Die dritte Säule qualitativ hochwertiger Forschung ist die Begründung von Wissensansprüchen, die mit der in Abschn. 2.1 diskutierten methodischen Kompetenz zur Ableitung von Erkenntnissen zusammenhängt. Ziel wissenschaftlicher Forschung ist es, unser Verständnis natürlicher oder sozialer Phänomene zu erweitern. Warum und wie geschehen Dinge? Können wir sie vorhersagen? Können wir sie beeinflussen? Ihre Forschung sollte uns einen nächsten Schritt ermöglichen. Dafür müssen Sie die richtigen Fragen stellen (Zweck Ihrer Studie) und auf die richtige Weise nach Antworten suchen (Ihr Forschungsprozess). Die Begründung von Wissensansprüchen betrifft die Formulierung des Beitrags Ihrer Studie so, dass er gut an die bisherige Forschung anknüpft, auf ihr aufbaut und durch die Ergebnisse Ihrer Studie untermauert wird.

Dies erfordert sowohl ein Verständnis Ihres Fachgebiets als auch eine hinreichende Analyse der Daten. Angemessene Analysen liefern die richtigen Belege zur Beantwortung der Forschungsfragen, wobei die Grenzen der Daten (sei es hinsichtlich der Datenmenge oder der Messniveaus) anerkannt, alternative Erklärungen ausgeschlossen und die Belastbarkeit (bzw. Generalisierbarkeit) der Ergebnisse aufgezeigt werden. Die Ergebnisse müssen klar und verständlich präsentiert werden, sowohl im Text als auch in visuellen Elementen (Grafiken, Abbildungen, Tabellen usw.).

Dasselbe gilt für Ihre Wissensansprüche. Die Ergebnisse stellen die Befunde Ihrer Studie dar, die Statistiken oder Muster, die Sie gefunden haben. Wissensansprüche betreffen die Bedeutung, die Sie den Ergebnissen beimessen. Was können wir aus Ihrer Studie lernen? Wie trägt sie zum Verständnis in Ihrem Fachgebiet bei? Nicht nur Ihre Wissensansprüche sollten klar sein, sondern auch deren Grenzen. Jedes Forschungsprojekt ist in Bezug auf die berücksichtigten Kontexte und Faktoren sowie die erhobene Datenmenge begrenzt. Keine Studie ist perfekt. Es ist wichtig, transparent über die Grenzen Ihrer Studie zu sein, da dies hilft, Ihre Wissensansprüche zu interpretieren und Folgeprojekte zu definieren.

Ethische Standards

Ethische Standards sind in der Wissenschaft unerlässlich, da Vertrauen eine große Rolle spielt. In vielen Fällen ist es selbst für Zeitschriftenherausgeber und Gutachter schwer festzustellen, ob Forschende ihre Studie tatsächlich so durchgeführt haben, wie sie es berichten. Wenn ich ein Manuskript begutachte, muss ich davon ausgehen, dass die Statistiken die exakten Ergebnisse der Anwendung statistischer Software auf eine tatsächlich existierende Datenbank darstellen. Oft kann ich nur prüfen, ob die berichteten Ergebnisse konsistent und logisch sind. Im Übrigen verlasse ich mich auf Vertrauen. Aber da Forschende Menschen sind, ist Vertrauen nicht immer gerechtfertigt. Zu ehrgeizige Forschende, starker Peer-Druck, Selbstrechtfertigung („es war nur eine kleine Anpassung" oder „jeder muss bei der Forschung Entscheidungen treffen") und/oder niedrige ethische Standards führen dazu, dass Forschende ethische Regeln verletzen und Betrug begehen. Von Zeit zu Zeit müssen Zeitschriften Artikel zurückziehen, manchmal wegen nachgewiesenen Betrugs oder wegen Urheberrechtsverletzungen oder Nichtoffenlegung von Interessenkonflikten. In jedem Fall schadet die Verwicklung in solche Vorfälle dem Ruf der Autor*innen, da sie Zweifel an deren Integrität aufkommen lässt.

Die Anwendung hoher ethischer Standards beginnt mit Transparenz darüber, wie die Studie durchgeführt wurde. Im Idealfall berichtet der Forschende alle Details, die es anderen ermöglichen, eine Studie zu replizieren. In den Sozialwissenschaften ist eine exakte Replikation meist unmöglich, wenn Menschen und Organisationen beteiligt sind. Eine folgende Stichprobe unterscheidet sich immer von der ursprünglichen, selbst wenn die Verteilung wichtiger Variablen gleich ist. Heutzutage verlangen immer mehr Zeitschriften, um zumindest einige offensichtliche Betrugsquellen auszuschließen, nicht nur die Offenlegung möglicher Interessenkonflikte, sondern auch die Bereitstellung der Forschungsdaten.

Es gibt viele Möglichkeiten, mögliche Bedenken hinsichtlich einer Studie und ihrer Ergebnisse zu minimieren. Ein gutes Beispiel ist eine in *Nature* veröffentlichte Studie zur Wirksamkeit des Growth Mindset, der in Abschn. 1.7 behandelten Lerntheorie.[4] An dieser Studie waren mehrere Befürworter der Theorie beteiligt, darunter Carol Dweck und einige ihrer Kollegen, was Kritiker hinsichtlich der positiven Ergebnisse misstrauisch machen könnte. Um dem entgegenzuwirken, umfasste die Studie nicht nur

---

[4] Yeager et al. (2019).

eine große Stichprobe (über 12.000 Schüler*innen aus einer repräsentativen Auswahl von 65 US-amerikanischen öffentlichen Schulen), sondern auch eine randomisierte kontrollierte Studie. Zwei verschiedene professionelle Forschungsunternehmen, die den Studienzweck nicht kannten, sammelten und analysierten die Daten, während sowohl die Hypothesen als auch der Analyseplan vorab registriert wurden. Die Lehrkräfte und Forschenden waren hinsichtlich der zufälligen Zuteilung der Schüler*innen zu einer Bedingung (Training des Growth Mindset) verblindet, während die Analysten die Identität der von ihnen analysierten Variablen nicht kannten. Schließlich wurde die Studie von einem separaten Forscherteam in einem anderen Land mit einer weiteren großen Stichprobe repliziert.

Wenn Studien (menschliche) Probanden einbeziehen, müssen Forschende ihren Forschungsplan häufig zunächst einer ethischen Prüfung unterziehen. Ethikkommissionen prüfen den Plan, um die Integrität und Qualität der Studie sicherzustellen; sie prüfen Forschung mit menschlichen Teilnehmer*innen, um deren Würde, Rechte und Wohlergehen zu schützen.[5] Wichtige Aspekte betreffen die Forschungsziele, die Anforderungen an die Teilnehmenden, die Information der Teilnehmenden, das Einholen der Einwilligung, den Umgang mit Daten, den Schutz der Privatsphäre und die Nachbesprechung der Teilnehmenden.

2.4   Was macht eine „gute" Forschungsumgebung aus?

Die zweite Gruppe von Faktoren, die für gute Forschung wichtig sind, bezieht sich auf das Umfeld, in dem Sie forschen. Abb. 2.4 zeigt die vier Säulen einer soliden Forschungsumgebung,[6] nämlich die Forschungskultur, vorhandene Expertise, angemessene Ressourcen und das soziale Umfeld.

Forschungskultur

Die Forschungskultur der Gruppe, der Sie angehören, wird durch die Bedeutung der Forschung sowie die Werte und das Verhalten in Bezug auf Forschung bestimmt. Manche Universitäten oder Fachbereiche messen an-

---

[5] Hunter (2007).

[6] Einen umfassenden Überblick über die Merkmale erfolgreicher Forschungsumgebungen bietet: Bland und Ruffin (1992).

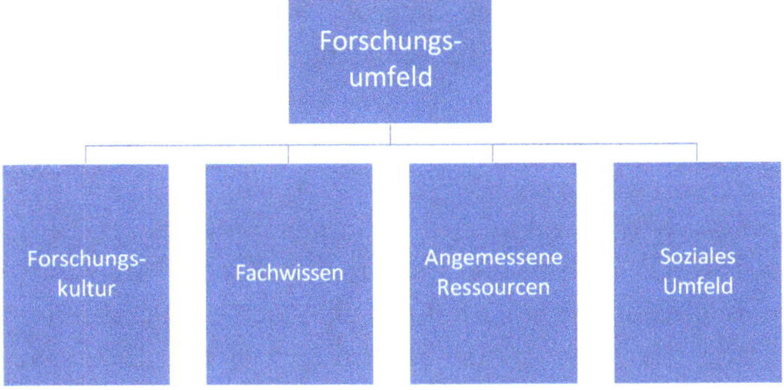

Abb. 2.4 Vier Säulen, die eine qualitativ hochwertige Forschungsumgebung ausmachen

deren Aktivitäten mehr Bedeutung bei als der Forschung; der Druck, große Studierendengruppen zu unterrichten oder Drittmittel einzuwerben, kann leicht den Wunsch, sich auf wissenschaftliche Forschung zu konzentrieren, überlagern. Im Idealfall hat die Gruppe, der Sie angehören, ein ausgewogenes Verhältnis zwischen den verschiedenen Aktivitäten gefunden, in der Praxis variiert dieses Gleichgewicht jedoch von Fachbereich zu Fachbereich. Gruppen mit einer soliden Forschungskultur ermöglichen es ihren Mitgliedern, einen angemessenen Teil ihrer Zeit für Forschung aufzuwenden, setzen Forschungsproduktivität als Priorität und würdigen sowie belohnen Forschungserfolge.

In solchen Umgebungen können Sie frei Forschungsideen vorschlagen, diskutieren und erkunden, erhalten Ratschläge von anderen Forschenden und lernen von deren Best Practices. Solche Gruppen veranstalten Treffen und Seminare, in denen der Forschungsfortschritt diskutiert wird, bieten Forschenden die Möglichkeit, an Konferenzen teilzunehmen, und laden externe Wissenschaftler ein, Vorträge zu halten und/oder für eine gewisse Zeit (von wenigen Tagen bis zu mehreren Monaten) zu bleiben. Kurz gesagt: Eine robuste Forschungskultur bietet ein stimulierendes Umfeld für Forschung.

Fachwissen

Um Ihr Projekt erfolgreich durchzuführen, benötigen Sie umfangreiches Wissen und vielfältige Fähigkeiten. Diese betreffen das Thema Ihrer Forschung, Methoden zur Datenerhebung, -analyse und -präsentation, relevante Fachzeitschriften, wichtige Konferenzen in Ihrem Bereich oder den Umgang mit Geräten und den Zugang zu Materialien. Kolleginnen und Kollegen, die Sie unterstützen können, verschaffen Ihnen einen Vorsprung – andernfalls müssen Sie sich alles selbst erarbeiten und aneignen.

Angemessene Ressourcen

Für Ihr Projekt werden zahlreiche Ressourcen benötigt. Dies beginnt mit einem Arbeitsplatz, an dem Sie studieren und schreiben können, umfasst aber auch Räume und Einrichtungen, die für Ihre Forschung notwendig sind, zum Beispiel ein Labor, Geräte und Materialien. Eine gute physische Bibliothek ist heutzutage weniger wichtig, aber es ist sehr hilfreich, wenn Ihre Bibliothek Abonnements (kostenlosen Online-Zugang) zu den wichtigsten Fachzeitschriften Ihres Gebiets anbietet. Weitere nützliche Ressourcen sind wissenschaftliche Hilfskräfte, Netzwerkkontakte und natürlich Finanzierung.

Soziales Umfeld

Ein unterstützendes, sicheres und positives Klima in Ihrer Forschungsgruppe sorgt dafür, dass Sie morgens gerne zur Arbeit gehen. Viele Personen am Arbeitsplatz können dazu beitragen, darunter Ihre Betreuungsperson(en), Mitglieder der Forschungsgruppe, andere Promovierende sowie Kontakte zu anderen Forschungsgruppen im In- und Ausland. Die von ihnen gebotene Expertise und Unterstützung wurde bereits oben angesprochen, aber da das Promovieren oft stressig ist, ist es gut, Kolleginnen und Kollegen zu haben, mit denen Sie bei einem Getränk oder einer Mahlzeit Dampf ablassen können. Ein unterstützendes soziales Umfeld reicht auch über die Arbeit hinaus – Sie benötigen möglicherweise die Unterstützung von Partner*innen, Freund*innen und Familie, um die herausfordernde Reise zu bewältigen, auf der Sie sich befinden.

2.5 Der Weg zu Ihrer Studie

Jedes Fachgebiet, egal wie spezialisiert, umfasst zahlreiche Fragestellungen, Konzepte, Theorien, Methoden, Messungen und Kontexte. Die gute Nachricht ist also, dass Sie bei der Gestaltung Ihrer Studie aus einer Vielzahl von Möglichkeiten wählen können; die schlechte Nachricht ist, dass Sie viele interessante Optionen für Ihr Projekt ausschließen müssen. Was ist am dringendsten – aus wissenschaftlicher oder praktischer Sicht, vorzugsweise aus beiden? Was erscheint mit Ihren Ressourcen machbar? Was finden Sie persönlich interessant? Die drei am häufigsten gehörten Ratschläge in der Anfangsphase einer Studie lauten: Fokus, Fokus, Fokus! Welche Lücke wollen Sie schließen? Das bestimmt den Zweck Ihres Projekts und definiert die Nische, in der Sie in den kommenden Jahren zur Expertin oder zum Experten werden.

Denken Sie daran, dass ein gutes Promotionsprojekt das Verständnis in einem Fachgebiet voranbringt. Das bedeutet, dass der Zweck des Projekts auf die Entdeckung neuen Wissens ausgerichtet sein sollte. Wissen kann grob als alles definiert werden, was auch in anderen Kontexten nützlich ist. Wissen ergibt sich aus Erkenntnissen, die verallgemeinerbar sind und zugrunde liegende Mechanismen oder Regeln aufdecken, die auch in anderen Situationen gelten. Überlegen Sie also bei der Auswahl möglicher Zielsetzungen für Ihr Projekt, welchen Wissensbeitrag ein bestimmtes Ziel leisten könnte. Wurde dieses Wissen noch nicht veröffentlicht? Befasst sich das Projekt mit einer Fragestellung, die von Fachleuten als wichtig angesehen wird, aber noch nicht gut verstanden ist? Für wen oder in welchen Situationen würde Ihr Beitrag einen Unterschied machen?

Die Festlegung des Studienschwerpunkts ist ein iterativer Prozess. Lesen Sie die wissenschaftliche Literatur, um zu verstehen, was bereits bekannt ist, informieren Sie sich über wichtige gesellschaftliche Probleme, hören Sie Fachleuten zu, die reale Herausforderungen erleben, und diskutieren Sie mit anderen Forschenden, was die Untersuchung eines bestimmten Themas bedeutet. Erfolgreiche Forschende lassen sich von Lücken in der Literatur inspirieren, von Fragestellungen, die mit dem aktuellen Wissen nicht erklärt werden können, oder durch den Austausch mit Fachleuten.[7] Und die meisten von ihnen nutzen nicht nur eine einzige Quelle. Es ist hilfreich, mehrere potenziell interessante Ideen zu generieren und diese schrittweise zu verfeinern. Identifizieren Sie einige zentrale Artikel im Fachgebiet und machen Sie deutlich, welche Erkenntnisse Sie zu diesen Studien hinzufügen möchten. Was würde ein solches Projekt beinhalten? Und wie passt das zu Ihren Interessen und Ressourcen? Formulieren Sie klare Antworten und wenn Sie ins Stocken geraten: Starten Sie die nächste Iteration.

Vermeiden Sie es bei der Ausarbeitung des Forschungsantrags, das Rad neu zu erfinden. Nutzen und bauen Sie auf Definitionen, Theorien, Rahmenwerken, Methoden und Messinstrumenten auf, die von früheren Forschungen vorgeschlagen, validiert und angewendet wurden. Das erleichtert

---

[7] Cao et al. (2019).

den Fortschritt Ihrer Studie, ermöglicht den Vergleich Ihrer Ergebnisse mit früheren Arbeiten und erhöht das Vertrauen der Gutachter in Ihre Forschung.

Das Kapitel zur Zusammenarbeit (Kap. 3) betont, wie wichtig es ist, die Chance zu ergreifen, von anderen zu profitieren. Dies beginnt bereits in den Anfangsphasen Ihres Forschungsprojekts. Teilen Sie Ihre Ideen mit anderen, lassen Sie sie kommentieren, sammeln Sie Anregungen zu unterschiedlichen Perspektiven und Herangehensweisen und nutzen Sie diese, um ein vielversprechendes Projekt zu definieren. Warten Sie nicht, bis klar ist, was Sie untersuchen werden, sondern holen Sie so früh und so oft wie möglich Feedback ein.

2.6   Definition Ihrer Forschungsfrage

Jedes Forschungsprojekt beginnt mit einem klaren Ziel, einer Frage, die beantwortet werden soll. Ihre Forschungsaktivitäten bilden die Suche nach der Antwort. Ziel und Grenzen der Studie müssen eindeutig definiert werden, gleichzeitig sollten Sie jedoch flexibel bleiben und in der Lage sein, umzuschalten, wenn sich interessante Gelegenheiten ergeben oder Sie auf Sackgassen stoßen. Dies ist eine recht widersprüchliche Empfehlung. Ein klares Ziel ist notwendig, um den Forschungsprozess zu planen. Gleichzeitig ähneln Forschungsprojekte Abenteuerreisen, auf denen wir auf unerwartete Probleme und Chancen stoßen. Ursprüngliche Forschungsideen und -pläne funktionieren nicht, oder Sie erhalten vielversprechende neue Ideen, neue Kooperationen oder neue Daten. Das Überwinden schwieriger Herausforderungen sowie das Erkennen und Nutzen neuer Möglichkeiten machen Forschung spannend. Doch genau das schafft ein Paradoxon bei der Definition des Zwecks eines Forschungsprojekts: Sie sollten eine klare und strikte Forschungsfrage formulieren, dabei aber flexibel bleiben, wenn das Unerwartete eintritt.

Um von sich bietenden Gelegenheiten zu profitieren, sollten Sie nicht die gesamte verfügbare Zeit mit Aktivitäten verplanen, sondern im letzten Abschnitt Ihres Projekts Raum für das Entstehen neuer Ideen lassen. Betrachten Sie Ihr Projekt als eine Abfolge mehrerer Teilprojekte. Definieren Sie eine gute Forschungsfrage für das erste (oder die ersten beiden) Teilprojekt(e) und bleiben Sie für die folgenden Teilprojekte flexibel. Diese Lösung funktioniert nicht immer, z. B. wenn Ihre Studie extern finanziert wird oder eine formale Genehmigung durch ein Gremium benötigt, da in solchen Fällen oft alle Projektteile klar definiert sein müssen. In solchen Fäl-

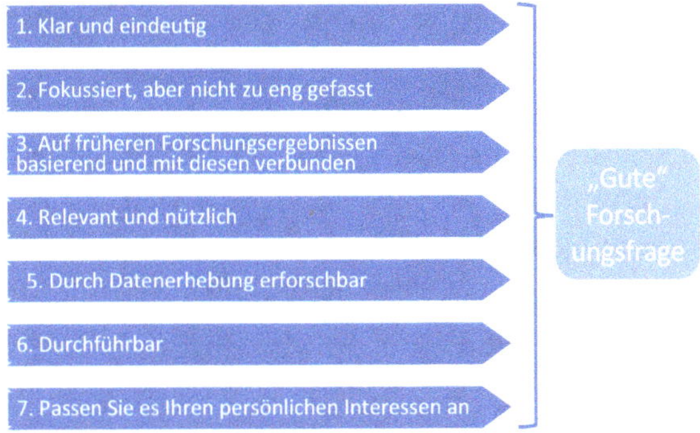

Abb. 2.5 Sieben Anforderungen an eine „gute" Forschungsfrage

len hoffe ich, dass es Ihnen zu einem späteren Zeitpunkt dennoch gelingt, eine alte Idee gegen eine bessere Möglichkeit auszutauschen.

Um unvorhergesehene Probleme zu überwinden, denken Sie bei der Planung von Plan A auch an mögliche Pläne B. Gestalten Sie eine Feldstudie so, dass Sie die Daten nicht nur zur Beantwortung Ihrer ursprünglichen Forschungsfrage, sondern auch für einige verwandte Fragen nutzen können. Das kann bedeuten, mehr Daten zu erheben als für Plan A nötig, zum Beispiel durch zusätzliche Experimente, die Untersuchung mehrerer Kontexte, mehr Beobachtungen oder das Hinzufügen von Fragen zu einer Umfrage. Der Goldschatz Ihres Projekts könnte an einem anderen Ort verborgen sein, als Sie zunächst dachten!

Was macht eine gute Forschungsfrage aus? Basierend auf verschiedenen anderen Studien hat Jane Lewis[8] die folgenden Anforderungen an eine „gute" Forschungsfrage formuliert; siehe Abb. 2.5:

- *Klar und eindeutig.* Sowohl für Sie selbst als auch für andere sollte klar sein, was Sie untersuchen wollen und was nicht. „Ein besseres Verständnis eines Phänomens entwickeln" wäre keine gute Forschungsfrage. Was genau möchten Sie an diesem Phänomen untersuchen? Seine Bestandteile, Phasen, Messungen, Ursachen, Folgen, Beziehungen zu anderen Phänomenen oder Kontextspezifika?
- *Fokussiert, aber nicht zu eng.* Eine Forschungsfrage braucht einen klaren Schwerpunkt, um die Grenzen des Projekts zu verdeutlichen. Andererseits sollte sie nicht zu eng gefasst sein, da solche Studien oft wenig interessant sind. Die Frage „Ist X eine Ursache von Y?" wäre meist zu eng, während

---

[8] Lewis (2003).

Varianten wie „Wann (oder warum) führt X zu Y?" weiterhin fokussiert, aber nicht zu eng sind.

- *Auf früheren Forschungsergebnissen basierend und mit diesen verbunden.* Unser globales Wissensfundament wird schrittweise aufgebaut: Schritt für Schritt testen, erweitern, verfeinern und verwerfen wir bestehendes Wissen. Jeder Forschungsvorschlag muss daher den aktuellen Wissensstand anerkennen und darlegen, wie das neue Projekt dazu in Beziehung steht, z. B. durch die Benennung einer Forschungslücke. Das neue Projekt sollte sich ausreichend von bisherigen Arbeiten unterscheiden, um zu neuen Erkenntnissen zu führen.

- *Relevant und nützlich.* Ihr Projekt muss bedeutsame neue Erkenntnisse liefern. Es sollte der Wissenschaft und/oder der Praxis (Individuen, politischen Entscheidungsträgern, Organisationen) helfen, ihre Aufgaben besser zu erfüllen.

- *Durch Datenerhebung erforschbar.* Fast jedes Promotionsprojekt beinhaltet Feldforschung, bei der Sie Daten erheben. Das bedeutet, dass die Forschungsfrage so formuliert sein muss, dass es möglich ist, eine Feldstudie zu entwerfen, mit der Sie die Belege sammeln können, die zur Beantwortung der Forschungsfrage erforderlich sind.

- *Machbar.* Ressourcen sind immer begrenzt, Sie werden nie unbegrenzt Zeit, Geld, Materialien, Maschinen, Zugang zu wichtigen Akteuren oder anderen Datenquellen haben. Welche Ressourcen stehen Ihnen zur Verfügung oder können Sie beschaffen, und reichen diese für das Projekt, das Sie durchführen möchten?

- *Übereinstimmend mit Ihren persönlichen Interessen.* Jedes Forschungsprojekt erfordert viele Arbeitsstunden, auch abends und an Wochenenden, und egal wie gut Sie sich vorbereiten, Rückschläge sind unvermeidlich. Sie werden sprichwörtlich „Blut, Schweiß und Tränen" investieren müssen. Da das so ist, sollten Sie sicherstellen, dass das, was Sie tun, Ihren persönlichen Interessen, Ihrer Leidenschaft und Ihrem Antrieb entspricht. Ist Ihre Forschungsfrage für Sie persönlich bedeutsam?

Da Forschungsprojekte oft Abenteuerreisen gleichen, überlegen Sie, ob Ihre Forschungsfrage symmetrisch ist. Die Symmetrie einer Forschungsfrage bezieht sich darauf, wie wertvoll oder publizierbar die Ergebnisse angesichts der möglichen Forschungsausgänge sind. Da Sie die Ergebnisse im Voraus nicht kennen, sollten Sie verschiedene mögliche Resultate in Betracht ziehen und einschätzen, wie interessant diese sein könnten. Wären solche Ergebnisse für ein bestimmtes Publikum interessant genug, um eine Veröffentlichung zu rechtfertigen? Symmetrische Forschungsfragen führen unabhängig

Tab. 2.2 Watson-Box mit hilfreichen Fragen zur Definition einer guten Forschungsfrage und zur Sicherstellung eines durchführbaren Forschungsprojekts

Was?	*Warum?*
• Was fasziniert oder irritiert mich?	• Warum wird diese Studie für andere von Interesse sein?
• Was ist ein Problem in der Praxis?	
• Was wissen wir darüber?	• Warum könnten Praktiker davon profitieren?
• Was ist noch nicht gut verstanden: die Lücke?	
• Was ist meine Forschungsfrage?	• Warum trägt sie zur Literatur bei?
	• Warum bin ich eine geeignete Person, um diese Studie durchzuführen?
Wie – konzeptionell?	*Wie – praktisch?*
• Wie kann ich von der Literatur profitieren: welche Modelle, Konzepte oder Theorien?	• Wie werden Daten erhoben: welche Methoden?
• Wie lassen sich diese zu einem konzeptionellen Rahmen zusammenführen, der meine Studie leitet?	• Wie werden Daten analysiert: welche Methoden?
	• Wie erhalte ich Zugang zu Datenquellen?
	• Wie führe ich die Studie mit den mir zur Verfügung stehenden Ressourcen durch?

Adaptiert nach: Watson (1994)

vom Ergebnis zu publizierbaren Resultaten. Nicht-symmetrische Forschung ist nur dann publizierbar, wenn eine bestimmte Antwort gefunden wird. Stellen Sie sich eine Studie vor, die prüft, ob der Verzehr von fünf Äpfeln pro Tag Krebs heilt. Im unwahrscheinlichen Fall, dass die Studie überzeugende Belege für diese Hypothese liefert, wäre sie publizierbar. Führt die Evidenz jedoch zur Ablehnung der Hypothese, ist es sehr unwahrscheinlich, dass eine Zeitschrift an diesem Beitrag interessiert ist. Nicht-symmetrische Forschungsfragen beruhen oft auf Annahmen, die sich als ungültig erweisen, oder zielen darauf ab, kontraintuitive Ideen zu beweisen, wie in meinem Apfel-Beispiel.

Ein nützliches Instrument zur Formulierung einer guten Forschungsfrage, die zu einem interessanten und durchführbaren Forschungsprojekt führt, ist die Watson-Box. Sie behandelt das Was und Warum einer Studie und stellt sicher, dass die Verbindung zur bisherigen Forschung und die Machbarkeit des Projekts gut ausgearbeitet sind, siehe Tab. 2.2.

Literatur

Bland, Carole J., and Mack T. Ruffin (1992), Characteristics of a productive research environment: literature review, *Academic Medicine, 67* (6), 385–397.

Cao, Cathy Y., Xinyu Cao, Matthew Cashman, M. Kumar, Artem Timoshenko, Jeremy Yang, Shuyi Yu, Jerry Zhang, Yuting Zhu and Birger Wernerfelt (2019),

How do successful scholars get their best research ideas? An exploration, Marketing Letters, 30, 221–232.

Derived from: Gill, John und Phil Johnson (2010), *Research methods for managers*, 4. Aufl., Sage Publications, London, S. 11.

Hunter, David (2007), The roles of research ethics committees: implications for membership, *Research Ethics Review*, 3 (1), 24–26.

Lewis, Jane (2003), Design issues, in: Ritchie, Jane, und Jane Lewis (editors) (2003), *Qualitative research practice: a guide for social science students and researchers*, Sage Publications, London, S. 48.

Miranda, Shaila, Nicholas Berente, Stefan Seidel, Hani Safadi, und Andrew Burton-Jones (2022), Editor's comments: computationally intensive theory construction: a primer for authors and reviewers, *MIS Quarterly*, 46 (2), iii–xviii (S. xiv).

Papert, Seymour (1999), Child psychologist Jean Piaget, *Time*, März 29, https://content.time.com/time/subscriber/article/0,33009,990617,00.html.

Watson, Tony J. (1994), Managing, crafting and researching: words, skill and imagination in shaping management research, *British Journal of Management*, 5 (Sonderausgabe), 77–87.

Yeager, David S., Paul Hanselman, Gregory M. Walton, Jared S. Murray, Robert Crosnoe, Chandra Muller, Elizabeth Tipton, Barbara Schneider, Chris S. Hulleman, Cintia P. Hinojosa, David Paunesku, Carissa Romero, Kate Flint, Alice Roberts, Jill Trott, Ronaldo Iachan, Jenny Buontempo, Sophia Man Yang, Carlos M. Carvalho, P. Richard Hahn, Maithreyi Gopalan, Pratik Mhatre, Ronald Ferguson, Angela L. Duckworth, und Carol S. Dweck (2019), A national experiment reveals where a growth mindset improves achievement, Nature, 573, 364–369. https://doi.org/10.1038/s41586-019-1466-y.

3

Kooperationskompetenz

Wenn du schnell gehen willst – geh allein,

und wenn du weit gehen willst – geh mit anderen zusammen.

Afrikanisches Sprichwort

Zusammenfassung Ein Promotionsstudium erfordert Kooperation, um die eigene Arbeit zu verbessern, Zustimmung zu erhalten und Ergebnisse zu teilen. Die professionelle Beziehung zu Ihrer Betreuerin oder Ihrem Betreuer ist die wichtigste. Was macht eine ideale Betreuerin, einen idealen Betreuer aus? Wie lassen sich die Eigenschaften von Betreuenden und die Passung mit Ihnen beurteilen? Betreuungspersonen können fünf Arten von Unterstützung bieten, und Sie werden verschiedene (Kategorien von) Besprechungen haben, die gut gemanagt werden müssen. Die Zusammenarbeit mit anderen beginnt mit einem Angebot, das vier Phasen umfasst – von der

© Der/die Autor(en), exklusiv lizenziert an Springer Nature Switzerland AG 2026
E. Huizingh, *Erfolgreich zum Doktortitel,* https://doi.org/10.1007/978-3-032-15929-8_3

Identifikation Ihrer Bedürfnisse bis zur Präsentation. Für das Gelingen jeder Zusammenarbeit ist Kommunikation entscheidend. Wie kann man verhindern, dass andere einen missverstehen? Schließlich sind Promovierende auch Mitglieder der globalen wissenschaftlichen Gemeinschaft. In vielerlei Hinsicht können Sie von Fachgesellschaften, Konferenzen, Fachzeitschriften und Arbeitsgruppen profitieren und zu ihnen beitragen.

Kooperation ist ein wichtiger Bestandteil wissenschaftlicher Arbeit. Schlechte Zusammenarbeit kann lästig sein, Energie rauben und Ihr Projekt verlangsamen, während gute Zusammenarbeit Spaß machen und beflügeln, das Projekt beschleunigen und Ihre Studie verbessern kann. Dieses Kapitel beginnt mit der Frage, warum Kooperation in Promotionsprojekten wichtig ist, zu welchen Zwecken Sie ihr begegnen und mit wem Sie zusammenarbeiten können, siehe Abschn. 3.1.

Die nächsten beiden Abschnitte beleuchten mögliche Kooperationspartner*innen näher. Die wichtigste Zusammenarbeit während der Promotion ist die mit Ihren Betreuer*innen. Abschn. 3.1 behandelt die Interaktionen zwischen Promovierenden und Betreuer*innen und identifiziert die verschiedenen Rollen, die eine Betreuungsperson in dieser Zusammenarbeit einnehmen kann. Ihr Projekt kann auch von der Zusammenarbeit mit anderen Forschenden und Praktiker*innen profitieren. Solche Kooperationen sollten Win-win-Situationen sein. Abschn. 3.2 beschreibt, wie Sie potenzielle Kooperationspartner*innen identifizieren und wie Sie eine Kooperationsanfrage formulieren.

Kommunikation ist entscheidend für jede erfolgreiche Zusammenarbeit, und oft hätten gescheiterte Kooperationen durch bessere Kommunikation verhindert werden können. Abschn. 3.4 behandelt, was Kommunikation in der Zusammenarbeit effektiv macht. Während die meisten Kooperationen auf bilateraler Zusammenarbeit beruhen, werden Sie als Promovierende*r auch Teil der wissenschaftlichen Gemeinschaft, in der Sie mit anderen Forschenden Ihres Fachgebiets interagieren. Der abschließende Abschn. 3.5 diskutiert, wie Sie von der Teilnahme an Verbänden, Konferenzen, Zeitschriften und Arbeitsgruppen profitieren können.

3.1   Bedeutung von Kooperation

Eine Promotion kann eine einsame Tätigkeit sein, da man sich tief in sein Projekt spezialisiert, aber sie beinhaltet auch Zusammenarbeit. Das afrikanische Sprichwort zu Beginn dieses Kapitels „Wenn du schnell gehen willst, geh allein. Wenn du weit gehen willst, geh mit anderen zusammen" gilt auch für die Wissenschaft. Abb. 3.1 zeigt die drei Hauptziele der Kooperation in Promotionsprojekten.

Das wichtigste Ziel von Kooperation ist es, *Ihre Arbeit zu verbessern.* Wie ich oft in meinen Workshops sage: Jede Person in diesem Raum weiß etwas, das ich nicht weiß – und das gilt für uns alle. Wir alle haben einzigartige Hintergründe, Kenntnisse, Ressourcen und Netzwerke. Wenn wir die nützlichen Elemente bündeln, profitiert jedes Projekt davon. Zusammenarbeit verbessert Ihre Arbeit auch, weil Ihre Kooperationspartner*innen aus ihren eigenen Fehlern gelernt haben und Sie so davor bewahren, dieselben Fehler zu machen. Gemeinsame Arbeit ist zudem anregender als allein zu arbeiten. Positive und intensive Kooperation, bei der ein kontinuierlicher Ideenfluss in beide Richtungen stattfindet, ist eine wichtige und inspirierende Energiequelle, die unserer Arbeit Richtung, Tempo und Sinn verleiht. Schließlich sind wir Menschen soziale Wesen.

In jeder Phase eines Forschungsprojekts kann Kooperation hilfreich sein, zum Beispiel bei der Einwerbung von Fördermitteln, der Formulierung von Forschungsfragen, dem Studiendesign, der Feldarbeit, der Analyse und Präsentation von Daten, beim Schreiben von Artikeln und beim Überstehen des Begutachtungsprozesses in Fachzeitschriften. Aufgrund der vielen potenziellen Vorteile von Kooperation habe ich in Kap. 2 empfohlen, Ihre Forschungsideen mit anderen zu besprechen. Ratschläge zu geben ist die niedrigste Stufe der Zusammenarbeit, aber andere können Sie weit darüber hinaus bei der Vorbereitung, Planung und Durchführung der Forschung unterstützen. Wenn Sie Win-win-Situationen schaffen, in denen beide Seiten einen Mehrwert aus der Kooperation ziehen, können Sie nachhaltige und effektive Kooperationen aufbauen. Gute Zusammenarbeit verbessert sowohl das Ergebnis als auch den Arbeitsprozess; sie führt zu besseren Resultaten – einfacher und schneller.

Das zweite Ziel von Kooperation ist, dass Sie als Promovierende*r *Zustimmung für Ihre Arbeit* benötigen. Dies kann einen Forschungsantrag, ein Studiendesign oder sogar Ihre gesamte Dissertation betreffen. Eine

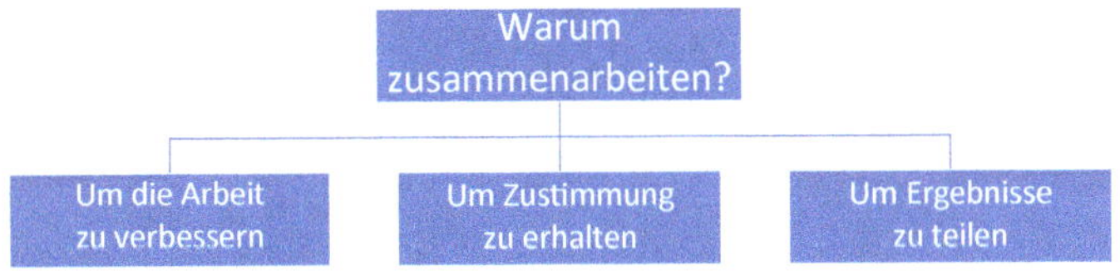

Abb. 3.1 Ziele der Kooperation in Promotionsprojekten

reibungslose Zusammenarbeit mit denjenigen, die zustimmen müssen, erleichtert die Genehmigung. Was hält ein Gremium, das Forschungsanträge bewertet, für wichtig? Nach welchen Maßstäben beurteilt Ihre Betreuungsperson Forschungsdesigns? Eine gute Zusammenarbeit mit solchen Akteur*innen hilft bei der Vorbereitung von Unterlagen und erhöht Ihre Erfolgschancen.

Das dritte Ziel von Kooperation ist es, *die Ergebnisse* Ihrer Arbeit zu teilen. Auf welchen Konferenzen und Seminaren können Sie Ihre Forschung präsentieren, Ihre Ergebnisse bekannt machen und wertvolles Feedback erhalten? Für welche Aspekte Ihrer Arbeit interessieren sich die Veranstalter solcher Events, wie können Sie mit ihnen in Kontakt treten und wie profitieren Sie von der Teilnahme? Zusammenarbeit beim Teilen von Ergebnissen kann auch das gemeinsame Verfassen von Artikeln umfassen. Das Schreiben mit erfahrenen Forschenden, die bereits in hochrangigen Zeitschriften publiziert haben, kann vorteilhaft sein, da sie wissen, wie man einen Beitrag strukturiert, welche Aspekte betont werden sollten und worauf Gutachter*innen bei der Bewertung von Manuskripten achten.

Wie diese Diskussion der verschiedenen Gründe für Kooperation zeigt, können und werden Sie während eines Promotionsprojekts mit unterschiedlichen und mehreren Partner*innen zusammenarbeiten. Abb. 3.2 unterscheidet drei Gruppen potenzieller Kooperationspartner*innen. Die erste betrifft Ihre *Betreuer*innen*. In manchen Fällen wird diese Person als Principal Investigator (PI) oder Advisor (dt. auch Doktorvater/Doktormutter) bezeichnet. Die Interaktion mit der Betreuungsperson ist offensichtlich unvermeidbar und meist ist dies die Person, mit der Sie am häufigsten und über den längsten Zeitraum hinweg interagieren. Da Betreuer*innen an der Auswahl der Promovierenden beteiligt sind, kann die Zusammenarbeit sogar

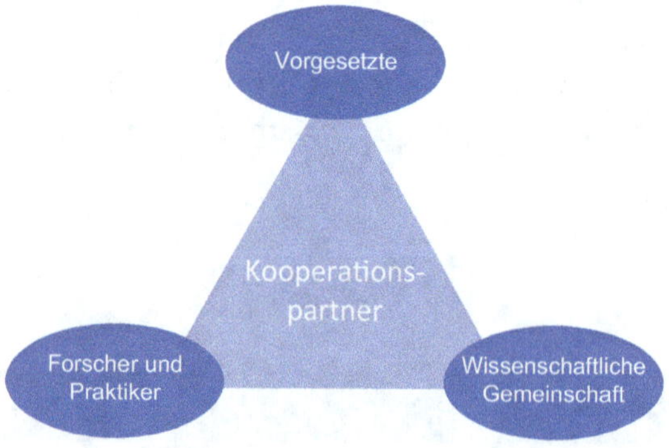

Abb. 3.2 Kooperationspartner*innen in einem Promotionsprojekt

schon vor dem offiziellen Projektstart beginnen. Und oft endet die Kooperation nicht mit dem Projekt, da die Veröffentlichung von Artikeln in wissenschaftlichen Zeitschriften deutlich länger dauern kann. Aus diesen Gründen ist eine gute Arbeitsbeziehung zu Ihrer Betreuungsperson essenziell, was im nächsten Abschnitt näher behandelt wird.

Die zweite Gruppe von Kooperationspartner*innen besteht aus *Forschenden und Praktiker*innen,* mit denen Sie während Ihres Projekts interagieren. Sie können in eine oder mehrere Phasen Ihres Projekts eingebunden sein. Manchmal unterstützen sie nur bei einer bestimmten Aktivität, zum Beispiel bei der Datenerhebung, wenn es um Einzelpersonen oder Organisationen geht, die Ihnen Zugang zu einem empirischen Umfeld bieten, in dem Sie Ihre Forschungsideen erproben können. Einige dieser Kooperationen sind intensiv und können mehrere Jahre dauern, zum Beispiel mit den Co-Autor*innen Ihrer Publikationen, während andere Kooperationen deutlich kürzer sind, zum Beispiel mit jemandem, den Sie nur einmal interviewen. Dennoch sind all diese Interaktionen wichtig, da sie den Prozess und das Ergebnis Ihres Projekts beeinflussen können.

Die letzte Gruppe von Kooperationspartner*innen umfasst die *wissenschaftliche Gemeinschaft.* Dies ist eine breitere und weniger spezifische Gruppe von Personen und Organisationen. Sie können direkt zu Ihrem Projekt beitragen, indem sie nützliche Ratschläge oder Kontakte vermitteln, aber auch, indem sie eine Plattform bieten, auf der Sie Ihre Arbeit einem interessierten und fachkundigen Publikum vorstellen können. Auch hier ist die Interaktion wechselseitig: Als Wissenschaftler*in können Sie von der wissenschaftlichen Gemeinschaft profitieren, aber es wird auch erwartet, dass Sie zu dieser Gemeinschaft beitragen.

3.2 Kooperation mit Ihrer Betreuungsperson

Von allen möglichen Kooperationen ist die professionelle Beziehung zu Ihrer Betreuungsperson während Ihrer Promotionszeit die wichtigste, komplexeste und dauerhafteste. Verschiedene Studien haben gezeigt, dass die Qualität dieser Beziehung stark mit der Leistung der Promovierenden zusammenhängt.[1] Sie wird über die gesamte Projektdauer bestehen bleiben und kann in Form von täglichen oder wöchentlichen Treffen stattfinden. Die Beziehung ist von Natur aus komplex, da Ihre Betreuungsperson sowohl

---

[1] Armstrong (2004).

Kooperationspartner*in als auch Gutachter*in ist. Kooperationspartner*in, weil Sie gemeinsam forschen, Konferenzen besuchen und Artikel verfassen. Gutachter*in, weil Ihre Betreuungsperson maßgeblich entscheidet, ob Ihre Arbeit letztlich mit dem Doktortitel ausgezeichnet wird. Tatsächlich kann eine Betreuungsperson noch viele weitere Rollen einnehmen, darunter Direktor*in, Vermittler*in, Berater*in, Lehrer*in, Wegweiser*in, Kritiker*in, Freiraumgeber*in, Unterstützer*in, Freund*in und Manager*in.[2] Es ist wenig überraschend, dass die gleichzeitige Übernahme einer unterstützenden Rolle und die Verantwortung für die Qualität der Dissertation zu Spannungen führen kann.[3] Ein weiteres mögliches Problem ist, dass Betreuer*innen nicht aufgrund ihrer exzellenten Betreuungskompetenz in diese Position gelangt sind, sondern weil sie hervorragende Forschende sind.

Die ideale Betreuungsperson

Aus Sicht der Promovierenden sollte eine Betreuungsperson zuverlässig, vertrauensvoll, ermutigend, kompetent, informationsfreudig und bereit sein, Wissen zu teilen.[4] Doch das ist nicht alles: Betreuer*innen sollten über ausgeprägte Zuhörfähigkeiten verfügen, zur Diskussion anregen, kontinuierlich und zügig Rückmeldung und Unterstützung geben, ausreichend Zeit für die Betreuung aufbringen, auf unterstützende Weise fordern, Begeisterung zeigen, eine gemeinsame Vision mit den Promovierenden teilen, gute Lektor*innen sein und menschliche Wärme und Verständnis zeigen. Die ideale Betreuungsperson ist eine leidenschaftliche Expertin oder ein leidenschaftlicher Experte auf dem Gebiet, verfügt über ein umfangreiches internationales Netzwerk, nimmt sich viel Zeit für die Betreuung und gibt zeitnah konstruktives Feedback. Die Realität ist leider, dass nur wenige Menschen „ideal" sind.

Erforschen Sie Ihre Betreuungsperson

Da perfekte Betreuungspersonen nicht existieren, kann die Beziehung zu Ihrem Betreuer oder Ihrer Betreuerin sowohl Hauptursache für Stress als auch Mittel gegen Stress sein. Aus diesen Gründen ist es ratsam, diese Beziehung nicht nur sorgfältig zu gestalten, sondern auch schon vor Projektbeginn Zeit und Mühe zu investieren. Was können Sie von Ihrer (künftigen)

---

[2] Brown und Atkins (1988).
[3] Mainhard et al. (2009).
[4] Denicolo (2004).

Betreuungsperson erwarten? Erforschen Sie diese Person, informieren Sie sich über deren Interessen, Stärken und Schwächen. Schauen Sie sich ihren wissenschaftlichen Werdegang an. Wie viele Promovierende wurden bereits betreut? Zu welchen Themen wurden Artikel veröffentlicht? In welchen Zeitschriften sind diese erschienen? Mitgliedschaften in Herausgebergremien von Fachzeitschriften oder in Vorständen wissenschaftlicher und berufsständischer Vereinigungen signalisieren das internationale Renommee und Netzwerk einer Betreuungsperson. Sprechen Sie mit früheren und aktuellen Promovierenden und fragen Sie sowohl nach inhaltlichen als auch prozessbezogenen Aspekten der Zusammenarbeit. Was erwartet diese Betreuungsperson von Promovierenden? Wie waren deren gute und schlechte Erfahrungen? Was würden diese Promovierenden im Rückblick anders machen? Wie leicht ist der Zugang zu dieser Person? Wie ist die Kommunikation? Gibt es Tipps und Tricks im Umgang mit dieser Betreuungsperson?

Gatfield entwickelte ein Modell mit vier Betreuungsstilen, abhängig vom Grad der Unterstützung (niedrig–hoch) und der Struktur (niedrig–hoch), die eine Betreuungsperson bietet.[5] „Laissez-faire-Betreuende" bieten wenig Unterstützung und wenig Struktur, dieser Stil ist nicht direktiv und beinhaltet kein hohes Maß an persönlicher Interaktion, die Studierenden tragen viel Verantwortung und genießen große Freiheit. Betreuende mit einem „pastoral style" bieten hohe Unterstützung und wenig Struktur, sie verbinden hilfreiche und persönliche Zuwendung, sind aber nicht unbedingt aufgabenorientiert. Betreuende mit einem „directorial style" bieten wenig Unterstützung und viel Struktur, sie pflegen eine enge und regelmäßige Interaktion mit den Promovierenden, vermeiden jedoch nicht-aufgabenbezogene Themen. Schließlich bieten Betreuende mit einem „contractual style" sowohl hohe Unterstützung als auch hohe Struktur, sie fördern die Promovierenden in einer hilfreichen und freundlichen Zusammenarbeit.

Bewerten Sie die potenzielle Kooperation

Nachdem Sie Ihre Hausaufgaben gemacht haben, entscheiden Sie, ob Sie die richtige Person sind, um mit dieser Betreuungsperson zusammenzuarbeiten. Die Wahl der Betreuung ist eine wichtige Entscheidung.[6] Entspricht der bevorzugte Betreuungsstil der Betreuungsperson Ihren Bedürfnissen und

---

[5] Gatfield (2005); ein ausführlicheres Modell von Betreuungsstilen, das auf verschiedenen Graden von Einfluss und Nähe basiert, findet sich in: Mainhard et al. (2009).
[6] Hunter und Devine (2016).

Werten? Viele Bücher und Blogs über die Zusammenarbeit zwischen Studierenden und Betreuungspersonen ziehen die Analogie einer Ehe. Auch wenn das nicht mein erster Gedanke wäre, ergibt es Sinn: Eine Ehe ist keine Beziehung zwischen zwei zufällig ausgewählten Personen, sondern zwischen zwei Menschen, die sich in vielen Punkten ähneln und sich in anderen ergänzen. Dasselbe gilt (oder sollte gelten) für die Kooperation zwischen Studierenden und Betreuungspersonen. Beide müssen die Leidenschaft für dasselbe Thema teilen, eine ähnliche Arbeitseinstellung haben, den brennenden Wunsch verspüren, Lösungen für wichtige Probleme zu finden, und vergleichbare Qualitätsansprüche verfolgen. Fehlen solche Gemeinsamkeiten, ist das ein Rezept für Konflikte. Die Kombination aus einem nachlässigen Studierenden und einer perfektionistischen Betreuungsperson kann nicht konfliktfrei bleiben. Überlegen Sie, wie groß Ihr Bedarf an technischer Unterstützung, emotionaler Unterstützung, Zielsetzung oder Anleitung und Struktur bei der Aufgabenplanung ist. Darüber hinaus hilft es, wenn Sie sich auch in persönlicher Hinsicht verstehen, etwa was gegenseitigen Respekt, Vertrauen, Arbeitsstil und einen gemeinsamen Sinn für Humor betrifft. Das erleichtert eine direktere und offenere Kommunikation.

Reflektieren Sie über sich selbst und schätzen Sie ein, wie gut Sie mit Ihrer Betreuungsperson zusammenpassen. Die Passung muss nicht perfekt sein, aber es ist besser, im Voraus zu wissen, wo es nicht gut passt. Manchmal hilft es, ein weiteres erfahrenes Mitglied in das Betreuungsteam oder als Co-Autor für eine bestimmte Publikation einzubinden. Und natürlich sind auch Ihre Fähigkeiten nicht festgelegt, also entwickeln Sie sich in Richtungen weiter, die Ihre Betreuungsperson nicht abdecken kann.

Kurz gesagt: Bevor Sie beginnen, informieren Sie sich über Ihre Betreuungsperson und prüfen Sie, ob die Passung ausreichend ist. Organisieren Sie frühzeitig ein Gespräch, nicht nur über die Inhalte Ihres Projekts, sondern auch darüber, wie Ihre Betreuungsperson die Kooperation gestalten möchte und was Sie von der Betreuung benötigen und erwarten. Das ist keine Erfolgsgarantie, aber ein guter erster Schritt.

Kooperationsprozess

Es ist wichtig, die verschiedenen Möglichkeiten zu verstehen, wie Betreuungspersonen Promovierende unterstützen können. Die formale Rolle der Betreuung variiert von Universität zu Universität, daher sollten Sie sich informieren und mit den formalen Regelungen und Strukturen an Ihrer Institution vertraut machen. Neben dem korrekten Ausfüllen der richtigen

Abb. 3.3 Fünf Arten von Unterstützung, die Betreuungspersonen bieten können. Petre und Rugg (2010)

Formulare zur richtigen Zeit unterscheiden Petre und Rugg fünf Arten von Unterstützung, die Betreuungspersonen bieten können, siehe Abb. 3.3.

Technische Unterstützung

Technische Unterstützung umfasst jede Hilfe, die sich auf den Erwerb von Kompetenzen bezieht, die für Ihr Projekt notwendig sind. Betreuungspersonen können Ihnen entweder selbst beim Aufbau der benötigten Kompetenzen helfen oder auf hilfreiche Ressourcen für Ihre Entwicklung hinweisen, wie Kolleginnen und Kollegen, Literatur oder Kurse. Auf diese Weise unterstützen sie Ihren Fortschritt im Projekt.

Intellektuelle Unterstützung

Intellektuelle Unterstützung umfasst die Weiterentwicklung Ihrer allgemeinen wissenschaftlichen Kompetenzen, wie kritisches Untersuchen, unabhängiges Urteilsvermögen, gründliche Analyse und klare Ausdrucksweise. Sie erfolgt häufig im Zusammenhang mit Ihrem Projekt, etwa durch Wissen über den Stand der Forschung und aktuelle Entwicklungen in Ihrem Fachgebiet sowie durch spezielle Expertise in der Durchführung von Forschung und beim Verfassen von Publikationen.

Administrative Unterstützung

Administrative Unterstützung reicht von der Einwerbung von Fördermitteln, zum Beispiel für Datenerhebungen oder Forschungsreisen ins Ausland, bis hin zum Schutz vor politischen und administrativen Problemen innerhalb der Institution. An meiner Universität wird von Promovierenden erwartet, dass sie auch Lehrveranstaltungen übernehmen; es ist natürlich sehr hilfreich, wenn diese Kurse thematisch zum Forschungsvorhaben passen und die Promovierenden das gleiche Fach über mehrere Jahre unterrichten können. Eine Betreuungsperson kann dies unterstützen.

Projektmanagement

Unterstützung im Bereich Projektmanagement umfasst Hilfe bei der Zielsetzung, Terminplanung, Strukturierung und Organisation – sowohl für das gesamte Projekt als auch für einzelne Besprechungen. Persönlich sehe ich dies vor allem als Aufgabe der Promovierenden, da sie so die Steuerung des Projekts übernehmen. In der Anfangsphase kann die Rolle der Betreuungsperson hierbei jedoch größer sein, und wenn ein Promovierender eine Frist nicht einhält, muss die Betreuungsperson daran erinnern und entsprechend handeln.

Persönliche Unterstützung

Die letzte Art der Unterstützung durch Betreuungspersonen ist die persönliche Unterstützung. Jedes Promotionsprojekt beinhaltet schwierige Phasen, und Betreuungspersonen sollen dann nicht nur fachliche, sondern auch emotionale Unterstützung bieten. Das gilt auch bei einschneidenden Lebensereignissen, vom Gründen einer Familie bis zum Verlust eines geliebten Menschen. Schließlich können Betreuungspersonen, um Promovierende auf die Zukunft vorzubereiten, auch Karriereberatung anbieten.

Mehrere Betreuungspersonen

Manche Promovierende werden nicht von einer einzelnen Person, sondern von einem Team aus Betreuungspersonen betreut, meist zwei oder drei. In solchen Fällen sollten zu Beginn des Projekts die Rollen der einzelnen Betreuungspersonen besprochen und geklärt werden. Gemeinsame Betreuung kann auf viele verschiedene Arten organisiert werden. Eine Möglichkeit ist, dass alle Betreuungspersonen die Promovierenden gemeinsam von Anfang bis Ende betreuen. Das kann bedeuten, dass jede Betreuungsperson im gesamten Projektverlauf die verschiedenen oben genannten Rollen übernimmt. Sie können die Aufgaben aber auch entsprechend ihrer jeweiligen Stärken, Erfahrungen und Interessen aufteilen.

Weitere Möglichkeiten der Aufgabenteilung bestehen darin, die Betreuung auf unterschiedlichen Ebenen, in verschiedenen Projektteilen oder für unterschiedliche Aufgaben zu gestalten. Im ersten Fall übernimmt eine Betreuungsperson die tägliche Betreuung, während die anderen auf Distanz agieren und nur bei wichtigen Entscheidungen eingebunden werden. Ist Ihr Projekt in mehrere Teilprojekte gegliedert, kann die Beteiligung der Betreuungspersonen je nach Teilprojekt variieren. Es kann sogar sein, dass eine Betreuungsperson an einem Teilprojekt gar nicht beteiligt ist. Haben die Betreuungspersonen sehr unterschiedliche Expertisen, können sie die Aufgaben entsprechend aufteilen. Beispielsweise ist eine Betreuungsperson vielleicht Expertin für Theorie in Ihrem Bereich, während eine andere auf Statistik spezialisiert ist und nur bei der Datenanalyse eingebunden wird.

Es ist wichtig, dass sowohl Sie als auch Ihre Betreuungspersonen sich zu Beginn des Projekts über ihre jeweiligen Rollen im Klaren sind. Sofern die Rollen nicht sehr unabhängig voneinander sind und es unwahrscheinlich ist, dass sich ihre Vorschläge widersprechen, empfehle ich, Treffen anzustreben, bei denen alle Betreuungspersonen anwesend sind. So können sie widersprüchliche Ratschläge selbst klären, anstatt dass dies Ihre Aufgabe wird.

Kategorien von Besprechungen

Besprechungen mit Ihrer Betreuungsperson lassen sich in verschiedene Kategorien einteilen, siehe Abb. 3.4. Die erste Unterscheidung ist die zwischen Ad-hoc- und geplanten Besprechungen. *Ad-hoc-Besprechungen* mit der Betreuungsperson entstehen spontan, etwa weil man sich zufällig begegnet (an der Kaffeemaschine, im Labor oder auf dem Flur) oder weil ein Ereignis eintritt, zum Beispiel ein Problem oder eine Gelegenheit, die sofortiges Handeln erfordert. Ad-hoc-Besprechungen hängen von der Verfügbarkeit Ihrer Betreuungsperson ab. Die meisten Betreuungspersonen haben zahlreiche Aufgaben zu bewältigen (siehe Abschn. 1.3), und sind stark eingespannt, sodass sie nicht immer für ein Ad-hoc-Gespräch zur Verfügung stehen oder nur sehr wenig Zeit haben, was bedeutet, dass solche Besprechungen meist kurz sind.

Abb. 3.4 Verschiedene Kategorien von Besprechungen mit der Betreuungsperson

Aufgrund der Einschränkungen von Ad-hoc-Besprechungen benötigen Sie auch *geplante Besprechungen*. Diese werden im Voraus terminiert, finden oft in festen Abständen statt (zum Beispiel wöchentlich oder monatlich) und sollten ausreichend Zeit für eine vertiefte Diskussion bieten (15 min sind nicht genug). Die häufigste Form geplanter Besprechungen sind *Fortschrittsgespräche*. Solche Treffen drehen sich um die alltäglichen Fragen Ihres Projekts. Wo stehen Sie, und welche nächsten Schritte sind geplant? Die Diskussion konzentriert sich auf die Details Ihrer Studie und betrifft die kurzfristige Planung Ihres Projekts, siehe Kap. 6. Fortschrittsgespräche sind wichtig, damit Probleme frühzeitig erkannt und gelöst werden. Sie verhindern, dass Sie stecken bleiben oder Arbeit wiederholen müssen. Fortschrittsgespräche finden häufig statt – in Laboren treffen sich Studierende und Betreuungspersonen teils täglich, aber einmal im Monat ist meist das Minimum. Die Dauer hängt von der Häufigkeit ab; ich bevorzuge in der Regel einstündige Besprechungen.

Neben geplanten Fortschrittsgesprächen ist es sinnvoll, in größeren Abständen, zum Beispiel alle drei bis sechs Monate, eine *Strategiebesprechung* abzuhalten. An vielen Universitäten sind solche Treffen als Leistungsbeurteilungen organisiert, aber dann werden Sie bewertet; das von mir gemeinte Treffen ist ausgewogen und konzentriert sich sowohl auf die langfristige Planung Ihres Projekts als auch auf den Arbeitsprozess.

Mögliche Fragen für die langfristige Planung sind: Ist Ihr gesamtes Projekt noch auf Kurs? Was sind die Pläne für das nächste Jahr, und was oder wann muss als Vorbereitung erledigt werden? Welche neuen Erkenntnisse haben wir im vergangenen Zeitraum gewonnen – sowohl aus dem laufenden

Projekt als auch aus der Literatur – und sind diese ein Grund, die langfristige Planung zu ändern? Wie sieht es mit positiven oder negativen Veränderungen bei den Ressourcen aus, die Ihr Projekt beeinflussen könnten?

Das zweite Thema für ein Strategietreffen betrifft die Bewertung von Arbeitsprozessen. Hierbei geht es um Aspekte, die in Fortschrittsgesprächen oft aus Zeitmangel übersprungen werden. Welche Aspekte Ihrer Forschungsarbeit können verbessert werden? Dies kann sich auf die Interaktion mit anderen, den Zugang zu Ressourcen und die Qualität der Betreuung, wie Sie sie erleben, beziehen. Ist das Feedback, das Sie erhalten, zeitnah, nützlich, ausgewogen und auf Ihre Arbeit und nicht auf Ihre Person bezogen? Können Sie bei Bedarf problemlos Rat und Unterstützung einholen? Fühlen Sie sich als Mitglied des Forschungsteams wohl, sicher und wertgeschätzt? Es mag verlockend sein, Probleme zu ignorieren, und manche Probleme lösen sich von selbst, aber da die meisten Probleme dazu neigen, größer zu werden, ist es besser, sie anzugehen, solange sie noch klein sind. Konflikte können viele Ursachen haben, etwa dass der oder die Studierende den Rat der Betreuungsperson nicht befolgt hat, Rückschläge im Projekt, ungesunde berufliche Beziehungen, Inkompetenz der Betreuungsperson oder eine Mischung daraus. Falls nötig, bitten Sie eine dritte Person, an diesem Teil des Treffens teilzunehmen, oder vereinbaren Sie ein separates Treffen.

Um den Unterschied zu Fortschrittsgesprächen zu verdeutlichen, organisieren Sie das Strategietreffen an einem anderen Ort, zu einer anderen Zeit und/oder in einem anderen Rahmen, zum Beispiel in einem Restaurant bei einem gemeinsamen Essen. Bedenken Sie bei der Vorbereitung, dass – wie in jeder Zusammenarbeit – die Interessen der verschiedenen Akteure nur teilweise übereinstimmen. Für Sie mag Ihr Projekt eines der wichtigsten Dinge der Welt sein, aber Ihre Betreuungsperson ist möglicherweise in ein Dutzend Projekte involviert. Vielleicht beabsichtigen Sie, nach Ihrer Promotion die Wissenschaft zu verlassen und möchten daher alle Ihre Publikationen bis zum Ende Ihres Vertrags abgeschlossen haben, während Ihre Betreuungsperson es begrüßen würde, wenn Sie in der Wissenschaft bleiben – was viel Zeit für die Weiterentwicklung von Arbeiten impliziert. Seien Sie transparent bezüglich abweichender Interessen und berücksichtigen Sie solche Unterschiede bei Entscheidungen.

Effektive Besprechungen

Der beste Rat für eine erfolgreiche Zusammenarbeit lautet: Seien Sie proaktiv. Warten Sie nicht, bis Ihre Betreuungsperson fragt, wann ein Paper endlich fertig ist, sondern informieren Sie sie regelmäßig und bereiten Sie

Besprechungen gut vor. Überlegen Sie, was Sie aus einer Besprechung mitnehmen möchten. Erstellen und teilen Sie im Voraus eine Tagesordnung mit den zu besprechenden Themen, überlegen Sie, wie viel Besprechungszeit benötigt und verfügbar ist, und denken Sie darüber nach, was Ihre Betreuungsperson vorbereiten muss: Was sollte sie vor dem Treffen wissen, wie lässt sich dies am besten bereitstellen, wie viel Lesezeit ist erforderlich und wie passt das in ihren Zeitplan? Vermeiden Sie es, Betreuungspersonen während einer Besprechung mit unerwarteten Themen zu konfrontieren. Informieren Sie sie im Voraus durch ein eigenes, kurzes Dokument und geben Sie ausreichend Zeit zum Lesen, Verarbeiten und Nachdenken. So sind sie vorbereitet, um mit durchdachten Ratschlägen zu helfen, anstatt nur das Erstbeste zu äußern, was ihnen in den Sinn kommt. Bringen Sie einen Laptop zur Besprechung mit, um Notizen zu machen und zusätzliche Analysen teilen oder durchführen zu können.

Bleiben Sie während der Besprechungen auf die Tagesordnung fokussiert, da Betreuungspersonen in der Regel nur begrenzt Zeit haben. Stellen Sie sicher, dass Sie am Ende einer Besprechung wissen, was als Nächstes zu tun ist. Notieren Sie Ratschläge, Vorschläge und Entscheidungen und fassen Sie diese in einem kurzen Protokoll zusammen, das vor dem nächsten Treffen zur Verfügung steht. Wenn Sie ein Thema ansprechen, schätzen Betreuungspersonen es, wenn Sie zeigen, dass Sie sich vorbereitet haben. Das kann beinhalten, relevante Literatur zu prüfen, über mögliche Lösungen nachzudenken, eine Liste von Vor- und Nachteilen zu erstellen, explorative Analysen durchzuführen oder einen vorläufigen Plan für den nächsten Zeitraum vorzuschlagen.

Scheuen Sie sich nicht, Ihre eigenen Gedanken zu teilen – es gehört zur Entwicklung wissenschaftlicher Kompetenzen, dass Sie die Fähigkeit zeigen, sich auf kritische intellektuelle Diskussionen einzulassen. Und stellen Sie Fragen. Feedback sollte Sie nicht zurückwerfen, sondern Sie voranbringen, indem es Vorschläge und Richtungen für die nächsten Schritte bietet. Betreuungspersonen schätzen eine aktive Haltung, besonders wenn Sie Ideen mit Logik und Belegen untermauern, sei es aus der Literatur oder aus Datenanalysen. Im Idealfall wächst die Rolle der Promovierenden im Verlauf des Projekts, während die der Betreuungsperson allmählich abnimmt.

3.3   Kooperation mit anderen

Wie bereits betont, können Sie in vielerlei Hinsicht von der Kooperation mit anderen profitieren. Da die Wissenschaft ein recht offenes Umfeld ist, bietet sie zahlreiche Möglichkeiten dazu. Verstecken Sie sich daher nicht in

Ihrer Institution oder Ihrem Büro, sondern gehen Sie hinaus, treffen Sie andere Forschende und arbeiten Sie mit ihnen zusammen, damit Ihr Projekt von solchen Interaktionen profitiert. Wenn Sie jedoch eine wichtige Zusammenarbeit beginnen möchten – sei es mit einer Forscherin, einem Forscher oder jemandem aus der Praxis –, machen Sie sich vorher mit den Gegebenheiten vertraut. Abb. 3.5 zeigt die Phasen, die Sie durchlaufen, bevor Sie ein Kooperationsangebot machen.

Der Prozess beginnt mit Ihrem eigenen Projekt und Ihren Interessen. *Was benötigen Sie?* Was würde Ihr Projekt bereichern oder Ihnen helfen, schneller voranzukommen? Die Antwort könnte detailliertes Wissen über bestimmte Theorien, Zugang zu Daten oder Materialien oder die Fähigkeit sein, eine komplexe statistische Methode anzuwenden.

Identifizieren Sie als Nächstes, *wer über die gewünschte Ressource* verfügt. Potenzielle akademische Partner*innen sind Autorinnen und Autoren interessanter von Ihnen gelesener Arbeiten, erfahrene Forschende mit spezifischer Expertise und überzeugender Erfolgsbilanz, Forschende, mit denen Ihre Betreuungsperson zusammenarbeitet, oder andere Forschende, denen Sie begegnet sind. Kooperationspartner*innen können auch aus der Praxis stammen. Denken Sie an Unternehmen, Behörden, Branchenverbände und andere relevante Organisationen oder an Manager, politische Entscheidungsträger und Fachleute. Sie (oder Ihre Betreuungsperson) kennen diese vielleicht bereits, andernfalls finden Sie sie in sozialen Medien (Blogs, LinkedIn, X/Twitter), als Vortragende bei Veranstaltungen, als Autor*innen in praxisorientierten Medien usw. Partner*innen aus der Praxis können spezifische Expertise, Zugang zu Datenquellen, Finanzierung oder Unterstützung beim späteren Berufseinstieg bieten.

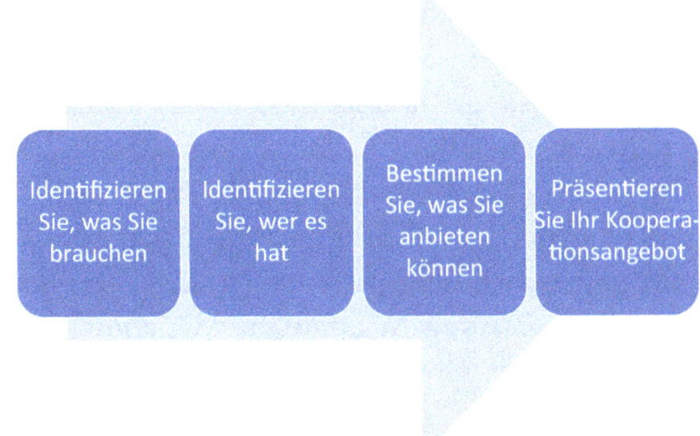

Abb. 3.5 Vorbereitung auf ein Kooperationsangebot

Nachdem Sie einen potenziellen Partner oder eine potenzielle Partnerin identifiziert haben, analysieren Sie ihn oder sie. Wie viel von der gesuchten Ressource besitzt er oder sie? Wie wichtig ist diese für ihn oder sie? Wie steht es um die Qualität? Wenn Sie eine Zusammenarbeit mit anderen Forschenden in Betracht ziehen, werfen Sie einen Blick auf deren Erfolgsbilanz. Es ist großartig, wenn Sie eine Leidenschaft für dasselbe Thema teilen, aber erfolgreiche Zusammenarbeit erfordert mehr als nur Leidenschaft. Streben Sie an, mit exzellenten Personen zusammenzuarbeiten, die Sie ergänzen.

Die Analyse potenzieller Kooperationspartner*innen hilft Ihnen, *herauszufinden, welche Ressourcen Sie selbst* anbieten können, die für sie wertvoll sein könnten. Zusammenarbeit funktioniert am besten in Win-win-Situationen. Sie gewinnen durch den Zugang zu einer fehlenden Ressource, und auch Ihr Partner oder Ihre Partnerin sollte profitieren. Verschiedene Personen und Organisationen schätzen unterschiedliche Dinge. Organisationen haben vielleicht ein Problem, bei dessen Lösung Sie helfen können. Unternehmen schätzen praxisnahe Erkenntnisse, die ihnen helfen, Kosten zu sparen oder mehr zu verkaufen, manchmal reicht aber auch schon eine Einschätzung, wie sie im Vergleich zu anderen Unternehmen dastehen. Akademische Forschende könnten daran interessiert sein, Co-Autor*in eines Artikels zu werden, Zugang zu Ihren Daten zu erhalten oder Kontakt zu Ihrer Forschungsgruppe zu bekommen. Überlegen Sie, was Sie anbieten können und wie wertvoll das für den Partner oder die Partnerin wäre. Je mehr Wert Sie bieten, desto höher wird die Priorität sein, die Ihr Gegenüber einer Kooperation mit Ihnen einräumt.

Dann ist es Zeit, *Ihr Angebot zu unterbreiten:* Sprechen Sie eine*n potenzielle*n Partner*in an und erläutern Sie die angedachte Kooperation. Was sind die erwarteten Ergebnisse? Was übernehmen Sie, und was erwarten Sie von ihm oder ihr? Wie ist der Zeitrahmen? Was hat er oder sie davon? Betonen Sie nicht zu sehr, wie sehr er oder sie von der Zusammenarbeit profitieren kann, sondern schildern Sie einfach, was Sie anbieten, und lassen Sie ihn oder sie den Wert selbst einschätzen.

Abb. 3.5 legt nahe, dass der Beginn einer Kooperation ein linearer Prozess ist, tatsächlich ist er jedoch hochgradig iterativ. Sie ziehen möglicherweise mehrere potenzielle Partner*innen in Betracht, müssen diese zunächst besser kennenlernen, um mehr über deren Ressourcen, ihr Interesse an Ihrem Projekt und die persönliche Passung zu erfahren. Manchmal ist es notwendig, zunächst ein kleines gemeinsames Projekt durchzuführen, bevor eine umfangreichere und längerfristige Zusammenarbeit möglich ist. Deshalb kann die Anbahnung von Kooperationen viel Zeit in Anspruch nehmen und erfordert oft intensives Netzwerken und Treffen in informellen Rahmen.

Wissenschaftliche Konferenzen sind ideal, um ein akademisches Netzwerk aufzubauen. Sie bieten zahlreiche Sitzungen, Empfänge, Kaffeepausen, Mittagessen und Abendessen, bei denen es relativ einfach ist, neue Leute kennenzulernen. Wenn Sie an einer Sitzung mit einer Koryphäe des Fachgebiets teilgenommen haben, sprechen Sie diese in der nächsten Pause an und stellen Sie sich vor. Oder vielleicht kann Ihre Betreuungsperson Sie einer erfahrenen Forscherin oder einem erfahrenen Forscher vorstellen. Bedenken Sie, dass akademische Kooperationen immer persönliche Kooperationen sind. Auch wenn Sie von einer Zusammenarbeit zwischen zwei Universitäten lesen, handelt es sich in der Praxis meist um einige wenige Personen, die sich kennen, sich für dieselben Themen interessieren und zufällig an unterschiedlichen Instituten arbeiten.

Zwei abschließende Hinweise zum Start einer Zusammenarbeit. Erstens: Scheuen Sie sich nicht, den ersten Schritt zu machen. Bedenken Sie, dass auch die „alten Hasen" einmal jung, unerfahren und unwissend waren. Und zweitens: Unterschätzen Sie nicht, was Sie selbst anbieten können. Vielleicht haben Sie Zugang zu Daten, sind Teil einer renommierten Forschungsgruppe, kennen neu entwickelte statistische Methoden oder haben Zeit für Forschung. Solche wertvollen Ressourcen fehlen anderen möglicherweise – oder sie freuen sich einfach, sich von der Begeisterung einer engagierten und dynamischen Nachwuchswissenschaftlerin oder eines Nachwuchswissenschaftlers inspirieren zu lassen!

3.4 Effektive Kommunikation

Kommunikation ist der Schlüssel für das Gelingen jeder Zusammenarbeit. Scheiternde Kooperationen beginnen oft mit scheiternder Kommunikation. Im Wesentlichen bedeutet effektive Kommunikation, Botschaften zu vermitteln, was voraussetzt, dass das Verständnis des Empfängers einer Nachricht dem entspricht, was der Sender beabsichtigt hat. Sie kennen vielleicht ein international beliebtes Kinderspiel, das unter verschiedenen Namen bekannt ist, darunter *Stille Post, Flüsterpost* und *Telefonspiel.*[7] Kinder stellen sich in einer Reihe oder einem Kreis auf, und das erste Kind flüstert dem zweiten Kind eine Nachricht ins Ohr. Dieses Kind wiederholt die Nachricht für das dritte Kind und so weiter. Das letzte Kind verkündet die gerade gehörte Nachricht der gesamten Gruppe. Das erste Kind vergleicht dann die

---

[7] https://en.wikipedia.org/wiki/chinese_whispers. Zugriff am 25. September 2023.

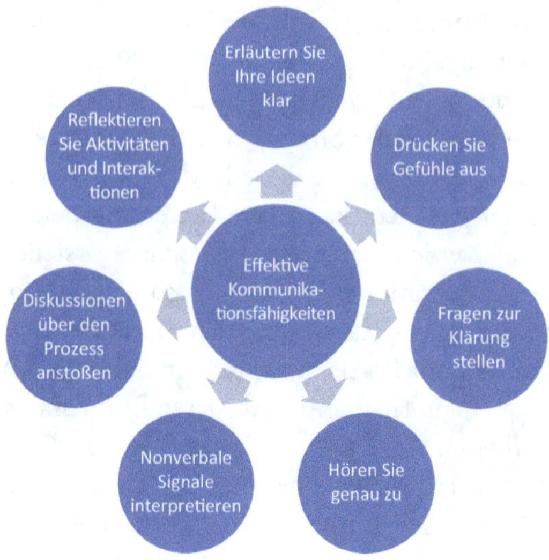

Abb. 3.6   Was effektive Kommunikation ermöglicht

ursprüngliche mit der letzten Nachricht. Obwohl das Ziel ist, die gleiche Nachricht weiterzugeben, gelingt dies in der Regel nicht. Die Nachricht des letzten Kindes unterscheidet sich meist erheblich von der des ersten, oft mit komischem Effekt.

In der Praxis führt ineffektive Kommunikation meist zu deutlich weniger Freude als im Kinderspiel. Oft glauben wir, effektiv zu kommunizieren, weil wir eine für uns sehr klare Botschaft senden. Doch der Empfänger versteht möglicherweise eine ganz andere Botschaft. Effektive Kommunikation erfordert die Fähigkeit, eine Vielzahl von Kommunikationsaufgaben zu bewältigen, siehe Abb. 3.6.[8]

- *Ideen klar erläutern:* Was genau möchten Sie mitteilen? Drücken Sie sich so eindeutig wie möglich aus. Um sicherzustellen, dass beide Parteien eine mündliche Vereinbarung gleich interpretieren, bestätigen Sie diese per E-Mail. Da verschiedene Menschen gesprochene Worte unterschiedlich deuten, beugen Sie durch eine schriftliche Zusammenfassung Missverständnissen vor oder diese werden zumindest schneller erkannt.
- *Gefühle ausdrücken* – offen, aber nicht bedrohlich: Kein Projekt wird jemals vollständig nach Plan verlaufen, daher sollten Sie damit rechnen,

---

[8] University of Waterloo, Centre for Teaching Excellence, *Teamwork Skills: Being an Effective Group Member,* https://uwaterloo.ca/centre-for-teaching-excellence/teaching-resources/teaching-tips/tips-students/being-part-team/teamwork-skills-being-effective-group-member Zugriff am 25. September 2023.

dass Menschen nicht rechtzeitig liefern oder nicht so, wie Sie es vereinbart glaubten. Effektive Kommunikation beinhaltet die Fähigkeit, Unzufriedenheit zu äußern, dies jedoch so zu tun, dass die Beziehung nicht belastet wird – vorausgesetzt, Sie möchten die Zusammenarbeit fortsetzen.

- *Fragen zur Klärung stellen,* um die Ideen und Gefühle anderer zu verstehen: Menschen reagieren nicht auf das, was jemand sagt, sondern auf das, was sie zu verstehen glauben. Bevor Sie also antworten, prüfen Sie, ob Sie die Gedanken des anderen richtig verstanden haben. Indem Sie zunächst Fragen stellen, um Gedanken und Gefühle zu klären, ist es wahrscheinlicher, dass Sie auf das reagieren, was tatsächlich gemeint war.

- *Aufmerksam zuhören:* Einer der häufigsten Gründe für ineffektive Kommunikation ist, dass Menschen Kommunikation mit Reden verwechseln und Zuhören als die Zeit betrachten, in der sie überlegen, was sie als Nächstes sagen wollen. Richtiges Zuhören – wirklich zu erfassen, was der andere meint und warum – ist nicht einfach und erfordert echtes Bemühen, den anderen verstehen zu wollen. Besonders komplex wird es, wenn Sie mit Menschen aus anderen Kulturen zusammenarbeiten. Ein guter Zuhörer ist ein aktiver Zuhörer. Die Schlüsselelemente des aktiven Zuhörens sind: Aufmerksamkeit schenken, zeigen, dass man zuhört, Feedback geben (zum Beispiel durch Paraphrasieren: „Was ich höre, ist …“), mit Urteilen zurückhalten und angemessen reagieren.[9]

- *Nonverbale Signale interpretieren:* Kommunikation besteht nur zum Teil aus Worten, ein großer Teil ist nonverbal. Achten Sie auf Gesichtsausdrücke, Körperhaltung und -bewegungen, Gestik, Blickkontakt, Tonfall und Lautstärke der Stimme sowie den Abstand zwischen Ihnen. Diese Signale verraten oft mehr als die gesprochenen Worte darüber, ob Sie kurz vor einer Einigung stehen oder besser aufgeben sollten.

- *Gespräche über den Prozess initiieren,* wenn Sie spüren, dass die Zusammenarbeit nicht gut läuft. Es ist oft leichter, über Inhalte als über den Prozess der Kooperation zu sprechen. Doch manchmal ist es gerade der Prozess, der nicht funktioniert – etwa wenn Entscheidungen aufgeschoben statt getroffen werden, Vereinbarungen vage bleiben, klare Zeitpläne fehlen oder nicht eingehalten werden. Dann ist es an der Zeit, den Prozess der Zusammenarbeit zu thematisieren.

- *Aktivitäten und Interaktionen reflektieren* – Sind wir auf dem richtigen Weg, um das Projektziel zu erreichen? Engagieren sich alle ausreichend? Oder beobachten Sie Diskrepanzen zwischen Worten und Taten? Werden

---

[9] http://www.mindtools.com/CommSkll/ActiveListening.htm. Zugriff am 25. September 2023.

Probleme ignoriert statt angegangen? Solche Fragen zu stellen, erfordert es, einen Schritt zurückzutreten und zu reflektieren, was und wie etwas getan wurde. Bringen Sie Ihre Beobachtungen dann auf konstruktive Weise ein und fordern Sie andere dazu auf, es ebenfalls zu tun.

3.5 Kooperation in der wissenschaftlichen Gemeinschaft

Wenn Sie Ihre Promotion beginnen, werden Sie Mitglied der globalen wissenschaftlichen Gemeinschaft Ihres Fachgebiets: willkommen! Die wissenschaftliche Gemeinschaft besteht zu einem großen Teil aus Akademiker*innen und wird auch von diesen organisiert. Da Sie nun dazugehören, können Sie von ihr profitieren, sind aber auch aufgefordert, einen Beitrag zu leisten. Die wissenschaftliche Gemeinschaft ist ein offenes System, das aus verschiedenen lose miteinander verbundenen Elementen besteht, darunter Fachgesellschaften, Konferenzen, Fachzeitschriften und Arbeitsgruppen, siehe Abb. 3.7.

Fachgesellschaften

Fachgesellschaften sind organisierte Gruppen von (meist) Wissenschaftlerinnen und Wissenschaftlern eines bestimmten Fachgebiets und manchmal

Abb. 3.7 Die wichtigsten Elemente der wissenschaftlichen Gemeinschaft

einer bestimmten Region. Einige Gesellschaften sind breit aufgestellt und groß, mit Tausenden von Mitgliedern (dann aber oft mit Untergliederungen und speziellen Interessengruppen), während andere spezialisiert und klein sind. Neben der Gemeinschaftsbildung ist ihr Ziel, qualitativ hochwertige Forschung, Lehre und Best-Practice-Beispiele im Fachgebiet zu fördern und zu verbreiten.

Für die Mitgliedschaft in Fachgesellschaften ist oft ein Beitrag zu entrichten, der in der Regel nicht sehr hoch ist und für Promovierende meist ermäßigt wird. Im Gegenzug erhalten Mitglieder Zugang zu Online-Ressourcen und Vergünstigungen bei Veranstaltungen oder anderen Angeboten. Online-Ressourcen können von Newslettern, Blogs, Working Papers, Konferenzberichten bis hin zu Interviews und Übersichten über kommende Veranstaltungen reichen.

Wissenschaftliche Konferenzen

Eine der wichtigsten Aktivitäten von Fachgesellschaften ist die Organisation wissenschaftlicher Konferenzen. Für Konferenzen ist in der Regel ein Paper oder Abstract zur Präsentation einzureichen; sie bringen feste Abgabetermine mit sich (immer hilfreich, um eine Aufgabe abzuschließen), fördern die Motivation (durch die Auseinandersetzung mit dem eigenen Forschungsthema und die Möglichkeit zu reisen) und bieten die Chance, ein Netzwerk mit etablierten Forschenden und Promovierenden anderer Universitäten aufzubauen. Häufig finden Konferenzen jährlich zu ähnlichen Terminen statt, wobei die Einreichungsfrist einige Monate vor der Veranstaltung liegt. Was genau eingereicht werden muss, variiert: Das Mindeste, das ich gesehen habe, war ein Abstract mit 50 Wörtern, andere Veranstaltungen verlangen ein vollständiges Paper, die meisten jedoch etwas dazwischen. Auch das Begutachtungsverfahren unterscheidet sich stark: von sehr streng, wobei nur eines von zehn oder noch weniger Beiträgen angenommen wird, bis hin zu praktisch nicht vorhanden, sodass nahezu jede Einreichung akzeptiert wird.

Konferenzen werden nicht nur von gemeinnützigen wissenschaftlichen Gesellschaften organisiert, sondern auch von kommerziellen Anbietern, was bedeutet, dass es Konferenzen in vielen Ausprägungen gibt. Manche ähneln eher Urlaubsreisen, zum Beispiel wenn sie auf Hawaii oder an einem anderen attraktiven Ort stattfinden, an dem man ein paar Tage am Strand verbringen kann. Sprechen Sie mit Ihrer Betreuungsperson und erfahrenen Forschenden in Ihrer Gruppe, um herauszufinden, welche wissenschaftlichen Konferenzen in Ihrem Fachgebiet empfehlenswert sind. Eine gute Konferenz ist eine, an der führende Forschende des Fachgebiets teilnehmen, die ausreichend Zeit für die Präsentation der eigenen Forschung bietet (mindestens 15–20 min) und genügend Zeit für die Diskussion einräumt (mindestens 10 min). Diese Merkmale machen sie zu einer guten Plattform, um nützliches Feedback für Ihr Projekt zu erhalten. Weitere Informationen zu Konferenzen finden Sie in Abschn. 5.6, der beschreibt, wie man an einer Konferenz teilnimmt und dort präsentiert.

Wissenschaftliche Fachzeitschriften

Sowohl Fachgesellschaften als auch kommerzielle Verlage geben wissenschaftliche Fachzeitschriften heraus. Jede Zeitschrift hat einen spezifischen thematischen Fokus, ihre Ziele und ihren Geltungsbereich, die auf der jeweiligen Website klar beschrieben sind. Die meisten wissenschaftlichen Zeitschriften nutzen ein Peer-Review-System, was bedeutet, dass andere Forschende des Fachgebiets eingereichte Manuskripte begutachten. In vielen Fachrichtungen gibt es Hunderte oder sogar Tausende von Zeitschriften. Es ist wichtig, dass Sie die Zeitschriftenrankings Ihres Fachgebiets kennen und sorgfältig auswählen, an welche Zeitschrift Sie Ihre Forschung einreichen; siehe Kap. 4 zum wissenschaftlichen Schreiben.

Arbeitsgruppen

Wie der Name Arbeitsgruppen bereits andeutet, handelt es sich dabei meist um informellere Gruppen, die auf die Erreichung eines bestimmten Ziels ausgerichtet sind. Das Ziel kann darin bestehen, Fördermittel zu akquirieren, indem ein Forschungsantrag vorbereitet wird, an dem mehrere Universitäten aus verschiedenen Ländern beteiligt sind; es kann aber auch darum gehen, ein bestimmtes Thema im Fachgebiet voranzubringen. Einige dieser letztgenannten Arbeitsgruppen werden als Special Interest Groups (SIGs) bezeichnet, die manchmal Teil größerer, allgemeiner Fachgesellschaften sind.

Die internationale wissenschaftliche Gemeinschaft ist eine recht offene Gemeinschaft, was bedeutet, dass es einfach ist, jemanden um Feedback zu bitten, Fragen zu stellen, Ideen auszutauschen oder Hilfe anzubieten. Diese Offenheit erleichtert es, sich zu beteiligen, zu profitieren und einen Beitrag zu leisten. Sie können auf vielfältige Weise profitieren, zum Beispiel indem Sie Zugang zu führenden Forschenden des Fachgebiets erhalten, von aktuellen Forschungsarbeiten erfahren, die erst im nächsten Jahr in einer Zeitschrift erscheinen, mit erfahrenen und jungen Forschenden in Kontakt treten sowie Ihre eigene Forschung vorstellen und wertvolles Feedback erhalten. Vielleicht möchten Sie auch eine Zeit im Ausland an einer anderen Universität verbringen. Ein solcher Aufenthalt kann bereits zwei Jahre zuvor bei einer Konferenz in einer Kaffeepause angebahnt worden sein.

Sie können auf vielfältige Weise zur wissenschaftlichen Gemeinschaft beitragen. Fachgesellschaften und Arbeitsgruppen suchen immer nach engagierten Freiwilligen, die ihre Websites pflegen, Newsletter verfassen, Paper begutachten oder bei der Organisation von Veranstaltungen helfen. Auch Zeitschriften suchen häufig Forschende, die als Peer Reviewer tätig werden möchten. Die meisten dieser Aufgaben in der wissenschaftlichen Gemeinschaft werden ehrenamtlich übernommen, das heißt, sie werden nicht bezahlt, aber die Vorteile reichen von der Erweiterung des eigenen Netzwerks, der Sichtbarkeit in der Community bis hin zum Handeln als verantwortungsbewusstes „akademischer Bürger".

Sie können auch im Kleinen und in Ihrer unmittelbaren Umgebung beginnen. An Ihrer eigenen Universität können Sie beispielsweise anbieten, eine interne Forschungsseminarreihe oder einen Workshop zu organisieren. Vielleicht finden Sie sogar ein Budget, um internationale Expertinnen und Experten einzuladen. So leisten Sie gleichzeitig einen Beitrag für Ihre Gemeinschaft, machen sich sichtbar und bauen ein wertvolles Netzwerk auf.

Eine weitere Möglichkeit, einer Gemeinschaft beizutreten, ist die Mitgliedschaft in einer Studierendenorganisation oder einer Community of Practice für Doktoranden an Ihrer Institution. Solche Gruppen setzen sich aus Mitgliedern verschiedener Disziplinen und mit unterschiedlichen Hintergründen zusammen und bieten Peer-Support, Networking-Möglichkeiten und Gelegenheiten, Soft Skills zu erlernen, während sie zugleich die Interessen der Promovierenden gegenüber der Hochschulleitung vertreten. Neben fachlich interessanten Veranstaltungen organisieren sie auch gesellschaftliche Events, um andere Promovierende in entspannter Atmosphäre kennenzulernen.

Literatur

Armstrong, Steven J. (2004), The impact of supervisors' cognitive styles on the quality of research supervision in management education, *British Journal of Educational Psychology,* 74 (4), 599–616.

Brown, George, und Madeleine Atkins (1988), *Effective teaching in higher education,* Methuen & Co. Ltd., London, UK.

Denicolo, Pam (2004), Doctoral supervision of colleagues: peeling off the veneer of satisfaction and competence, *Studies in Higher Education,* 29 (6), 693–707.

Gatfield, Terry (2005), An investigation into Ph.D. supervisory management styles: development of a dynamic conceptual model and its managerial implications, *Journal of Higher Education Policy and Management,* 27 (3), 311–325.

Hunter, Karen H. und Kay Devine (2016), Doctoral students' emotional exhaustion and intentions to leave academia, *International Journal of Doctoral Studies,* 11, 35–61.

Mainhard, Tim, Roeland van der Rijst, Jan van Tartwijk, und Theo Wubbels (2009), A model for the supervisor-doctoral student relationship, *Higher Education,* 58 (3), 359–373. https://doi.org/10.1007/s10734-009-9199-8.

Petre, Marian, und Gordon Rugg (2010), *The unwritten rules of Ph.D. research,* 2. Aufl., McGraw-Hill Education.

4

Schreibkompetenz

Schreiben ist leicht.

Man muss nur die falschen Wörter weglassen.

Mark Twain (1835–1910)

Zusammenfassung Sie können Forschungsergebnisse in vielen verschiedenen Publikationsorganen veröffentlichen, die entweder eine eher akademische oder gesellschaftliche Ausrichtung haben. Peer-Review-Fachzeitschriften sind ein bedeutendes Ziel. Diese unterscheiden sich stark in ihrer Qualität, die häufig anhand ihres Impact Factors gemessen wird. Das Schreiben für Zeitschriften erfordert eine spezifische Form des Storytellings, die formell, prägnant, eindeutig und strukturiert ist. Zeitschriften bewerten Manuskripte anhand ihres Beitrags, der vorgelegten Evidenz, der Stringenz der Studie und der Klarheit des Schreibens. Um das Verfassen von Fachartikeln zu

© Der/die Autor(en), exklusiv lizenziert an Springer Nature Switzerland AG 2026

E. Huizingh, *Erfolgreich zum Doktortitel*, https://doi.org/10.1007/978-3-032-15929-8_4

erleichtern, bietet das Kapitel acht Tipps zur Verbesserung der Publikationskompetenz. Da wissenschaftliche Artikel stark und oft ähnlich strukturiert sind, können Sie diese Erkenntnis nutzen, um ein Artikelskelett vorzubereiten, das Sie anschließend mit den Inhalten Ihrer Studie füllen. Um das Schreiben von Artikeln zu erleichtern, schließt das Kapitel mit fünf Tipps für den Schreibprozess ab.

Die beiden Hauptwege, auf denen Forschende ihre Arbeit teilen, sind schriftliche und mündliche Präsentationen. Dieses Kapitel konzentriert sich auf die Besonderheiten des wissenschaftlichen Schreibens,[1] das nächste Kapitel behandelt mündliche Präsentationen. Abschn. 4.1 gibt einen Überblick über die zahlreichen Publikationsmöglichkeiten für Ihre Forschung, je nachdem, ob Sie in der Wissenschaft oder in der Praxis Wirkung erzielen möchten. Der Rest dieses Kapitels widmet sich dem Schreiben für wissenschaftliche Zielgruppen. Die Veröffentlichung von Artikeln in wissenschaftlichen Fachzeitschriften ist der wichtigste Weg, Wissen in der wissenschaftlichen Gemeinschaft auszutauschen. Mit Fachartikeln können Sie die Erkenntnisse Ihrer Studie teilen und werden zudem für andere Forschende sichtbar. Abschn. 4.2 behandelt die verschiedenen Möglichkeiten, wie Sie vom Schreiben von Artikeln profitieren können.

Viele Nachwuchswissenschaftlerinnen und -wissenschaftler empfinden das wissenschaftliche Schreiben als eine komplexe Aufgabe. Es handelt sich um eine besondere Form des Storytellings, deren Hauptmerkmale in Abschn. 4.3 beschrieben werden. Die Tatsache, dass viele Forschende – nicht nur Promovierende – mit dem Schreiben kämpfen, unterstreicht die Bedeutung guter Schreibkompetenzen. Abschn. 4.4 gibt einen Überblick über verschiedene Möglichkeiten, diese Fähigkeiten zu entwickeln.

Die letzten beiden Abschnitte befassen sich mit dem Inhalt und dem Prozess des wissenschaftlichen Schreibens. Ein Grund, warum wissenschaftliches Schreiben eine besondere Form des Storytellings ist, liegt in der Struktur wissenschaftlicher Arbeiten. Beim Lesen eines Romans erschließt sich die Struktur erst im Verlauf der Lektüre, während wissenschaftliche Texte meist einer spezifischen und verbreiteten Struktur folgen. Der Vorteil dabei ist, dass Sie die Struktur nicht selbst erfinden müssen – das Schreiben eines Artikels beginnt mit einer gut entwickelten Struktur, die nur noch mit den Inhalten Ihrer Studie gefüllt werden muss, siehe Abschn. 4.5. Der Schreibprozess muss sicherstellen, dass Sie Ihre Artikel fertigstellen und diese

---

[1] Dieses Kapitel basiert auf: Huizingh (2021).

ausreichend gut sind, um bei einer Fachzeitschrift eingereicht zu werden. Abschn. 4.6 gibt einen Überblick über Empfehlungen, die darauf abzielen, dies zu erreichen.

4.1 Wo wird wissenschaftliche Forschung veröffentlicht?

Viele verschiedene Publikationsorgane sind an der Veröffentlichung wissenschaftlicher Forschung interessiert. Basierend auf der Unterscheidung zwischen Publikationsorganen, die sich hauptsächlich an ein akademisches Publikum richten, und solchen, die auf gesellschaftliche Wirkung abzielen, gibt Tab. 4.1 einen Überblick über die verschiedenen Publikationsmöglichkeiten. Diese Publikationsorgane unterscheiden sich in vielerlei Hinsicht, zum Beispiel in Bedeutung, Größe und Forschungsstand. Abstracts für Konferenzen und Blogs sind eher kurze Texte, während ein Buch mehrere hundert Seiten umfassen kann. Wissenschaftliche Zeitschriften interessieren sich für abgeschlossene Studien, während viele Konferenzen bevorzugt Einreichungen von laufenden Arbeiten akzeptieren.

Die Publikationsorgane mit akademischer Wirkung sind in ihrer Bedeutung für die wissenschaftliche Gemeinschaft geordnet, wobei von Fachkollegen begutachtete wissenschaftliche Zeitschriften an erster Stelle stehen. Da viele Promovierende ihre Dissertation an erster Stelle sehen, bespreche ich zunächst die Dissertation und anschließend Artikel in wissenschaftlichen Zeitschriften.

Dissertation

Ihre Dissertation dient als Nachweis Ihrer Fähigkeit, eigenständig qualitativ hochwertige wissenschaftliche Forschung zu betreiben. Dissertationen gibt

Tab. 4.1 Ein Überblick über Publikationsorgane, in denen wissenschaftliche Forschung veröffentlicht werden kann

Akademische Wirkung	Gesellschaftliche Wirkung
Wissenschaftliche Zeitschrift	Forschungsbericht
Dissertation	Grundsatzdokumente
Wissenschaftliche Konferenz	Pressemitteilung
(Lehr-)Buch (Kapitel)	Fachzeitschrift
	(Populär-)Wissenschaftliches Buch
	Blog
	Soziale Medien

es in zwei Formaten, nämlich als Monographie oder als publikationsbasierte Arbeit. Eine Monographie ist eine buchbasierte Dissertation mit separaten Kapiteln für Einleitung, Literaturüberblick, Methodik, Ergebnisse usw. Sie gilt als klassische Form der Dissertation, aber heutzutage verfassen die meisten Promovierenden eine publikationsbasierte Dissertation. Solche Arbeiten sind kumulativ und bestehen aus mehreren Publikationen zum selben Thema. Um der Arbeit eine übergeordnete Struktur und Logik zu geben, wird den Artikeln in der Dissertation häufig eine allgemeine Einleitung vorangestellt, und sie wird mit einem abschließenden Fazit beendet. Die Idee ist, auf Artikel in wissenschaftlichen Zeitschriften hinzuarbeiten und die Dissertation als Sammlung dieser Artikel zu gestalten. Der Hauptgrund für den Trend zu publikationsbasierten Dissertationen ist die Erkenntnis, dass Veröffentlichungen in Fachzeitschriften entscheidend für den Aufbau eines wissenschaftlichen Renommees sind.

Die formalen Anforderungen an Dissertationen variieren je nach Forschungsfeld, Universität und Land. In manchen Disziplinen, etwa in den Geisteswissenschaften, sind Monographien weiterhin üblich. Auch die Anforderungen an publikationsbasierte Dissertationen unterscheiden sich. Unterschiede bestehen etwa in der Anzahl der Artikel, ob ein oder mehrere Beiträge bereits von einer Zeitschrift angenommen sein müssen, Einzel- versus Co-Autorenschaft sowie im Umfang von Einleitung und Schlussteil. Es ist wichtig, sich zu Beginn eines Promotionsprojekts über die genauen formalen Anforderungen an Ihrer Institution zu informieren und diese mit Ihrer Betreuungsperson zu besprechen. Es hilft auch, einige kürzlich veröffentlichte Dissertationen, die von Ihrer Betreuungsperson betreut wurden, durchzusehen. Wie sind diese aufgebaut? Wie viele Seiten umfassen sie? Welche zusätzlichen Elemente enthalten sie, wie etwa Vorwort, Lebenslauf, Index und Literaturverzeichnis?

Wissenschaftliche Zeitschriften

Wissenschaftliche Zeitschriften gelten oft als das wichtigste Medium zur Verbreitung wissenschaftlicher Forschung. Abb. 4.1 gibt einen Überblick über ihre wichtigsten Merkmale. In jedem Fachgebiet gibt es eine ausgeprägte Hierarchie wissenschaftlicher Zeitschriften, die von wenigen Spitzenzeitschriften und mehreren Zeitschriften der zweiten Kategorie bis hin zu zahlreichen Zeitschriften am unteren Ende der Hierarchie reicht. Zeitschriftenrankings basieren häufig auf objektiven Kriterien, nämlich darauf, wie oft Artikel aus einer Zeitschrift im Durchschnitt zitiert werden (von anderen Zeitschriften). Diese Kennzahl wird als *Journal Impact Factor* bezeichnet. Sie

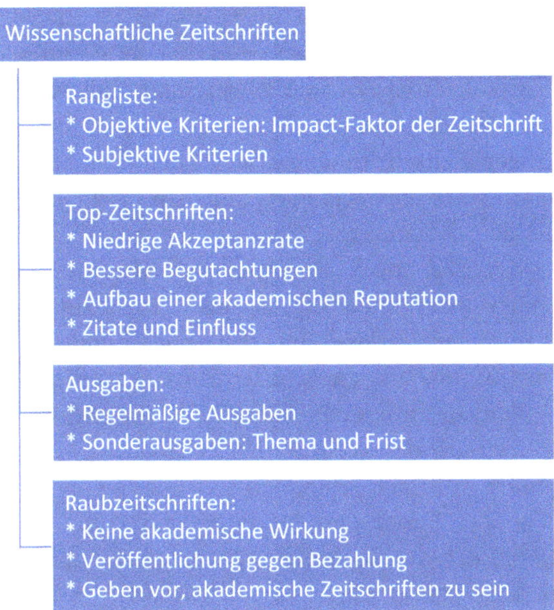

Abb. 4.1 Wissenswertes über wissenschaftliche Zeitschriften

finden diese in den Journal Citation Reports auf webofscience.com (herausgegeben von Clarivate) oder in den SCImago Journal Rankings auf scimagojr.com (basierend auf der Scopus-Datenbank von Elsevier). In den meisten Fachgebieten gibt es weitere Rankings im Internet, die auch subjektive Bewertungen der relativen Stellung einer Zeitschrift berücksichtigen können. Manche Universitäten und Länder veröffentlichen eigene Rankings von Zeitschriften in verschiedenen Kategorien. Es ist wichtig, sich mit den relevanten Zeitschriftenrankings in Ihrem Fachgebiet und an Ihrer Institution vertraut zu machen. Sprechen Sie hierzu mit Ihrer Betreuungsperson.

Da Top-Zeitschriften eine niedrige Annahmequote haben, ist das Publizieren in solchen Zeitschriften nicht nur am schwierigsten, sondern auch am lohnendsten. Bessere Zeitschriften bieten in der Regel auch bessere Gutachten – das bedeutet nicht, dass die Begutachtung einfacher ist, sondern dass sie von fachkundigeren Forschenden durchgeführt wird, sodass Sie fundierteres Feedback zu Ihrer Arbeit erhalten. Veröffentlichungen in Top-Zeitschriften sind nicht nur gut für Ihr Renommee, sondern Ihre Forschung hat auch mehr Wirkung und wird häufiger zitiert. Artikel bei hochrangigen Zeitschriften einzureichen, mag wie eine riskante Strategie erscheinen, aber bedenken Sie: Das Schlimmste, was passieren kann, ist eine Ablehnung – das werden Sie überstehen! Im besten Fall erhalten Sie hilfreiches Feedback, können Ihren Artikel verbessern und es bei einer anderen Zeitschrift versuchen.

Wissenschaftliche Zeitschriften veröffentlichen sowohl reguläre Ausgaben als auch Sonderausgaben. In regulären Ausgaben erscheinen Beiträge, die zu den Zielen und dem Themenspektrum der Zeitschrift passen; Sie können Ihr Manuskript jederzeit nach Fertigstellung einreichen. Sonderausgaben widmen sich einem spezifischen Thema und werden mit einem detaillierten Call for Papers und einer Einreichungsfrist angekündigt. Es ist in der Regel einfacher, in einer Sonderausgabe veröffentlicht zu werden als in einer regulären Ausgabe, allerdings muss das Manuskript thematisch sehr gut passen. Informieren Sie sich auf der Website der Zeitschrift über geplante Sonderausgaben und deren Anforderungen.

Während es an der Spitze der Zeitschriftenhierarchie nur wenige Zeitschriften gibt, umfasst das untere Ende der Hierarchie meist Hunderte, wenn nicht Tausende von Zeitschriften. Viele davon sind sogenannte Predatory Journals (räuberische/unseriöse Zeitschriften). Diese sind keine echten wissenschaftlichen Zeitschriften, auch wenn sie diesen Anschein erwecken; sie sind kommerzielle Unternehmen. Im Grunde veröffentlichen sie jedes eingereichte Manuskript, solange Sie bereit sind, die Publikationsgebühr zu zahlen. Veröffentlichungen in solchen Zeitschriften haben keinerlei wissenschaftliche Wirkung. Predatory Journals sind für ihre aggressiven Marketingmethoden bekannt, zum Beispiel erhalten Sie möglicherweise eine E-Mail, in der ein Herausgeber Ihnen mitteilt, er habe von Ihrem großartigen Konferenzbeitrag erfahren und biete Ihnen exklusiv die Möglichkeit, in seiner Zeitschrift zu publizieren. Natürlich ist es schmeichelhaft, solche Nachrichten zu bekommen, aber bedenken Sie: Alle anderen Konferenzteilnehmenden erhalten dieselbe Nachricht. Und zahlen müssen Sie trotzdem.

Konferenzen

Konferenzen werden oft nicht als endgültiges Publikationsorgan für Forschungsergebnisse betrachtet. Häufig präsentieren Wissenschaftlerinnen und Wissenschaftler laufende Forschungsarbeiten auf einer (oder mehreren) Konferenzen in verschiedenen Projektphasen, bevor das endgültige Manuskript bei einer wissenschaftlichen Zeitschrift eingereicht wird. So erhalten Sie auf dem Weg zum fertigen Manuskript wertvolles Feedback.

Konferenzen sind nicht nur hervorragend, um Feedback zu sammeln und zu netzwerken, sondern sie bringen auch feste Fristen mit sich. Prüfen Sie den Call for Papers auf der Konferenzwebsite, um zu erfahren, wann und was als Beitrag eingereicht werden kann. Viele Konferenzen akzeptieren verschiedene Beitragsarten, von Postern über kurze oder lange Abstracts bis hin zu vollständigen Artikeln. Je nachdem, wie weit Ihr Projekt fortgeschritten ist, wählen Sie die passende Beitragsform. Konferenzen veröffentlichen Beiträge oft in Proceedings, bieten aber meist die Möglichkeit, dies abzulehnen, falls Sie das nicht wünschen.

Publikationsorgane mit gesellschaftlicher Wirkung

Die zweite Spalte in Tab. 4.1 gibt einen Überblick über Publikationsorgane mit gesellschaftlicher Wirkung. Forschungsberichte werden häufig vom Förderer extern finanzierter Projekte verlangt. Solche Berichte bieten einen breiten Überblick darüber, was untersucht wurde und mit welchen Ergebnissen. Die Leserschaft von Forschungsberichten interessiert sich meist weniger dafür, wie eine Studie in die Literatur eingebettet ist und welche methodischen Details sie aufweist – Aspekte, die für wissenschaftliche Artikel wichtig sind. Manche Förderer bevorzugen es sogar, den Bericht als Foliensatz zu erhalten, was die Vorbereitung erleichtert. Grundsatzdokumente ähneln Forschungsberichten, konzentrieren sich aber darauf, wie politische Entscheidungsträger Forschungsergebnisse zur Gestaltung neuer Strategien nutzen können.

Universitäten sind sehr daran interessiert, für ihre Forschung mediale Aufmerksamkeit zu erhalten. Solche Medien reichen von Zeitungen über Radiosender bis hin zu Fernsehanstalten. Viele Universitäten verfügen über eine Pressestelle oder Kommunikationsabteilung, die bei der Erstellung einer Pressemitteilung zu einem abgeschlossenen Forschungsprojekt unterstützen kann. Die Herausforderung beim Verfassen von Pressemitteilungen besteht darin, die Ergebnisse einer Studie mit all ihren Einschränkungen klar zu formulieren und gleichzeitig eine leicht verständliche und wirkungsvolle Botschaft zu vermitteln.

Fachzeitschriften sind daran interessiert, Ergebnisse von Studien zu veröffentlichen, die für Entscheidungsträger von Nutzen sind. Im Mittelpunkt solcher Artikel stehen in der Regel die Erkenntnisse der Studie, deren Anwendung und der erwartete Nutzen – und deutlich weniger die Durchführung der Forschung. Im Vergleich zu wissenschaftlichen Artikeln sind Beiträge in Fachzeitschriften leichter verständlich, mit einfacheren Sätzen und in allgemeinverständlicher Sprache.

Veröffentlichungen in Form von Blogs und in sozialen Medien (X/Twitter, LinkedIn, Facebook, Instagram usw.) können Sie selbst vornehmen. Bedenken Sie auch hier, dass solche Publikationsorgane eine andere Länge und einen anderen Schreibstil erfordern, die zu den Fähigkeiten und Interessen ihres Publikums passen. Viele Blogs umfassen beispielsweise etwa 500 Wörter. Verwenden Sie einfachere Wörter, kürzere Sätze und attraktive Überschriften („Clickbait"), vermeiden Sie Fachjargon, bauen Sie ein Versprechen oder einen Widerspruch in den ersten Absatz ein, um das Interesse von Gelegenheitslesern zu wecken, und fügen Sie informative und ansprechende Grafiken und Bilder hinzu.

4.2   Warum überhaupt wissenschaftliche Beiträge schreiben?

Wissenschaft kann als Weg zu tieferem Verständnis betrachtet werden. Oft ist dieser Weg weder einfach noch schnell. Nicht gerade, sondern kurvenreich. Nicht glatt und gut asphaltiert, sondern mit Unebenheiten und Schlaglöchern. Positiv ist jedoch, dass wir diesen Weg gemeinsam beschreiten. Sie können von der Forschung und den Erkenntnissen anderer Wissenschaftler profitieren, ebenso wie diese von Ihren Beiträgen profitieren können. Das gebräuchlichste Mittel zum Wissensaustausch sind wissenschaftliche Arbeiten („Paper"). Eine Arbeit beschreibt, was eine Gruppe von Forschenden auf ihrem Teil des Weges gelernt hat. Da Fachartikel ein wesentlicher Bestandteil der Wissenschaft sind, gehört das Verfassen von Beiträgen zu den Kernaufgaben von Forschenden. Allerdings erfordert das Schreiben wissenschaftlicher Beiträge für begutachtete Fachzeitschriften viel Zeit und Mühe und ist angesichts der hohen Ablehnungsquoten mit Risiken verbunden. Warum also sollte man wissenschaftliche Arbeiten schreiben? Abb. 4.2 gibt einen Überblick über die vielen Gründe, warum es sinnvoll ist, über die eigene Forschung Beiträge zu verfassen.

- *Um die eigenen Gedanken zu ordnen.* Wahrscheinlich haben Sie beim Lesen von Fachliteratur, beim Zuhören oder Diskutieren mit anderen Forschenden, beim Führen von Interviews und bei der Datenanalyse viele Ideen zu Ihrem Forschungsgebiet entwickelt. Viele Gedanken, die umherschwirren. Sie schriftlich festzuhalten, zwingt Sie dazu, sie zu erklären, zu strukturieren und kritisch zu hinterfragen.
- *Um Erfahrungen und Erkenntnisse mit anderen zu teilen und um Feedback zu erhalten.* Bei der Forschung stoßen Sie auf interessante Ergebnisse

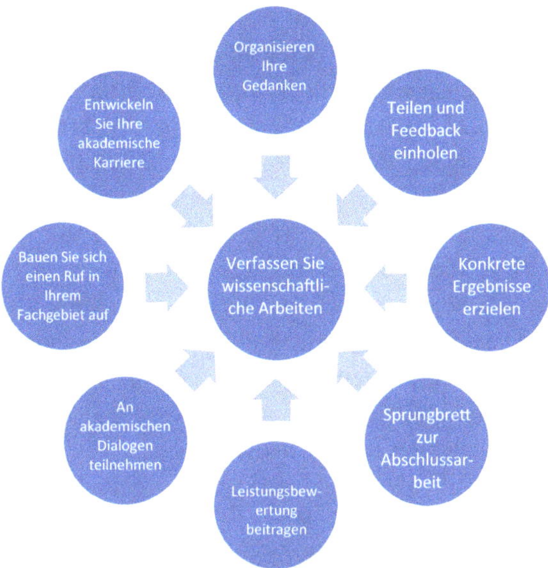

Abb. 4.2 Gründe, mit dem Schreiben von wissenschaftlichen Arbeiten zu beginnen

und entwickeln neue Einsichten. Warum diese nicht mit anderen teilen? Wissenschaftliche Beiträge sind das Mittel, mit dem Sie mit der (wissenschaftlichen) Welt kommunizieren. Sie sind auch ein nützliches Instrument, um Rückmeldungen von anderen Forschenden zu erhalten. Menschen werden Ihre Arbeit lesen und kommentieren. Feedback zu bekommen macht nicht immer Spaß, ist aber für den Fortschritt unvermeidlich.

- *Um greifbare Ergebnisse zu erzielen.* Da Promotionsprojekte sich über mehrere Jahre erstrecken, ist dies ein wichtiger Grund, Fachartikel zu schreiben. Freunde und Verwandte fragen sich vielleicht, warum Sie nach Jahren harter Arbeit noch nichts Vorzeigbares haben. Das Schreiben von Beiträgen im Rahmen eines Promotionsprojekts bedeutet, greifbare Ergebnisse zu schaffen. Außerdem ist es immer lohnend, einen Beitrag geschrieben zu haben: Sie sehen Ihre Arbeit gedruckt und mit Ihrem Namen versehen. Der eigene Beitrag zur Wissenschaft motiviert, weiterzumachen.

- *Als Sprungbrett zur Dissertation.* Es ist immer ein wenig aufregend, die eigene Arbeit den Betreuenden zu zeigen. Ist sie gut genug? Wie werden sie reagieren? Wie viel zusätzliche Arbeit wird noch folgen? Die Einreichung der Dissertation bei einem Prüfungsausschuss kann noch mehr Stress verursachen, da diese Personen nicht in Ihr Projekt eingebunden waren. Wie viel Stress hätten Sie, wenn Teile der Dissertation bereits von Gutachtern einer angesehenen Fachzeitschrift positiv bewertet wurden? Wer würde Ihre Arbeit ablehnen, wenn sie bereits akzeptiert wurde?

- *Um zur akademischen Leistungsbewertung Ihres Fachbereichs oder Ihrer Universität beizutragen.* Eine wachsende Zahl von Universitäten und Ländern quantifiziert wissenschaftliche Leistung. Sie nutzen die Anzahl und Qualität veröffentlichter Beiträge als Grundlage für solche Kennzahlen. Durch das Veröffentlichen von Arbeiten tragen Sie zur Leistungsbewertung und zum Ranking Ihrer Forschungsgruppe bei.
- *Um am laufenden wissenschaftlichen Dialog* teilzunehmen. Wissenschaftliche Forschung ist ein fortlaufendes und niemals endendes Gespräch. Es ist ein offener Dialog, an dem jeder teilnehmen kann, der glaubt, etwas beitragen zu können. Das Veröffentlichen von Beiträgen bedeutet, dass Sie am wissenschaftlichen Dialog teilnehmen.
- *Um einen Ruf im Fachgebiet aufzubauen.* Besonders wenn Sie eine zukünftige Tätigkeit in der Wissenschaft anstreben, ist es wichtig, dass andere Wissenschaftler Sie mit einem bestimmten Thema in Verbindung bringen. Wissenschaftliche Forschende sind Experten auf einem Gebiet. Dissertationen sind nicht das geeignetste Mittel, um einen solchen Ruf aufzubauen – veröffentlichte Arbeiten in führenden Fachzeitschriften hingegen schon.
- *Um eine wissenschaftliche Karriere* zu entwickeln. Eine Promotion ist in der Regel nicht mehr als eine Grundvoraussetzung für eine wissenschaftliche Laufbahn. Der Ruf der Institution, die Ihnen die Promotion verleiht, und der Ihrer Betreuenden kann einen Unterschied machen. Doch in hohem Maße leiten Wissenschaftler die Qualität von Forschenden aus deren Publikationsbilanz ab. Wie viele Artikel? In welchen Zeitschriften veröffentlicht? Wie oft zitiert? Selbst wenn eine Publikationsliste nicht formell gefordert wird, kann sie entscheidend sein:

Kürzlich erzählte mir eine Fachbereichsleiterin, dass es für eine Assistenzprofessur mehr als 200 Bewerber*innen gab. Formal war nur eine Promotion erforderlich, aber um das Auswahlverfahren handhabbar zu machen, entschied sie sich, alle Bewerber*innen auszusortieren, die ihre Promotion noch nicht abgeschlossen und die nicht in begutachteten Fachzeitschriften veröffentlicht hatten.

Kurz gesagt: Das Schreiben und Veröffentlichen wissenschaftlicher Arbeiten ist gut für Sie, Ihre Karriere, Ihre Institution und die wissenschaftliche Gemeinschaft.

4.3 Grundlagen des wissenschaftlichen Schreibens

Letztlich werden wissenschaftliche Forschende an ihren Publikationen gemessen. Das macht das Schreiben zu einer wichtigen Aufgabe, mit der jedoch viele Forschende Schwierigkeiten haben. Eine Studie fand heraus, dass wissenschaftliche Schreibkompetenz die am häufigsten genannte Fähigkeit ist, die Promovierende für ihre Forschungsproduktivität verbessern müssen.[2] Die Gründe hierfür betreffen sowohl den Prozess als auch das Produkt des Schreibens. Als Autor*in müssen Sie den Schreibprozess selbst steuern, da es in der Regel keine festen Abgabetermine gibt, während andere Aufgaben dringlicher erscheinen. Um am Ende einen hochwertigen Artikel (das Produkt des Schreibens) zu verfassen, ist es erforderlich, klar zu formulieren, welche neuen Erkenntnisse ein Beitrag bietet, wie er in die Literatur eingebettet ist und diese erweitert, welche relevanten Forschungsdetails und Ergebnisse vorliegen usw. Und all dies muss in der systematischen und prägnanten Form des wissenschaftlichen Storytellings geschrieben werden.

Wissenschaftliches Schreiben ist eine besondere Form des Erzählens. Wissenschaftliche Artikel sind Geschichten über ein Problem, das verschiedene Personen zu lösen versucht haben, jedoch nur teilweise lösen konnten, und darüber, wie und warum Ihre Arbeit einen nächsten Schritt zu einer besseren Lösung darstellt. Vier Prinzipien fassen die wichtigsten Unterschiede zwischen wissenschaftlichem Storytelling und anderen Erzählformen zusammen. Wissenschaftliches Schreiben ist formell, prägnant, explizit und strukturiert, siehe Abb. 4.3.

Formelles Schreiben
Wissenschaftliches Schreiben ist formell und unpersönlich. Das bedeutet, dass umgangssprachliche und konversationelle Sprache, wie zum Beispiel Kontraktionen im Englischen (they've, aren't oder don't) und informeller Wortschatz, vermieden werden sollten. Vermeiden Sie umgangssprachliche Wörter und Ausdrücke wie im Englischen „awesome" (fantastisch), „hard to swallow" (schwer zu glauben) und „up for grabs" (für alle verfügbar).

Wissenschaftliches Schreiben ist unpersönlich, Autor*innen nehmen sich in der Regel selbst aus ihren Texten heraus. Beiträge handeln nicht von den Autor*innen und deren Überzeugungen, Erfahrungen, Meinungen und Emotionen, sondern von Phänomenen, Objekten, Ideen, Konzepten und

---

[2] Sevim und Sarıkaya (2020).

Abb. 4.3 Vier Prinzipien des wissenschaftlichen Storytellings

Theorien, die uns helfen, die Welt zu verstehen und zu denen auch andere Zugang haben. Obwohl wissenschaftliches Schreiben in manchen (sozialwissenschaftlichen) Disziplinen die Verwendung von „wir" im Artikel erlaubt, wenn es um die Beschreibung von Studiendetails geht, ist „ich" mit wenigen Ausnahmen im wissenschaftlichen Schreiben meist nicht zu finden.

Objektivität wird auch dadurch angestrebt, dass Übertreibungen („Der beste Ansatz aller Zeiten!"), pauschale Verallgemeinerungen („Man sollte immer dieses tun") und emotionale Argumente vermieden werden. Behauptungen müssen auf Belegen beruhen, nicht auf subjektiven Einschätzungen oder Gefühlen. Anstelle emotional aufgeladener Begriffe wie „wunderbar" oder „schrecklich" verwenden wissenschaftliche Texte moderatere Begriffe wie „hilfreich" oder „problematisch".[3]

Wissenschaftliches Schreiben beinhaltet häufig die Verwendung von Fachterminologie, also Jargon, der in einem bestimmten Bereich verwendet wird. Ob Sie Jargon verwenden sollten, hängt von Ihrer Zielgruppe ab. Wenn Sie für Fachleute schreiben, müssen Sie Jargon verwenden (sonst signalisieren Sie, dass Sie keine Expertin oder kein Experte sind), aber wenn Sie für Nicht-Fachleute schreiben, sollten Sie darauf verzichten (sonst schrecken Sie Leser*innen ab).

Prägnantes Schreiben

Wissenschaftliches Schreiben ist prägnant, das heißt, Sie sollten nicht mehr Wörter verwenden als nötig. Viele Zeitschriften schreiben eine maximale Wortzahl vor, wodurch die Länge Ihres Beitrags begrenzt wird. Konzeptuelle Artikel und Studien, die auf qualitativer Forschung basieren, sind oft relativ

---

[3] https://www.sydney.edu.au/students/writing.html. Zugriff am 25. September 2023.

lang, wobei auch der Schreibstil dort wichtiger ist als bei quantitativen oder modellbasierten Arbeiten.

Begrenzen Sie die Länge eines Artikels, indem Sie Wiederholungen vermeiden und Themen nur einmal behandeln. Prägnantes Schreiben bedeutet auch, dass jedes Wort eine Bedeutung haben sollte. Wenn Sie ein Wort weglassen können, ohne die Bedeutung eines Satzes zu verändern, ist es ein Füllwort und überflüssig. Klarheit ist im wissenschaftlichen Schreiben wichtiger als Eleganz. Daher führen wissenschaftliche Texte oft zu dichten Texten (mit einem niedrigen Verhältnis von Wörtern zu Inhalt), was solche Artikel nicht immer leicht lesbar macht.

Explizites Schreiben

Wissenschaftliche Beiträge sind explizit und präzise in Bezug auf die verwendeten Begriffe, ihre Aussagen und Beiträge. Verwenden Sie möglichst anerkannte Terminologie und Definitionen aus Ihrem Fachgebiet, vermeiden Sie vage Sprache, und wenn ein Begriff mehrere Bedeutungen hat, definieren Sie ihn zunächst und bleiben Sie im gesamten Artikel bei dieser Definition. Wählen Sie Begriffe sorgfältig aus und verwenden Sie sie konsequent. Für viele Erzählformen wird empfohlen, abwechslungsreiche und bildhafte Sprache zu verwenden, um den Text interessanter zu machen. Das ist im wissenschaftlichen Schreiben nicht der Fall. Wenn Sie für ein Konzept ein ähnliches, aber anderes Wort verwenden, beginnen Gutachter*innen sich zu fragen, ob Sie auf ein anderes Konzept Bezug nehmen. Das kann bedeuten, dass Sie Satz für Satz die gleichen Begriffe verwenden, was zwar langweilig wirken kann, aber für Klarheit sorgt.

Beschreiben Sie Ihre Forschung klar und deutlich, denn Details sind wichtig, etwa das Setting Ihrer Studie oder die Reihenfolge der Aktivitäten oder Fragen. Formulieren Sie Ihre Argumente (warum Sie etwas getan haben) und Behauptungen (was Sie als gegeben voraussetzen) explizit und begründen Sie diese durch unterstützende Belege, die Logik, Verweise auf frühere Forschung und Ergebnisse Ihrer eigenen Studie umfassen können. Im Fall früherer Forschung zitieren Sie angemessen, sowohl im Fließtext als auch im Literaturverzeichnis am Ende. Wenn Sie Ergebnisse Ihrer eigenen Studie verwenden, müssen diese Teil des Beitrags sein, damit Leser*innen nachvollziehen können, wie Sie die Befunde interpretiert oder in Ihre Argumentation eingebunden haben.

Scheuen Sie sich nicht, Ihre Kernbotschaft sofort zu nennen. Zeitungsartikel verwenden die Warnung „Spoiler-Alarm", wenn sie Details zu einem

Film verraten, die den Spaß am Anschauen verderben könnten: Wie endet er? Wer war es? Wissenschaftliches Schreiben geht den entgegengesetzten Weg. Seien Sie explizit in Bezug auf die wichtigsten Erkenntnisse Ihrer Studie, nennen Sie diese im Abstract und häufig auch in der Einleitung. Tatsächlich bräuchten viele Beiträge bereits im Titel einen Spoiler-Alarm.

Strukturiertes Schreiben

Wissenschaftliche Beiträge müssen gut strukturiert sein. Die Geschichte beginnt mit einer klaren Darstellung des Ziels der Studie, gefolgt von der Sammlung von Belegen, und endet mit einer Diskussion der gewonnenen Erkenntnisse und deren Implikationen. Der Beitrag sollte einen klaren Fokus haben, der auf die Vermittlung neu entdeckten Wissens ausgerichtet ist. Um herauszufinden, ob Ihr Beitrag einen guten Fokus hat, versuchen Sie, die Kernbotschaft des Artikels in einem einzigen Satz zusammenzufassen. Wenn Ihnen das schwerfällt, verschieben Sie das weitere Schreiben und überdenken Sie, was Ihr Beitrag zur Literatur beiträgt. Sobald Sie die Kernbotschaft Ihres Artikels klar definiert haben, wird das Schreiben deutlich einfacher.

Wissenschaftliche Artikel folgen häufig einer Standardstruktur, siehe Abschn. 4.5. Der Beitrag sollte logisch von einem Abschnitt zum nächsten übergehen. Die Geschichte wird linear erzählt und enthält keine Abschweifungen oder Umwege, alles Besprochene sollte relevant sein. Wenn ein Beitrag eine bestimmte Theorie oder Herangehensweise behandelt, gehen die Leser*innen davon aus, dass diese im Beitrag auch verwendet wird. Vermeiden Sie den Fehler, auf etwas ausführlich einzugehen, das einst für Ihr Projekt relevant schien, sich im Nachhinein aber als irrelevant herausgestellt hat. Das unterscheidet einen Artikel von einer „Geschichte über ein Forschungsprojekt". Forschungsprojekte sind oft Abenteuerreisen, bei denen wir zunächst Verschiedenes ausprobieren, bevor wir – manchmal zufällig – das Richtige tun. Wissenschaftliche Beiträge lassen alle Fehler und Umwege weg, die die Forschenden vor ihrer endgültigen Erkenntnis gemacht haben.

Eine lineare Erzählweise bedeutet oft, viele Details wegzulassen; sie finden keinen Eingang in den endgültigen Beitrag, weil sie für die wissenschaftliche Aussage nicht wesentlich sind. Denken Sie an Beiträge, die Sie gelesen haben, die aber nicht in der abschließenden Literaturübersicht auftauchen, an die Ergebnisse zahlreicher Datenanalysen („Wir haben weitere 25 Modelle gerechnet, um zusätzliche Variablen und alternative Modellspezifikationen zu testen, aber das führte zu nichts") oder auch an bunte Details der

Datenerhebung („Es war ein regnerischer Morgen, und ich wurde auf dem zehnminütigen Weg zum Bahnhof richtig nass"). Solche Details sind vielleicht interessant, wenn man sie bei einem Getränk erzählt, aber sie gehören nicht in den Beitrag. Ihr Artikel hat nur Platz für das, was Leser*innen wissen müssen, um Ihren Wissensbeitrag zu verstehen und anzuerkennen. Alles andere ist Ballast, der gestrichen werden sollte.

4.4   Wie lässt sich die Publikationskompetenz verbessern?

Forschungsarbeiten zu veröffentlichen ist nicht einfach, insbesondere wenn man auf die besseren Zeitschriften abzielt. Sie sollten sich gut vorbereiten, damit mangelnde Publikationskompetenz nicht der Grund für eine Ablehnung Ihres Artikels ist. Die folgenden acht Tipps helfen Ihnen, Ihre Publikationskompetenzen zu entwickeln, siehe Abb. 4.4.

1. *Lesen Sie Artikel aus Top-Zeitschriften.* Beim Lesen von Artikeln sollten Sie, wie in Abschn. 2.1 erläutert, selektiv vorgehen, da weit mehr interessante Arbeiten veröffentlicht werden, als Sie lesen können. Konzentrieren Sie sich daher auf Artikel aus Zeitschriften mit höherem Ranking. Solche Arbeiten basieren in der Regel auf besserer Forschung und sind besser geschrieben. Die Auseinandersetzung mit hochwertigen Studien verbessert Ihre eigene Forschung.
2. *Analysieren Sie Struktur und Präsentation von Artikeln aus Top-Zeitschriften.* Forschende konzentrieren sich beim Lesen meist auf den Inhalt. Welche neuen Erkenntnisse bietet dieser Artikel? Wie wurde die Forschung durchgeführt? Wie kann meine eigene Forschung davon profitieren? Das sind natürlich wichtige Fragen, aber da Artikel in besseren Zeitschriften meist auch besser geschrieben sind, sollten Sie sich Zeit nehmen, um zu analysieren, wie die Autor*innen ihre Geschichte präsentieren. Wie ist der Artikel aufgebaut? Was macht diese Struktur logisch? Wie begründen die Autor*innen ihre Studie? Wie stellen sie ihr Ziel als etwas dar, das wir wissen sollten? Welche Elemente ihrer Forschung heben sie wie und warum hervor? Wie gehen sie mit schwächeren Forschungselementen (ihren Studienlimitationen) um? Finden Sie heraus, was einen gut geschriebenen Artikel ausmacht, und wenden Sie dies auf Ihre eigenen Texte an.
3. *Nehmen Sie an „Meet-the-Editors"-Sitzungen teil.* Viele Konferenzen bieten Sitzungen an, in denen Herausgeber*innen bedeutender Zeitschriften

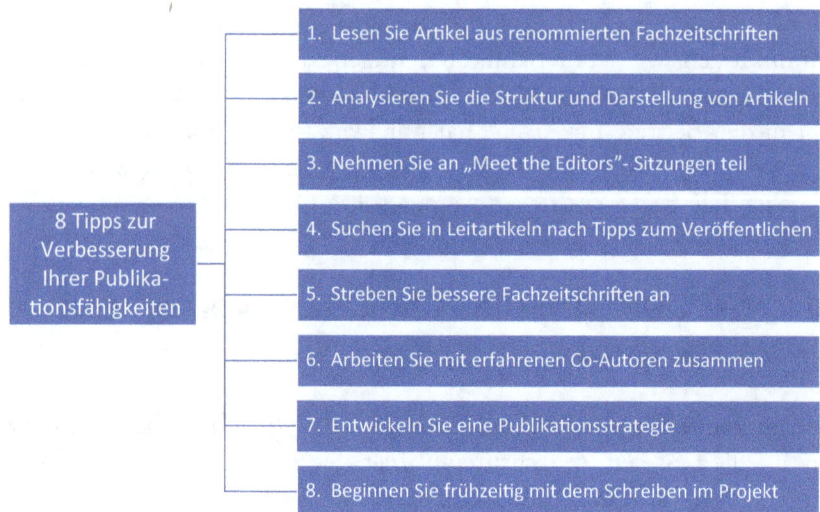

Abb. 4.4   Acht Tipps zur Verbesserung Ihrer Publikationskompetenzen

ihre Journale vorstellen und diskutieren. In solchen Sitzungen sprechen die Herausgeber*innen über Themen wie die Positionierung ihrer Zeitschrift, verschiedene Kennzahlen (zum Beispiel Anzahl der Einreichungen, Annahmequote und durchschnittliche Begutachtungsdauer), inhaltliche Veränderungen (Themen, zu denen deutlich mehr oder weniger eingereicht wird), häufige Gründe für Annahmen und Ablehnungen sowie die Art von Forschung, an der sie interessiert sind. Die Teilnahme an solchen Sitzungen bietet oft auch die Möglichkeit, sich in der nächsten Pause mit einem Herausgeber über Ihre eigene Arbeit auszutauschen.

4. *Suchen Sie in Editorials nach Publikationstipps.* Ausgaben wissenschaftlicher Zeitschriften beginnen oft mit einem Editorial. Forschende überspringen Editorials meist, weil sie sich für die Studien auf den folgenden Seiten interessieren, doch gerade diese Editorials können wichtig sein, um Ihre Publikationskompetenzen zu verbessern. In manchen Editorials berichten Herausgeber*innen von ihren Erfahrungen mit Autor*innen oder Gutachter*innen oder diskutieren wichtige aktuelle Entwicklungen im Fachgebiet. Besonders aufschlussreich sind das erste und das letzte Editorial eines Herausgebers. Im ersten blicken sie nach vorn: Welche Art von Forschung möchte ich in dieser Zeitschrift sehen? Im letzten Editorial ziehen sie Bilanz: Wie hat sich die Zeitschrift entwickelt, was waren die wichtigsten Veränderungen bei Einreichungen, Themen und Forschungsansätzen? Was sind wichtige Entwicklungen in unserem Fach?

5. *Zielen Sie ab auf bessere Zeitschriften.* Wenn Sie solide Forschung betrieben haben, verdienen Sie es, in einer guten Zeitschrift zu publizieren. Veröffentlichungen in höher gerankten Zeitschriften sind wichtig für Ihren Ruf und Ihre akademische Karriere. Wenn Sie zunächst auf niedrig gerankte Zeitschriften abzielen („weil ich ja gerade erst mit der Doktorarbeit angefangen habe"), übernehmen Sie – vielleicht unbewusst – deren niedrigere Schreibstandards. Hohe Ziele zeigen Ihre Ambitionen, und selbst wenn Sie scheitern, liefern bessere Zeitschriften meist nützlichere Rückmeldungen, da sie über erfahrenere Gutachter*innen verfügen. Das hilft Ihnen, Ihren Artikel so zu verbessern, dass er bei der nächsten Zeitschrift angenommen wird. Und schließlich: Man weiß nie – vielleicht haben Sie Glück!

6. *Arbeiten Sie mit erfahrenen Co-Autor*innen* zusammen. Viel effektives Wissen über das wissenschaftliche Publizieren ist implizites Wissen. Das ist Wissen, das sich nicht leicht explizit machen lässt und das man nur durch Beobachtung und Zusammenarbeit mit erfahrenen Personen erwerben kann. Deshalb profitieren Sie enorm von erfahrenen Co-Autor*innen, die bereits mehrfach in der von Ihnen angestrebten Top-Zeitschrift veröffentlicht haben.

7. *Entwickeln Sie eine Publikationsstrategie.* Überlassen Sie es nicht dem Zufall, wie viel, was und wann Sie schreiben, sondern entwickeln Sie eine Strategie. Welche Artikel möchten Sie schreiben? Für welche Publikationsorte, zum Beispiel Konferenzen und Zeitschriften? Wann wollen Sie sie schreiben? Überarbeiten Sie Ihre Strategie regelmäßig, um sie zu aktualisieren und neu entdeckte Möglichkeiten einzubeziehen.

8. *Beginnen Sie frühzeitig im Projekt mit dem Schreiben.* Natürlich müssen Sie eine Studie abschließen, bevor Sie einen Artikel darüber schreiben können, aber warten Sie nicht bis zum Projektende, um mit dem Schreiben zu beginnen. Teilen Sie Ihr Projekt in Teilprojekte auf und planen Sie für jedes einen Artikel. Überlegen Sie bei jedem Teilprojekt, welche Abschnitte Sie bereits schreiben können, zum Beispiel Literatur- oder Methodikabschnitte.

Diese Tipps sind ein guter Einstieg für Ihre Publikationslaufbahn. Um Ihre Publikationskompetenzen weiter zu verbessern, können Sie auch spezielle Kurse und Workshops zum wissenschaftlichen Schreiben besuchen. Solche Trainings vermitteln weitere gezielte Tipps und geben konkrete Hinweise, wie Sie Ihre Artikel weiter verbessern können.

4.5　Wie werden wissenschaftliche Arbeiten bewertet?

Die meisten wissenschaftlichen Zeitschriften verwenden ein Peer-Review-Verfahren, was bedeutet, dass einige Forscherinnen und Forscher aus Ihrem Fachgebiet eingeladen werden, Ihr Manuskript zu begutachten. Um die Begutachtung zu strukturieren, werden die Gutachter*innen gebeten, eine kurze Umfrage zu beantworten, schriftliches Feedback zu geben und eine Entscheidungsempfehlung abzugeben. Ihre Empfehlung kann von Ablehnung bis Annahme reichen, wobei „geringfügige Überarbeitung" und „umfassende Überarbeitung" als Zwischenoptionen möglich sind. Die Begutachtenden geben lediglich eine Empfehlung ab; die Entscheidung über Ihr Manuskript trifft die Redaktion. Die kurze Umfrage enthält entweder offene Fragen oder geschlossene Fragen, in denen die Begutachtenden gebeten werden, wichtige Merkmale des Manuskripts zu bewerten. Obwohl jede Zeitschrift ihren eigenen Fragenkatalog hat, werden ähnliche Merkmale adressiert, die in Abb. 4.5 zusammengefasst sind.

Beitrag

Für die meisten Zeitschriften ist der Wissensbeitrag einer Arbeit das wichtigste Kriterium im Begutachtungsprozess. Drei wesentliche Aspekte eines Wissensbeitrags sind:

1. *Welches neue Wissen beansprucht diese Arbeit zu liefern?* Es reicht nicht aus, lediglich zu behaupten, dass Ihre Arbeit „unser Verständnis erweitert"

Abb. 4.5　Wie Gutachter*innen und Herausgeber*innen Manuskripte bewerten

oder „unsere Einsichten vertieft", sondern Sie sollten explizit machen, welches neue Wissen Ihre Studie bietet. Haben Sie die Ursachen eines Phänomens identifiziert? Oder deren relative Bedeutung bewertet? Haben Sie eine neue Theorie oder eine neue Messmethode entwickelt? Was wissen wir jetzt, das wir vor Ihrer Studie nicht wussten?

2. *Wie relevant ist der Beitrag für diese spezifische Zeitschrift?* Jede Zeitschrift hat einen bestimmten Fokus, bestimmte Ziele und einen bestimmten thematischen Rahmen, und die Redaktion möchte wissen, ob der Beitrag einer Arbeit im Zentrum dieses Fokus liegt. Für Sie als Autorin oder Autor bedeutet das: Machen Sie Ihre Hausaufgaben, analysieren Sie den Fokus der Zeitschrift und heben Sie diese Aspekte in Ihrer Arbeit hervor.

3. *Wie bedeutend ist der Beitrag für das Fachgebiet?* Ist Ihre Studie ein großer Fortschritt oder nur ein kleiner Schritt? Eröffnet sie neue Forschungsrichtungen? Bietet sie eine radikal neue Perspektive auf ein wichtiges Phänomen? Überlegen Sie als Autorin oder Autor, welche Implikationen Ihr Beitrag hat. Wer kann in welcher Weise von Ihrer Studie profitieren? Heben Sie diese Implikationen hervor und überlassen Sie es nicht den Gutachter*innen, sich selbst Gedanken über die Bedeutung Ihrer Arbeit zu machen.

Evidenz

Ihr Wissensbeitrag ist eine Behauptung, und Behauptungen in wissenschaftlichen Arbeiten müssen durch Evidenz belegt werden. Die Begutachtenden müssen bewerten, ob die im Manuskript präsentierten Belege die getroffenen Aussagen rechtfertigen. Wenn Sie nur einen geringen Unterschied zwischen zwei Gruppen gefunden haben, können Sie keine weitreichenden Aussagen über die Unterschiede machen. Wie sehr ist die Behauptung an die spezifischen Umstände Ihrer Studie gebunden? Schließen Ihre Belege alternative Erklärungen aus? Solche Fragen geben Aufschluss darüber, wie gut ein behaupteter Wissensbeitrag auf solider und überzeugender Evidenz basiert. Versetzen Sie sich als Autorin oder Autor in die Rolle des Advocatus Diaboli. Überlegen Sie, welche Argumente ein kritischer Gutachter vorbringen könnte, und entkräften Sie diese mit Logik, Ihren Daten oder früheren Studien.

Stringenz

Evidenz basiert auf der von Ihnen durchgeführten Forschung. Der nächste logische Schritt ist daher, dass die Gutachter*innen bewerten, wie Sie Ihre Studie durchgeführt haben. Entspricht sie den Standards für qualitativ hochwertige Forschung in Ihrem Fachgebiet? Haben Sie alle Schritte eines methodischen „Rezepts" befolgt? Wie steht es um die angewandten Methoden, Messungen, Stichprobengröße, Analysen usw.?

Stellen Sie als Autorin oder Autor sicher, dass Sie die Standards für hochwertige Forschung in Ihrem Fachgebiet kennen (siehe Abschn. 2.2), seien Sie transparent bezüglich der Abläufe Ihrer Studie, achten Sie darauf, dass diese den Standards für qualitativ hochwertige Forschung entsprechen, und liefern Sie Nachweise für die hohe Qualität Ihrer Daten. Wenn Sie Personen befragt haben, zeigen Sie, dass diese Personen über Fachkenntnisse zum Thema Ihrer Studie verfügen. Wenn Sie eine Skala von 1 bis 7 verwendet haben, belegen Sie, dass Ihre Daten die gesamte Skala abdecken (wenn Ihr Datensatz nur Werte von 6 und 7 enthält, behandeln statistische Methoden die 6 als niedrigen Wert, obwohl es in Wirklichkeit ein hoher Wert ist).

Klarheit

Klarheit bezieht sich darauf, wie leicht eine Arbeit zu lesen ist. Es geht um die Struktur: Ist Ihre Arbeit gut gegliedert und erzählt sie eine logische Geschichte? Klarheit hängt auch von Details des Schreibens ab, wie Stil, Überschriften, Leerzeilen, Leitgedanken und der Gliederung in Absätze. Denken Sie auch an visuelle Elemente wie Tabellen und Grafiken. Haben Sie diese als effektive Kommunikationsmittel eingesetzt? Ein gut gestaltetes visuelles Element vermittelt den Lesenden eine klare und relevante Botschaft. Kurz gesagt: Es zählt nicht nur, was Sie den Lesenden mitteilen, sondern auch, wie Sie es tun.

Beim Verfassen einer Arbeit empfehle ich, zunächst den Inhalt zu klären und sich dann auf die Verbesserung der Klarheit zu konzentrieren. Ein Mangel an Klarheit führt oft zu merkwürdigem Feedback oder Rückfragen: Sie haben Raum für Interpretationen gelassen, die nicht beabsichtigt waren. Überarbeiten Sie diesen Teil Ihrer Arbeit und überlegen Sie, wie Sie ihn noch eindeutiger formulieren können.

4.6   Der Aufbau einer wissenschaftlichen Arbeit

Wissenschaftliche Arbeiten sind stark strukturiert, was es den Lesenden ermöglicht, schnell bestimmte Details in einem Artikel zu finden, etwa die relevante Literatur oder die Art der Datenanalyse. Die meisten Artikel, insbesondere solche, die auf Feldforschung basieren, folgen einer ähnlichen

Struktur; Ausnahmen bilden theoretische Arbeiten, Literaturübersichten und essayistische Beiträge. Der Nachteil einer solchen einheitlichen Struktur ist, dass das wissenschaftliche Schreiben dadurch weniger kreativ wird und Autorinnen und Autoren weniger Freiheit haben, eine eigene Struktur für ihre Darstellung zu entwickeln. Andererseits wird das wissenschaftliche Schreiben dadurch erheblich erleichtert, da bereits eine feste Struktur vorgegeben ist – ein Gerüst, das nur noch mit den Inhalten Ihrer Studie gefüllt werden muss.

Die gängige Struktur wissenschaftlicher Arbeiten besteht aus drei Ebenen. Diese Ebenen bilden eine logische Abfolge, indem sie die Fragen „Was werden Sie tun?", „Was haben Sie getan?" und „Was haben wir gelernt?" adressieren, siehe Abb. 4.6. Die Abbildung zeigt darüber hinaus einen Titel und ein Abstract. Weitere mögliche Bestandteile einer Arbeit sind ein Literaturverzeichnis, Danksagungen, Erklärungen zu Interessenkonflikten, Angaben zur Datenverfügbarkeit und die Beiträge der einzelnen Autorinnen und Autoren.

Was werden Sie tun?

Die erste Ebene informiert die Lesenden darüber, was sie von dieser Arbeit erwarten können, und besteht meist aus einem einzigen Abschnitt, der Einleitung. Häufig beginnt sie mit der Nennung des allgemeinen Themas der Arbeit und benennt dann das spezifischere Problem, Phänomen oder die Fragestellung, auf die sich der Artikel konzentriert. Nach der Erläuterung der Relevanz – sofern diese nicht offensichtlich ist – wird kurz dargestellt, was über das Problem bereits bekannt ist (was haben wir aus früheren Studien gelernt?) und welches Wissen noch fehlt (wo liegt die Lücke in der Literatur?). Das Schließen dieser Wissenslücke wird dann als Ziel der aktuellen

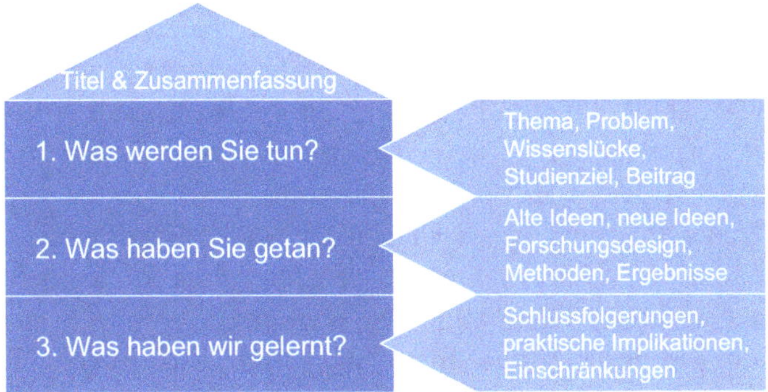

Abb. 4.6 Typischer Aufbau wissenschaftlicher Arbeiten

Arbeit definiert. Manchmal werden kurze Beschreibungen der Studie und ihrer Ergebnisse eingefügt, ebenso wie ein Überblick über den Beitrag der Arbeit. In einigen Zeitschriften endet die Einleitung mit einem Absatz, der den weiteren Aufbau des Artikels beschreibt.

Was haben Sie getan?

Die zweite Ebene beschreibt die eigentliche Forschungsarbeit. In vielen sozialwissenschaftlichen Zeitschriften beginnt diese Ebene mit einer ausführlicheren Diskussion der Literatur. Eine solche Literaturübersicht stellt den Hintergrund der Studie dar, zeigt, was auf Basis früherer Forschung bereits bekannt ist („alte Ideen"), und verknüpft dies mit den Forschungsansätzen Ihrer Studie („neue Ideen"), indem sie aufzeigt, wie diese in der Literatur verankert sind. In quantitativen Arbeiten werden die Forschungsansätze oft explizit als Hypothesen formuliert.

Der Hauptteil der zweiten Ebene betrifft die Feldstudie, insbesondere wie Sie die Forschung durchgeführt haben und welche Ergebnisse erzielt wurden. Der erste Aspekt wird durch Überschriften wie Methodik, Materialien und Methoden, Forschungsdesign, experimenteller Ansatz oder Datenerhebung abgedeckt. Der zweite Aspekt beschreibt die Methoden zur Datenanalyse und die Ergebnisse dieser Analysen.

Was haben wir gelernt?

Die dritte Ebene befasst sich mit den Erkenntnissen einer Studie. Was trägt die Arbeit zu unserem Wissen bei? Und wie steht dies im Verhältnis zum aktuellen Wissensstand: Ist es konsistent mit bisherigen Forschungsergebnissen oder stellt es gängige Annahmen infrage? Dies sind die wissenschaftlichen Schlussfolgerungen oder theoretischen Implikationen, manchmal als „Diskussion" bezeichnet. Die dritte Ebene kann auch darauf eingehen, wie Praktikerinnen und Praktiker von den neuen Erkenntnissen profitieren können. Was und wie können sie mithilfe der Ergebnisse Ihrer Studie verbessern?

Darüber hinaus ist es gute wissenschaftliche Praxis, die Einschränkungen einer Studie transparent zu machen. Dies hilft den Lesenden zu verstehen, inwieweit neue Erkenntnisse verallgemeinert werden können und welche Fragen offenbleiben. Damit kommen wir zum letzten Punkt: den Ideen für zukünftige Forschung. Diese zeigen auf, wie nachfolgende Forschende die Einschränkungen Ihrer Studie überwinden und welche neuen Fragen auf Basis der aktuellen Arbeit untersucht werden können.

Elemente zu einer Arbeit kombinieren

In vielen Forschungsfeldern enthalten Artikel die meisten der in diesem Abschnitt besprochenen Elemente, aber die Schreibkonventionen unterscheiden sich je nach Fachgebiet. Die Elemente erscheinen nicht immer in der hier dargestellten Reihenfolge, und manche werden weggelassen. In den Naturwissenschaften beschränkt sich die Literaturübersicht oft auf die Einleitung. In einigen Disziplinen werden die Ergebnisse direkt nach der Einleitung präsentiert, während Methodik (Forschungsdesign) und (statistische) Analysen ans Ende gestellt werden, um Lesenden entgegenzukommen, die sich mehr für das „Was" als für das „Wie" einer Studie interessieren. Einschränkungen werden manchmal im Methodik-Abschnitt diskutiert, da beide eng miteinander verbunden sind, und Vorschläge für weitere Forschung werden gelegentlich ausgelassen. Informieren Sie sich über die typische Artikelstruktur in Ihrem Fachgebiet, indem Sie einige Artikel aus aktuellen Ausgaben Ihrer Zielzeitschrift analysieren. In der Regel sind die Unterschiede im Aufbau von Artikeln zwischen verschiedenen Fachgebieten größer als zwischen verschiedenen Zeitschriften desselben Fachgebiets.

4.7 Fünf Tipps für den Schreibprozess

Eine der größten Herausforderungen beim Verfassen wissenschaftlicher Arbeiten besteht darin, dass ein Aufsatz nie vollständig fertig ist und niemals perfekt sein wird. Betrachten Sie Ihre Arbeit als abgeschlossen, wenn sie gut genug ist, um bei der anvisierten Zeitschrift eingereicht zu werden. Um dieses Stadium zu erreichen, können die folgenden fünf Tipps für den Schreibprozess helfen, siehe Abb. 4.7.

1. *Reservieren Sie Zeit zum Schreiben.* Die meisten Forschenden haben mehrere Aufgaben und Auftraggeber, zum Beispiel Studierende, Kolleginnen und Kollegen oder Forschungsförderer, die klare Fristen für Aufgaben setzen. Wissenschaftliches Schreiben ist anders. Oft fehlen Fristen, und kein Herausgeber klopft an Ihre Tür, um zu fragen, ob Ihr Artikel fertig ist. Setzen Sie sich daher eigene Fristen, reichen Sie Beiträge bei Konferenzen ein (diese haben feste Einreichungsfristen) und reservieren Sie regelmäßig ausreichend Schreibzeit in Ihrem Wochenplan.
2. *Machen Sie sich bewusst, dass Schreiben iterativ ist.* Nicht einmal die erfahrensten Autorinnen und Autoren sind in der Lage, einen Aufsatz ohne

Abb. 4.7 Fünf Tipps zur Verbesserung des Schreibprozesses wissenschaftlicher Arbeiten

mehrere Überarbeitungsrunden zu verfassen. Warten Sie also nicht, bis Ihnen der perfekte Satz einfällt, sondern tippen Sie Ihre aktuellen Gedanken ein. Morgen oder nächste Woche lesen und überarbeiten Sie Ihren Text und iterieren so lange, bis Sie zufrieden sind. So überwinden Sie auch eine Schreibblockade: Legen Sie die Hände auf die Tastatur, tippen Sie einen Satz, und die Blockade ist vorbei. Wenn Sie mit diesem Text nicht zufrieden sind, verbessern Sie ihn beim nächsten Mal – aber die Schreibblockade ist überwunden.

3. *Organisieren Sie das Einholen von Feedback.* Nach mehreren Überarbeitungsrunden werden wir alle für unseren eigenen Text blind. Es gehört zu den schwierigsten Aspekten des Schreibens, aus der eigenen Perspektive herauszutreten und den Text aus Sicht einer Person zu lesen und zu bewerten, die nichts über Ihre Forschung weiß. Andere können Schwächen in Ihrer Argumentation erkennen, die Ihnen entgehen, und sie kennen möglicherweise andere Literatur und Methoden, sodass Sie von deren Input in verschiedenen Phasen des Forschungs- und Schreibprozesses profitieren können. Feedback kommt selten von selbst – Sie müssen es aktiv organisieren. Diskutieren Sie Forschungsideen in geschützten Rahmen, bieten Sie sich für Vorträge an, besuchen Sie Konferenzen, bitten Sie Kolleginnen und Kollegen, Ihre Arbeit zu lesen usw. Da sowohl Inhalt als auch Verständlichkeit wichtig sind, bitten Sie um Rückmeldung zu beiden Aspekten. Wenn Englisch nicht Ihre Muttersprache ist, lassen Sie Ihren Text von einem Lektor prüfen.

4. *Konzentrieren Sie sich auf publizierbare Arbeiten, nicht auf publizierte.* Wir alle möchten unsere Arbeiten in hochrangigen Zeitschriften publizieren, aber wir können dieses Ergebnis nur teilweise beeinflussen. Sie können nur kontrollieren, was Sie einreichen, nicht, wie andere Ihre Arbeit bewerten. Konzentrieren Sie sich daher darauf, publizierbare Arbeiten zu schreiben, und hoffen Sie dann auf das Beste.

5. *Seien Sie sich der Risiken von Plagiaten* bewusst. Plagiate sind zu einem großen Problem geworden. Darunter versteht man das „Verwenden der Ideen, Worte oder Materialien anderer – direkt oder indirekt –, ohne deren Urheberschaft anzugeben".[4] Die meisten Zeitschriften nutzen Software zur Plagiatsprüfung; seien Sie daher besonders vorsichtig, insbesondere beim Zitieren anderer Studien oder bei der Nutzung von Chatbots wie ChatGPT, Bard oder ähnlichen Tools. Auch wenn (Teile von) früheren Versionen eines Manuskripts bereits veröffentlicht wurden, zum Beispiel auf einer Konferenz oder als Working Paper, gehen Sie auf Nummer sicher und erwähnen Sie dies entweder in einer Fußnote oder im Anschreiben an die Redaktion bei der Einreichung. Bedenken Sie, dass Plagiate auch Selbstplagiate umfassen.

Literatur

Huizingh, Eelko K.R.E. (2021), *Reader successful academic writing*, Huizingh Academic Development.

Petre, Marian, and Gordon Rugg (2010), *The unwritten rules of Ph.D. research*, 2nd Edition, McGraw Hill Education, 81–82.

Sevim, Özge Maviş, and Esma Emmioğlu Sarıkaya (2020), How to be productive in Ph.D. Level: A needs assessment study for doctoral students' research productivity, *International Journal of Curriculum and Instruction*, 12(2), 75–94.

---

[4] Petre und Rugg (2010).

5

Präsentationskompetenz

Der Erfolg Ihrer Präsentation wird nicht daran gemessen, welches Wissen Sie vermitteln, sondern daran, was der Zuhörer aufnimmt.

Lilly Walters

Zusammenfassung Vorträge dienen dazu, Forschungsideen oder -ergebnisse zu vermitteln, beinhalten jedoch auch das Lehren. Effektive Präsentationen erfordern eine sorgfältige Vorbereitung, von der Festlegung einer zentralen Botschaft und der Analyse des Publikums bis hin zur Entwicklung einer Struktur , die einer Geschichte folgt. Da viele Präsentationen Folien verwenden, bietet das Kapitel detaillierte Leitlinien zur Gestaltung wirkungsvoller Folien. Um eine Präsentation überzeugend zu halten, sollte sie sowohl zu Hause als auch im Präsentationsraum vorbereitet werden. Es geht auch darum, wie Sie sprechen, Ihre Körpersprache, den Umgang mit

© Der/die Autor(en), exklusiv lizenziert an Springer Nature Switzerland AG 2026

E. Huizingh, *Erfolgreich zum Doktortitel,* https://doi.org/10.1007/978-3-032-15929-8_5

Notizen sowie Zeitmanagement. Auf viele Präsentationen folgt eine Fragen-und-Antworten-Runde. Fünf Schritte zum guten Umgang mit Fragen werden erläutert. Da Forschung häufig auf wissenschaftlichen Konferenzen präsentiert wird, behandelt das Kapitel das Präsentieren auf Konferenzen, das Besuchen von Präsentationen sowie die Planung von Konferenzbesuchen.

Neben dem Verfassen von Artikeln ist das Halten von Vorträgen die zweitwichtigste Möglichkeit, mit der Forschende ihre Arbeit teilen. Dieses Kapitel behandelt, wie man Vorträge gestaltet, vorbereitet und hält. Das Kapitel beginnt mit Abschn. 5.1, der das Warum, Was und Wo des Präsentierens als wissenschaftliche*r Forscher*in behandelt. Es folgt eine Diskussion darüber, wie man eine Präsentation vorbereitet. Im Wesentlichen unterscheidet sich dies nicht so sehr vom Schreiben eines Artikels: In beiden Fällen muss man sich der zentralen Botschaft bewusst sein, die man dem Publikum vermitteln möchte, und die Geschichte so erzählen, dass sie sowohl ansprechend als auch verständlich ist, siehe Abschn. 5.2. Da viele wissenschaftliche Präsentationen den Einsatz von Foliensätzen beinhalten, behandelt Abschn. 5.3 die Dos and Don'ts beim Erstellen von Folien.

Der nächste Schritt ist das Halten des Vortrags vor Publikum. Abschn. 5.4 beschreibt, was unmittelbar vor Beginn der Präsentation zu tun ist und wie man die Präsentation hält, einschließlich des Einsatzes von Notizen, Sprechen und Körpersprache. Viele wissenschaftliche Präsentationen enden mit einer Fragerunde. Dies ist der Moment, in dem Sie Ihre Kompetenz zeigen und von der Expertise des Publikums profitieren können – zumindest, wenn Sie die Fragerunde gut moderieren, siehe Abschn. 5.5.

Das Treffen, Zuhören und Diskutieren mit Kolleg*innen auf wissenschaftlichen Konferenzen ist ein wichtiger und angenehmer Bestandteil des akademischen Lebens. Abschn. 5.6 beschreibt die Teilnahme an und das Vortragen auf wissenschaftlichen Konferenzen.

5.1   Das Präsentieren als Wissenschaftler*in

Nicholas Coles zitiert eine Freundin, die einen seiner Vorträge besuchte. Obwohl er selbst fand, dass der Vortrag sehr gut lief, sagte sie ihm: „Akademiker sind Experten darin, interessante Dinge langweilig und unzugänglich

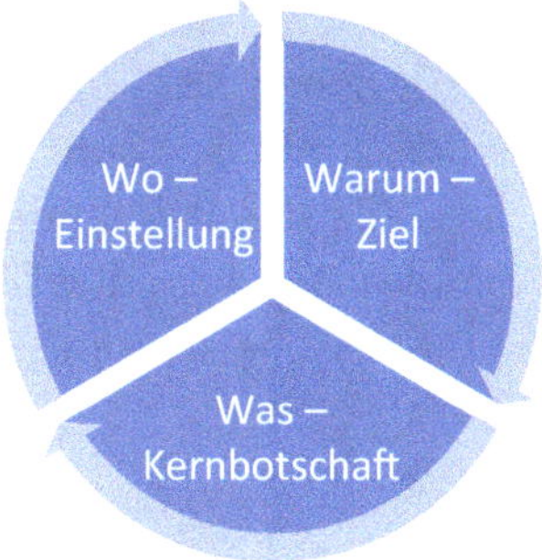

Abb. 5.1 Drei Hauptelemente eines Vortrags, die aufeinander abgestimmt werden müssen

zu machen."[1] Wie also gelingt es, die eigene Präsentation für das Publikum interessant und verständlich zu gestalten?

Mündliche Präsentationen sind ein wichtiger Bestandteil wissenschaftlicher Arbeit. Sie sind ein wichtiges Mittel, Forschungsideen oder die Erkenntnisse einer Studie mit einem wissenschaftlichen oder praktisch tätigen Publikum zu teilen, und sie umfassen auch die Lehre. Die Ziele einer Präsentation können daher vielfältig sein: Wissen verbreiten, Feedback erhalten, sich selbst und die eigene Arbeit präsentieren sowie Reputation aufbauen. Auch der Rahmen, in dem eine Präsentation gehalten wird, kann stark variieren. Deshalb ist es wichtig, eine gute Passung zwischen dem Warum (Ziel), dem Was (Kernbotschaft) und dem Wo (Rahmen) einer Präsentation zu finden (Abb. 5.1).

Das „Warum" von Präsentationen

Die Gründe für das Halten einer Präsentation lassen sich aus zwei Perspektiven betrachten. Die Veranstalter*innen, die Ihnen eine Plattform bieten, haben ihre eigenen Motive – diese reichen von dem Wunsch, neueste Forschungsergebnisse zu teilen, ein bestimmtes Problem zu lösen, praktische Ratschläge zu geben, bis hin zur Unterhaltung. Oftmals sind ihre Ziele eine Mischung aus diesen Gründen.

Die andere Perspektive ist die der Forschenden, also die Gründe, warum Sie die Einladung zur Präsentation angenommen haben. Mögliche Motive sind das Teilen von Forschungsergebnissen, das Einholen von Feedback, das Knüpfen oder Pflegen von Netzwerkkontakten, die Jobsuche, die

---

[1] Coles (2022).

Unterstützung von Praktiker*innen, Sichtbarkeit, das Einlösen einer Gefälligkeit oder die Akquise von Fördermitteln. Diese unterschiedlichen Gründe beeinflussen natürlich Ihre Präsentation. Wenn Sie sich beispielsweise für eine Stelle bewerben, möchten Sie das Publikum beeindrucken. Wenn Ihr Ziel Feedback ist, sollten Sie die Schwachstellen Ihrer Forschung hervorheben, denn dort besteht der größte Verbesserungsbedarf.

Das „Was" von Präsentationen

Das „Was" bezieht sich auf den Inhalt der Präsentation. Das können Forschungsideen, Ergebnisse oder ein Überblick über den aktuellen Stand des Wissens zu einem Thema sein. Letzteres ist beispielsweise der Fall, wenn Sie lehren oder vor einem nicht-akademischen Publikum präsentieren. Ein solches Publikum betrachtet Sie als Expert*in auf dem Gebiet und möchte von Ihrem Wissen profitieren – das offensichtlich über das hinausgeht, was Sie selbst erforscht haben. Bei Präsentationen auf wissenschaftlichen Konferenzen hingegen interessiert sich das Publikum mehr für das, was Sie in Ihrem Projekt getan haben, als für die Arbeiten früherer Forschender.

Das „Wo" von Präsentationen

Das Setting, in dem Sie präsentieren, betrifft das Publikum und die physischen Gegebenheiten. Die Analyse Ihres Publikums ist essenziell bei der Entwicklung einer Präsentation. Was ist der Hintergrund der Teilnehmenden? Was wissen sie bereits? Und was ist ihnen wichtig? Diese Fragen sollten den Inhalt Ihrer Präsentation prägen. Die Größe des Publikums und der Ort beeinflussen, wie Sie präsentieren, denn Interaktion ist mit einem kleinen, gut sichtbaren Publikum viel einfacher (ich habe einmal in einem Theater vorgetragen, in dem ich von Scheinwerfern geblendet wurde und mein Publikum in völliger Dunkelheit saß). Weitere Aspekte wie drinnen oder draußen, mit oder ohne Folien sowie die Verfügbarkeit und Einrichtung audiovisueller Geräte beeinflussen ebenfalls die Art der Präsentation. Ein letzter Aspekt des „Wo" ist, inwieweit der Rahmen als sicher gilt. Interne Seminarreihen oder ein Doktorandenkolloquium sind (oder sollten zumindest sein) Beispiele für sichere Umgebungen, während manche Konferenzen und insbesondere Bewerbungsvorträge herausforderndere Settings darstellen.

5.2   Eine Präsentation vorbereiten

Präsentationen müssen sorgfältig vorbereitet werden, was mehrere Phasen umfasst, siehe Abb. 5.2. Die Abbildung suggeriert einen linearen Prozess, aber in der Praxis durchläuft man oft mehrere Iterationen, bevor alles wirklich passt.

Legen Sie Ihre Kernbotschaft fest

Die Vorbereitung beginnt mit der Festlegung der zentralen Botschaft, die Sie Ihrem Publikum vermitteln möchten. Stellen Sie sich vor, Sie treffen direkt nach Ihrer Präsentation einen Zuhörer – wie soll diese Person Ihren Vortrag zusammenfassen? Was soll ihr in Erinnerung bleiben? Diese Aussage sollte zur zentralen Botschaft Ihrer Präsentation werden. Der Rest ist eine stimmige Geschichte, um Ihre Botschaft zu vermitteln und das Publikum zu überzeugen.

Analysieren Sie Ihr Publikum

Im nächsten Schritt überlegen Sie, wem Sie präsentieren werden. Falls nötig, fragen Sie die Veranstalter*innen nach dem Hintergrund Ihres Publikums. Was wissen die Teilnehmenden bereits? Wie ist ihre Perspektive auf das

Abb. 5.2   Phasen der Vorbereitung einer Präsentation

Thema? Was ist für sie wertvoll? Und ebenso wichtig: Wofür interessieren sie sich nicht? Wenn die Antwort auf Letzteres Ihre Kernbotschaft ist, haben Sie ein Problem. Dann sollten Sie Ihre Botschaft oder sogar Ihre Bereitschaft zur Präsentation überdenken. Eine Präsentation kann nur dann erfolgreich sein, wenn Sie etwas mitteilen, das Ihr Publikum als bedeutsam empfindet.

Die Analyse des Publikums betrifft auch Details wie die Vertrautheit mit spezifischem Fachjargon, Theorien oder Methoden. Verschwenden Sie nicht viele Worte und Zeit mit Dingen, die das Publikum bereits weiß, nur um zu zeigen, dass Sie es auch wissen. Machen Sie es Ihrem Publikum so einfach wie möglich, Ihre Kernbotschaft zu verstehen und zu verarbeiten. Wählen Sie Ihre Worte, Beispiele und Verweise mit Bedacht.

Entwickeln Sie eine Präsentationsstruktur

Der dritte Schritt ist die Festlegung der Struktur der Präsentation. Erzählen Sie Ihre Geschichte in einer logischen Abfolge, überlegen Sie, wo Sie beginnen und welche Schritte Sie (und das Publikum) zu Ihrer Kernbotschaft führen. Eine goldene Regel für die Entwicklung einer Präsentationsstruktur ist: Sagen Sie zuerst, was Sie sagen werden (Einleitung), dann sagen Sie es (Hauptteil), und schließen Sie ab, indem Sie sagen, was Sie gesagt haben (Fazit).

Passen Sie die Anzahl der Schritte Ihrer Geschichte an die verfügbare Zeit an. Wie viel Details, wie viele Minuten, Worte und Folien widmen Sie jedem Schritt? Bei wenig Zeit wählen Sie weniger und größere Schritte oder beginnen Sie vielleicht nicht ganz am Anfang. Zu viele Details sind häufiger ein Problem als zu wenige. Entscheiden Sie, welche Details entscheidend sind, und lassen Sie alles andere weg. Stellen Sie sicher, dass Sie die meiste Zeit (und Details) auf das Wesentliche verwenden.

Eine gute Präsentation konzentriert sich darauf, eine klare Kernbotschaft zu vermitteln. Behalten Sie dies bei der Auswahl der Inhalte im Hinterkopf. Inhalte zu einer Präsentation hinzuzufügen ist wie das Salzen von Speisen.[2] Zu wenig, und es schmeckt fade, zu viel, und das Gericht wird ungenießbar. Bei wissenschaftlichen Präsentationen ist Letzteres häufiger das Problem. Seien Sie vorsichtig, Ihr Publikum nicht zu überfordern, indem Sie acht weitere frühere Studien oder fünf weitere dichte Tabellen mit vielen Zahlen diskutieren. Ihr Publikum wird sich dann kaum etwas aus der Präsentation merken. Bedenken Sie, dass Menschen sich typischerweise darüber beschwe-

---

[2] Coles (2022).

ren, wenn Vorträge zu lange dauern, nicht, wenn sie zu kurz sind. Ein früheres Ende lässt auch mehr Zeit für Fragen und Diskussion. Wenn das Publikum an weiteren Details interessiert ist, wird es nachfragen.

Stellen Sie sicher, dass Sie eine Geschichte erzählen

Stellen Sie sicher, dass Ihr Publikum Ihre Präsentation als Geschichte wahrnimmt und nicht als eine Ansammlung von Folien oder Stichpunkten. Wenn Sie sich entscheiden, Themen wegzulassen, tun Sie dies nicht auf Kosten des Storytellings. Außerdem merken sich Menschen konkrete Sachverhalte viel besser als abstrakte. Um einen Punkt zu verdeutlichen, nutzen Sie daher konkrete Elemente wie Analogien, Anekdoten oder praktische Beispiele.

Um Wirkung zu erzielen, sind sowohl der Anfang als auch das Ende einer Präsentation wichtig. Ein gelungener Einstieg fesselt Ihr Publikum. Um Aufmerksamkeit zu gewinnen, präsentieren Sie eine überraschende oder schockierende Zahl, eine rhetorische Frage, ein Zitat, ein Bild oder eine interessante Anekdote, machen Sie eine provokante Aussage, erzählen Sie eine persönliche Geschichte oder bitten Sie das Publikum, sich etwas vorzustellen. Stellen Sie ein Problem vor und laden Sie Ihr Publikum ein, gemeinsam mit Ihnen eine Lösung zu finden.

Auch das Ende einer Präsentation muss stark sein. Überlegen Sie, was Sie Ihrem Publikum am Schluss mitgeben möchten. In der Regel geht es dabei um Ihre Kernbotschaft – schließen Sie also mit dem, was Ihr Publikum aus Ihrer Präsentation mitnehmen soll. Wenn Sie zu Beginn auf eine bestimmte Weise die Aufmerksamkeit gewonnen haben, schließen Sie den Kreis, indem Sie am Ende darauf zurückkommen und den Bezug zu den Erkenntnissen Ihrer Studie herstellen.

5.3 Folien erstellen

Viele Präsentationen verwenden Folien. Die Aufgabe von Folien ist es, eine Präsentation zu unterstützen. Sie sind nicht mehr als ein Hilfsmittel; das Publikum sollte sich darauf konzentrieren, dass Sie eine Geschichte erzählen (ich weiß, das klingt beängstigend). Viele wissenschaftliche Präsentationen basieren auf einem vom Vortragenden verfassten Paper, aber seien Sie vorsichtig damit, einfach Text, Tabellen oder Abbildungen in die Folien zu kopieren. Eine Tabelle in einem Paper kann sehr hilfreich sein, um Informationen klar darzustellen, dieselbe Tabelle auf eine Folie kopiert kann jedoch schrecklich sein – mit zu viel Kleingedrucktem, zu vielen Details und zahlreichen Abkürzungen. Effektive Folien zu erstellen ist nicht nur eine Kunst, die neun Tipps in Abb. 5.3 helfen Ihnen dabei.

1. *Minimieren Sie den Text.* Verwenden Sie Aufzählungspunkte und Schlüsselwörter. Aufzählungspunkte erleichtern Ihrem Publikum, den roten Faden Ihrer Geschichte nachzuvollziehen. Vermeiden Sie es, Ihre Folien mit vollständigen und grammatikalisch korrekten Sätzen zu füllen – das gehört ins Paper. Nutzen Sie Schlüsselwörter und Telegrammstil, je weniger Worte, desto besser. Wenn Sie Ihrem Publikum Text zeigen, beginnen sie zu lesen, und da Menschen notorisch schlecht im Multitasking sind, hören sie auf zuzuhören. Je mehr Text Sie auf eine Folie packen, desto weniger Zeit bleibt Ihrem Publikum zum Zuhören. Streben Sie nicht mehr als eine Zeile Text pro Aufzählungspunkt an, maximal 1,5 Zeilen.

2. *Verwenden Sie Visualisierungen statt Text.* Ziehen Sie in Erwägung, Bilder, Diagramme, Fotos, Symbole oder Icons anstelle von Text zu nutzen. Sie können diese auch mit Text kombinieren. Beispielsweise kann eine Folie den Text „A beeinflusst B" oder einfach „A → B" enthalten.

3. *Verwenden Sie serifenlose Schriftarten.* Eine serifenlose Schrift hat keine auslaufenden Linien an den Enden der Buchstaben. Sie ist minimalistischer und daher leichter lesbar. Beispiele für serifenlose Schriften sind Arial, Calibri, Helvetica und Verdana. Serifenschriften sind etwa Times New Roman, Baskerville, Georgia und Courier New.

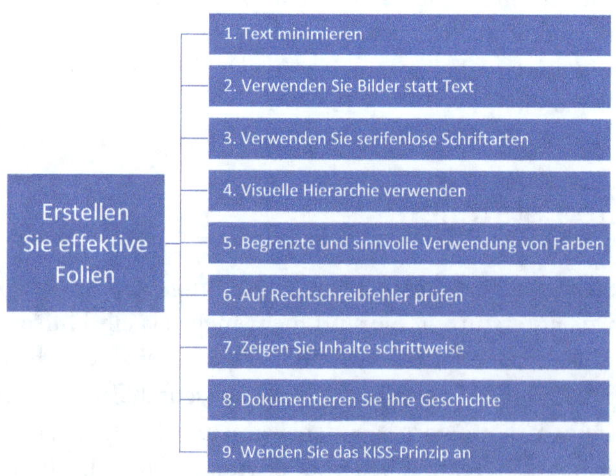

Abb. 5.3 Tipps für die Erstellung effektiver Präsentationsfolien

4. *Nutzen Sie visuelle Hierarchien.* Lassen Sie das Design der Folie die Hierarchie der Elemente Ihrer Geschichte widerspiegeln. Visuelle Mittel zur Darstellung von Hierarchien sind Schriftgröße, Farbkontrast, Fettdruck und Einrückung.

5. *Begrenzte und sinnvolle Farbverwendung.* Sorgen Sie für einen hohen Kontrast zwischen dem Hintergrund der Folie und Text oder Grafiken. Verwenden Sie eine andere Farbe sparsam, um bestimmte Elemente hervorzuheben. Heben Sie nur wenige Elemente hervor, minimieren Sie die Anzahl verschiedener Farben und achten Sie auf guten Kontrast. Überlegen Sie, ob nicht hervorgehobene Elemente nicht einfach weggelassen werden können. Angenommen, Sie haben eine Regressionsanalyse mit drei interessierenden Variablen und zehn Kontrollvariablen – warum nicht alle Kontrollen aus der Tabelle entfernen und einfach erwähnen, dass für verschiedene Faktoren kontrolliert wurde?

6. *Achten Sie auf Rechtschreibfehler.* Sie lenken das Publikum ab, und es ist schade, einen einfachen Rechtschreibfehler auf einer 4 mal 3 m großen Leinwand zu sehen. Nicht nur der Text wird vergrößert, sondern auch Ihr Fehler. Wenn Sie Kästen oder Bilder verwenden, richten Sie diese sauber aus.

7. *Zeigen Sie Inhalte schrittweise.* Manchmal lässt sich eine Folie voller Aufzählungspunkte, Kästen, Pfeile oder anderer Elemente nicht vermeiden. Da Sie aber ohnehin auf jedes Element einzeln eingehen, hilft es, die Elemente schrittweise einzublenden. Beginnen Sie beispielsweise mit einer leeren Folie, zeigen Sie dann einen ersten Kasten (Aufzählungspunkt, Pfeil, Variable), dann einen weiteren usw. Das ist für Ihr Publikum viel weniger verwirrend, als wenn alle Elemente auf einmal erscheinen. Es weckt auch das Interesse: Sie merken, dass noch mehr kommt – aber was? (In PowerPoint siehe den Reiter „Animationen".)

8. *Dokumentieren Sie Ihre Geschichte.* Schreiben Sie auf, was Sie zu einer Folie sagen möchten – nicht als Fließtext, sondern als Liste von Schlüsselwörtern, die Sie in Ihrer Erzählung verwenden wollen. Ausnahmen sind der Anfang und das Ende Ihrer Präsentation: Um einen entspannten und dennoch kraftvollen Einstieg (und Abschluss) zu gewährleisten, lohnt es sich, beides auswendig zu lernen. Nutzen Sie ggf. die PowerPoint-Notizen, um Ihre Geschichte zu dokumentieren. Diese Notizen sind hilfreich beim Üben und um herauszufinden, ob Sie im Zeitrahmen bleiben – verwenden Sie sie aber nicht während des Vortrags; siehe auch Abschn. 5.4.

9. *Wenden Sie das KISS-Prinzip an: Keep It Simple & Stupid.* Seien Sie konsequent in Ihren Designentscheidungen: Verwenden Sie durchgehend denselben minimalistischen Hintergrund, dieselbe Schriftart, Schriftgrößen,

Ränder und Farben und minimieren Sie deren Vielfalt *(weniger ist mehr)*. Verzichten Sie auf ausgefallene Übergänge zwischen Aufzählungspunkten oder Folien, vermeiden Sie auffällige Grafiken und lustige Animationen. Spezialeffekte sind zwar großartige Werkzeuge, um die Aufmerksamkeit des Publikums zu gewinnen, lenken aber den Fokus auf das Foliendesign statt auf Ihre Geschichte.

Für die Vorbereitung von Folien mit Text enthält Abb. 5.4 vier konkrete Richtlinien.

Anzahl der Folien

Wenn jede Folie relativ viele Informationen enthält, rechnen Sie mit zwei Minuten pro Folie. Wenn die meisten Folien eher wenig Information enthalten, können Sie ein paar mehr Folien einplanen. Aber haben Sie niemals mehr Folien als Minuten für Ihren Vortrag zur Verfügung stehen. Da dies auch die erste und letzte Folie einschließt, sollten auch diese inhaltlich sinnvoll gestaltet sein. Verzichten Sie auf eine Abschlussfolie ohne Inhalt, auf der nur „Vielen Dank. Gibt es Fragen?" steht; siehe auch Abschn. 5.5 zu Fragen und Antworten.

Anzahl der Zeilen pro Folie

Die zweite Richtlinie betrifft die Anzahl der Zeilen, Aufzählungspunkte oder Elemente pro Folie. Während manche die Regel „eine Botschaft pro Folie"

Abb. 5.4 Praktische Richtlinien für die Folienerstellung

propagieren, ist es in vielen Fällen sinnvoll, mehrere Elemente auf einer Folie zu haben. Nehmen Sie 6 als Maximum und überlegen Sie, die Elemente nacheinander einzublenden oder das aktuell besprochene Element farblich hervorzuheben (die bereits besprochenen sollten dann eine kontrastärmere Farbe haben).

Anzahl der Wörter pro Folie

Die Gesamtzahl der Wörter auf einer Folie sollte 30–40 nicht überschreiten. Wenn Sie bei 20 Wörtern oder weniger landen, machen Sie alles richtig.

Schriftgröße

Die Schriftgröße hängt von der Größe der Leinwand und dem Abstand zum Publikum ab. In vielen Fällen wissen Sie das im Voraus nicht. Gehen Sie auf Nummer sicher und wählen Sie eine Schriftgröße von mindestens 18+ (oder sogar 24+) – dies gilt für die kleinste Schrift auf Ihren Folien! Nur für Fußzeilen dürfen Sie eine kleinere Schriftgröße verwenden. Ein zusätzlicher Vorteil großer Schrift ist, dass weniger Zeilen auf eine Folie passen und weniger Wörter in eine Zeile – das zwingt Sie dazu, weniger Text zu verwenden (und nicht einfach die Schrift zu verkleinern…). VERMEIDEN SIE GROSS-BUCHSTABEN, denn Text in Kleinbuchstaben ist leichter lesbar.

5.4   Eine Präsentation halten

Das Halten einer Präsentation erfordert verschiedene Formen der Vorbereitung. Die vorangegangenen Abschnitte behandelten die Schritte bis zu dem Moment, in dem Ihre Präsentation bereit ist, einem Publikum vorgestellt zu werden. Abb. 5.5 gibt einen Überblick über die vier Phasen des Präsentierens. Die ersten drei Schritte werden in diesem Abschnitt behandelt; der nächste Abschnitt widmet sich Fragen und Antworten.

Zu Hause

Eine Präsentation muss gut geübt sein. Nichts ist peinlicher als ein Vortragender, der erst den Text auf der Folie lesen oder die Notizen prüfen muss, bevor er etwas sagen kann. Üben Sie also zu Hause, mehrmals, laut und mit Zeitkontrolle. Es ist nicht schlimm, wenn Sie bei den ersten Proben öfter

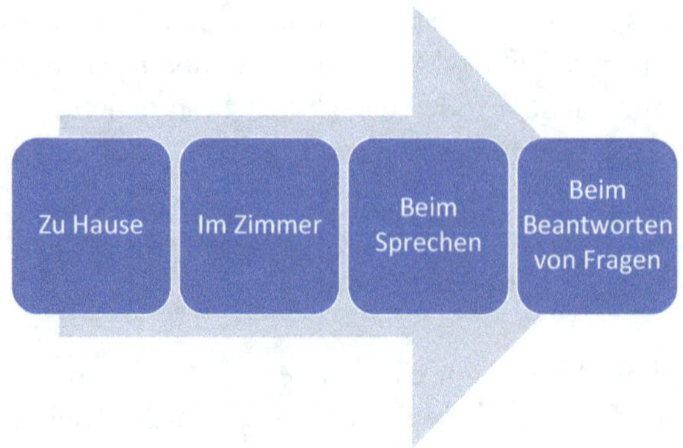

Abb. 5.5 Vier Phasen des Präsentierens

in die Notizen schauen müssen – Sie lernen den Inhalt schnell auswendig. Wenn Englisch nicht Ihre Muttersprache ist, kann es hilfreich sein, die Aussprache bestimmter Wörter zu überprüfen, zum Beispiel mit www.howjsay. com. Auch die Zeitkontrolle ist wichtig. Vermeiden Sie Wunschdenken, dass Sie „schon irgendwie durchkommen" – die Veranstalter geben Ihnen eine begrenzte Zeit, und dabei bleibt es.

Gestalten Sie die Übergänge in Ihrer Präsentation natürlich. Der schlechteste Übergang ist eine kurze Pause, gefolgt von einer Folie zu einem völlig neuen Thema. Eine einfache und effektive Methode, um fließende Übergänge zu schaffen, besteht darin, das nächste Thema am Ende der vorherigen Folie mit einer rhetorischen Frage einzuleiten. Nach der Vorstellung des Ziels Ihrer Studie: „Wie haben wir unsere Studie konzipiert?" Nach der Diskussion der Methoden: „Was haben wir herausgefunden?" Zeigen Sie die nächste Folie erst nach der rhetorischen Frage (die auch das Interesse weckt: Wenn eine Frage gestellt wird, sind Menschen neugierig auf die Antwort).

Nehmen Sie Ihre Probepräsentation auf und hören und sehen Sie sie sich aufmerksam an. Verwenden Sie häufig Füllwörter wie „ähm" und „äh"? Verhalten Sie sich natürlich, bewegen Sie sich nicht zu viel, seltsam oder gar nicht? Wenn es sich um eine wirklich wichtige Präsentation handelt, zum Beispiel das erste Mal auf einer internationalen Konferenz oder bei einem Vorstellungsgespräch, sollten Sie sie vor einem sicheren, eigens zusammengestellten Publikum üben. Laden Sie einige Kolleginnen und Kollegen, Freunde und Freundinnen oder Familienmitglieder ein, zuzuhören. Gestalten Sie diese Probe möglichst ähnlich wie die tatsächliche Präsentation. Bitten Sie Ihr Publikum um Feedback zu allen Aspekten, die relevant sein könnten, einschließlich der Klarheit und Geschwindigkeit sowohl der

Geschichte als auch Ihres Vortrags, der Logik des Handlungsstrangs, der Folien, der Körperhaltung usw. Einer meiner Workshop-Teilnehmer hatte einen großartigen Vorschlag für ein wirklich sicheres Publikum: Üben Sie zu Hause vor einer Gruppe von Stofftieren! Auch wenn diese vermutlich kein nützliches Feedback geben…

Im Raum

Besichtigen Sie den Raum, in dem Sie präsentieren werden, möglichst bevor die Sitzung beginnt, idealerweise noch bevor das Publikum den Raum betritt. Auf einer Konferenz können Sie dies während einer Kaffeepause tun. Machen Sie sich mit dem Raum vertraut: Wie ist der Raum aufgebaut, wo werden Sie stehen, können Sie sich bewegen, müssen Sie ein Mikrofon benutzen, wie schaltet man es ein und aus usw.? Versuchen Sie, die Anordnung so zu gestalten, dass Sie die Folien vor sich sehen können, während Sie das Publikum anschauen. Manchmal erfordert dies das Umstellen von Tischen – erledigen Sie das besser, bevor das Publikum den Raum betritt.

Verwenden Sie immer eine Fernbedienung, um durch die Folien zu navigieren. Falls die Veranstalter eine anbieten, machen Sie sich damit vertraut, bringen Sie aber zur Sicherheit Ihre eigene mit. Vermeiden Sie die Nutzung des Laserpointers, der leider oft in Fernbedienungen integriert ist. Wenn Sie etwas hervorheben möchten, überlegen Sie sich dies im Voraus und geben Sie dem betreffenden Element (vorübergehend) eine andere Farbe.

Überprüfen Sie Ihre vollständige Präsentation auf dem vom Veranstalter bereitgestellten Computer; möglicherweise wird eine andere Software verwendet. Überprüfen Sie insbesondere Farben, Animationen, Ton, Video und externe Webseiten, die Sie während der Präsentation aufrufen möchten. Prüfen Sie die Verbindung Ihres Laptops mit dem System im Raum, falls Sie Ihr eigenes Gerät verwenden.

Falls noch nicht geschehen, informieren Sie sich über die Details, wie die Veranstalter die Präsentationen organisiert haben. Werden Sie von der Sitzungsleitung oder Moderation vorgestellt? Übernimmt die Moderation das Zeitmanagement oder müssen Sie das selbst tun? Welche Signale verwendet die Moderation, zum Beispiel für noch 5 min oder 1 min Restzeit? Sind Fragen während der Präsentation erlaubt oder nur am Ende?

Zwei abschließende Tipps, bevor Ihre Präsentation wirklich beginnt. Erstens: Seien Sie pünktlich zu Ihrer Präsentation. Sie sind vielleicht nicht völlig entspannt, aber es wird definitiv schlimmer, wenn Sie erst im letzten Moment in den Raum stürmen. Zweitens: Haben Sie eine ausgedruckte Version

Ihrer Folien in Ihrer Aktentasche, nicht in der Hand. Auch wenn Sie alles getestet haben, denken Sie daran, dass Herr Murphy immer noch präsent ist („Alles, was schiefgehen kann, wird auch schiefgehen"), Sie könnten ein Backup benötigen.

Während des Vortrags

Das wichtigste Element beim Halten einer Präsentation ist es, eine fesselnde Geschichte zu erzählen und nicht die Folien vorzulesen. Sie möchten, dass das Publikum Ihnen zuhört, und das wird es nur tun, wenn Sie es einbinden und es mehr durch Zuhören als durch das Lesen der Folien erfährt. Erzählen Sie also eine spannende, klare und kohärente Geschichte mit logischen Verknüpfungen. Eine fesselnde Geschichte ist eine, bei der das Publikum wissen möchte, wie sie endet. Machen Sie Ihre Geschichte konkret, indem Sie Beispiele einbauen, Forschungsfragen spannend gestalten und wahrscheinliche alternative Erklärungen aufwerfen, die Sie mit Belegen widerlegen. Vier wichtige Elemente für das Halten einer Präsentation sind die Art und Weise, wie Sie sprechen, der Einsatz von Körpersprache, der Umgang mit Notizen und das Zeitmanagement; siehe Abb. 5.6.

Sprechweise

Etwas Anspannung vor einem Vortrag ist positiv, es ist ein Signal an Sie selbst: Das ist wichtig. Akzeptieren Sie das, es ist natürlich und normal;

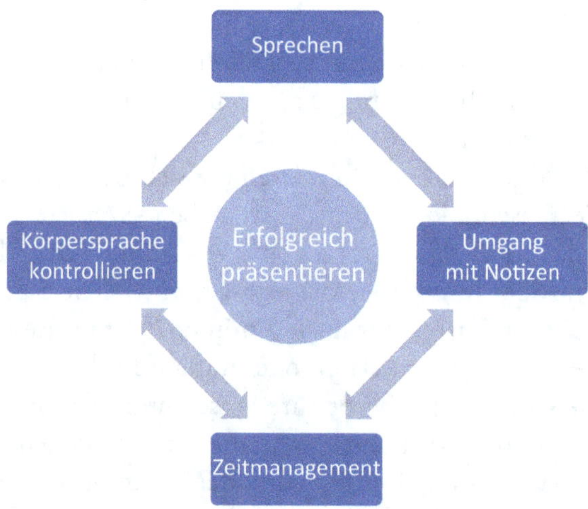

Abb. 5.6 Vier Elemente für eine erfolgreiche Präsentation

manche empfehlen sogar, die eigene Nervosität zu begrüßen: „Hey, das bin ich, ich bin nervös", und die Präsentation als Gespräch mit dem Publikum umzudeuten.[3] Stellen Sie sich vor, Sie stehen entspannt vor einem interessierten Publikum, das Ihre Präsentation zu schätzen weiß, und atmen Sie tief durch, um sich kurz vor dem Auftritt zu beruhigen. Je öfter Sie öffentlich sprechen, desto leichter fällt es Ihnen. Es hilft auch, den Anfang Ihrer Präsentation auswendig zu lernen. Machen Sie das Gleiche für das Ende, um zu vermeiden, dass Sie abrupt mit „Das war meine Präsentation" abschließen. Nachdem Sie Ihre letzten Worte gesprochen haben, machen Sie eine kurze Pause von ein paar Sekunden und bedanken Sie sich dann beim Publikum.

Da ein Vortrag eine mündliche Präsentation ist, verwenden Sie gesprochene Sprache, die weniger formell ist als die Sprache in wissenschaftlichen Aufsätzen. Es ist kein Problem, im Englischen Kontraktionen (wie „isn't", „couldn't", „we'll") und einfachere, umgangssprachlichere Wörter zu verwenden (zum Beispiel „Wir wollten herausfinden…" statt „Das Ziel des Forschungsprojekts ist…"). Sprechen Sie in der aktiven Form, das klingt für Ihr Publikum überzeugender und interessanter. Es ist auch kein Problem, in Präsentationen „wir" (oder „ich") zu verwenden; das zeigt, dass Sie Verantwortung für Ihre Arbeit übernehmen. Während wissenschaftliches Schreiben distanziert ist, dürfen Sie in Ihrer Präsentation Ihre Begeisterung zeigen.

Sprechen Sie langsam und deutlich, aber auch lebendig. Wenn man nervös ist, spricht man meist schneller, daher lautet der Rat in den meisten Fällen: Sprechen Sie langsamer. Wenn Sie kein Mikrofon benutzen, sprechen Sie so laut, dass auch die Zuhörenden in den hinteren Reihen Sie verstehen. Scheuen Sie sich nicht vor kurzen Pausen, sondern nutzen Sie sie zu Ihrem Vorteil. Eine Pause betont einen Punkt oder signalisiert den Übergang zum nächsten Thema, ähnlich wie eine Leerzeile im Text. Eine Pause gibt dem Publikum die Möglichkeit, über das Gesagte nachzudenken und durchzuatmen. Sie selbst können ebenfalls durchatmen und sich an Ihren nächsten Punkt erinnern.

Lebendig zu sprechen bedeutet, die Stimme als Instrument einzusetzen. Variieren Sie Sprechtempo und Lautstärke, wechseln Sie zwischen hoher und tiefer Stimme (und vermeiden Sie monotones Sprechen). Die Art, wie Sie sprechen, beeinflusst sowohl die Bedeutung Ihrer Worte als auch, wie fesselnd Ihr Vortrag auf das Publikum wirkt. Lesen Sie die folgenden drei Sätze laut vor (kursiv steht für das betonte Wort):

---

[3] Abrahams (2014).

- *Warum* bellt der Hund?
- Warum bellt der *Hund?*
- Warum *bellt* der Hund?

Betonen Sie jeweils ein anderes Wort, und Ihr Publikum hört eine andere Botschaft.

Kontrolle der Körpersprache

Für viele Vortragende ist der eigene Körper irgendwie ein Problem. Nun, wir haben alle einen, also machen Sie sich nicht zu viele Gedanken. Einige Tipps können helfen. Nehmen Sie eine aufrechte, aber entspannte Haltung ein, lehnen Sie sich nicht an. Aufrecht zu stehen ist wichtig, denn eine gerade Haltung signalisiert Stärke, Selbstbewusstsein und Ernsthaftigkeit. Vermeiden Sie es, frontal vor dem Publikum zu stehen, stellen Sie sich leicht seitlich, indem Sie einen Fuß etwa 20 cm nach vorne setzen.[4]

Schauen Sie Ihr Publikum an, Sie präsentieren für die Zuhörenden und nicht für die Folien hinter Ihnen. Vermeiden Sie es, dem Publikum den Rücken zuzuwenden – deshalb ist es wichtig, die Folien entweder auf einem kleinen Bildschirm zwischen Ihnen und dem Publikum oder auf einem zusätzlichen Monitor im hinteren Teil des Raumes zu sehen.

Nehmen Sie Blickkontakt mit dem Publikum auf und halten Sie ihn, damit die Zuhörenden das Gefühl haben, dass Sie zu ihnen sprechen. Suchen Sie an natürlichen Stellen im Vortrag, am Ende eines Satzes oder Abschnitts, den Blickkontakt zu einer anderen Person im Publikum. Lassen Sie Ihren Blick durch den Raum schweifen, damit sich alle angesprochen fühlen, und vermeiden Sie es, eine einzelne Person anzustarren. Es hilft gegen Nervosität, sich interessierte und freundlich wirkende Personen in verschiedenen Teilen des Publikums auszusuchen und sie als Freunde zu betrachten, denen Sie von Ihrer neuesten Arbeit berichten. In jedem Fall: Schauen Sie beim Sprechen ins Publikum, um die Aufmerksamkeit zu halten, und nicht auf den Boden, die Decke, den Bildschirm, Ihre Notizen oder Geräte.

Sofern es möglich ist, zum Beispiel wenn Sie kein fest installiertes Mikrofon benutzen, bewegen Sie sich ein wenig und gestikulieren Sie mit den Händen. Bewegen Sie sich nicht zu viel, das ist ein Zeichen von Nervosität und lenkt das Publikum ab. Ein natürlicher Moment für einen Schritt

---

[4] https://www.cbs.de/en/blog/15-effective-presentation-tips-to-improve-presentation-skills/. Zugriff am 25. September 2023.

ist, wenn Ihre Geschichte einen Schritt macht – nutzen Sie den Übergang zu einem anderen Thema oder einer anderen Perspektive, um sich selbst zu bewegen. Handgesten sind ebenfalls natürlich, sogar die Art, wie Sie Ihre Handflächen halten, kann eine Wirkung haben (für mehr Informationen: siehe diesen informativen TED-Talk[5]). Verwenden Sie Handgesten maßvoll (zum Beispiel bewegen Sie nur eine Hand), überlegen Sie, ob Sie einige Gesten gezielt einsetzen (zum Beispiel um einen Punkt zu betonen), aber in den meisten Fällen ist es am besten, nicht zu viel über Ihre Gesten nachzudenken und möglichst natürlich zu agieren. Was Sie vermeiden sollten: verschränkte Arme, Hände hinter dem Rücken oder in den Taschen.

Ihr Gesichtsausdruck beeinflusst, wie Sie vom Publikum wahrgenommen werden. Um positiv wahrgenommen zu werden, lächeln Sie und signalisieren Sie, dass Sie selbstbewusst und begeistert von Ihrem Thema sind. Vermeiden Sie die Extreme eines ausdruckslosen Gesichts oder übertriebener Mimik. Zeigen wirkt stärker als sagen – zeigen Sie also, dass Sie begeistert sind, anstatt es nur zu behaupten.

Umgang mit Notizen

Wenn Sie auf Nummer sicher gehen und Zugriff auf Ihre Notizen haben möchten, halten Sie Karteikarten in der Hand. Legen Sie sie nicht auf einen Tisch, sonst müssen Sie sich vorbeugen und nach unten schauen, um sie zu lesen. Verwenden Sie bei Präsenzvorträgen keine Powerpoint-Notizen – das Publikum merkt, wenn Sie ablesen. Schreiben Sie niemals ganze Sätze in Ihre Notizen, sondern nur einige Stichworte, falls Sie den Faden verlieren. Wenn Sie mehrfach geübt haben, werden Sie wahrscheinlich selten auf die Notizen schauen müssen. Drucken Sie die Notizen gegebenenfalls in größerer Schrift aus.

Zeitmanagement

Im Idealfall befindet sich eine Uhr am hinteren Ende des Raumes, doch leider haben viele Architekten diese Lektion noch nicht gelernt. Bringen Sie daher entweder eine Armbanduhr mit (nicht Ihr Handy, da Sie dieses erst aus der Tasche nehmen, einschalten und darauf schauen müssten) oder vereinbaren Sie mit dem Vorsitzenden, dass er Ihnen ein Zeitsignal gibt. Zum

---

[5] Siehe den TED-Talk von Allan Pease, *Body language, the power is in the palm of your hands*, TEDx Macquarie University, 17. November 2013 unter https://www.youtube.com/watch?v=ZZZ7k8cMA-4.

Beispiel, indem er eine Karte zeigt oder eine bestimmte Handbewegung macht, um fünf oder zwei verbleibende Minuten anzuzeigen. Reagieren Sie auf diese Signale, ohne dass Ihr Publikum es bemerkt.

Wenn Sie zu wenig Zeit haben, haben Sie nicht genug geübt. Sollte es dennoch passieren, fangen Sie niemals an, schneller und schneller zu sprechen. Wenn die Zeit knapp wird, entscheiden Sie sich schnell, überspringen Sie einige Folien und sorgen Sie dafür, dass Ihre Präsentation trotzdem einen starken Abschluss hat. Denken Sie daran: Nicht nur der erste Eindruck zählt, sondern auch der letzte!

5.5   Zeit für Fragen und Antworten

Viele Präsentationen werden von einer Q&A-Session, also einer Frage-und-Antworten-Runde, gefolgt. Um die Q&A zu eröffnen, und wenn es zur Situation passt, laden Sie das Publikum selbst ein, Fragen zu stellen. Das zeugt von Selbstbewusstsein. In vielen Fällen übernimmt jedoch der Moderator und bittet das Publikum um Fragen und moderiert die Fragerunde. Ein guter Umgang mit Fragen erfordert, dass Sie die fünf in Abb. 5.7 dargestellten Schritte befolgen.

Der erste Schritt betrifft das Stellen der Frage: Geben Sie dem Fragesteller ausreichend Zeit, die vollständige Frage zu formulieren. Sie denken vielleicht nach den ersten Worten schon zu wissen, worauf die Frage hinausläuft, aber

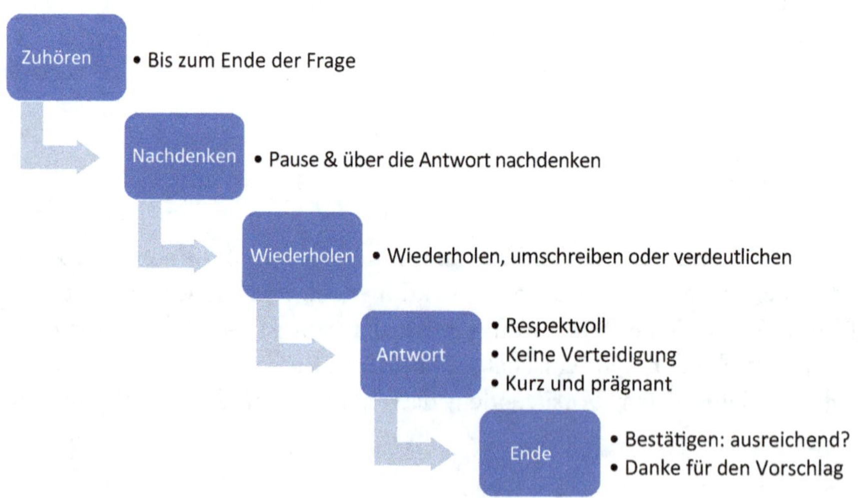

Abb. 5.7   Fünf Schritte zum Umgang mit Fragen

Sie könnten sich irren. Hören Sie daher aufmerksam die gesamte Frage an und unterbrechen Sie den Fragesteller nicht.

Warten Sie anschließend ein paar Sekunden, bevor Sie antworten. Das gibt Ihnen Zeit, eine klare Antwort zu formulieren, und signalisiert dem Publikum, dass Sie die Frage ernst nehmen.

In vielen Fällen ist es sinnvoll, die Frage zu wiederholen. Das verschafft Ihnen nicht nur Zeit zum Nachdenken, sondern vielleicht konnten auch nicht alle im Publikum die Frage hören oder verstehen, insbesondere wenn sie ohne Mikrofon von jemandem aus den vorderen Reihen gestellt wurde. Um das gesamte Publikum in die Diskussion einzubeziehen, wiederholen oder erläutern Sie die Frage. Sie können sie auch umformulieren; indem Sie sie mit eigenen Worten wiedergeben, stellen Sie sicher, dass Sie die Frage richtig verstanden haben.

Im vierten Schritt beantworten Sie die Frage. Seien Sie dabei stets respektvoll und beginnen Sie Ihre Antwort mit einem positiven Signal an den Fragesteller, selbst wenn die Frage negativ oder völlig abwegig ist. „Eine sehr gute Frage" ist ein oft verwendeter Einstieg, noch besser ist es, wenn Sie dem Publikum erklären können, warum es eine gute Frage ist. Denken Sie daran, dass jede Frage gut ist, weil sie Ihnen die Möglichkeit gibt, etwas zu erklären, das Sie in Ihrer Präsentation nicht unterbringen konnten, oder bestimmte Aspekte ausführlicher zu diskutieren. Keine Fragen zu bekommen, ist schlimmer.

Eine Frage kann negativ oder aggressiv sein, aber vermeiden Sie es, sich zu verteidigen. Erklären Sie, was Sie getan haben und aus welchen Gründen. Bestätigen Sie, dass Sie sich der Alternativen bewusst waren und bewusst diese Entscheidung getroffen haben. Betrachten Sie die Frage als Gelegenheit zur Klärung, bleiben Sie dabei aber fokussiert und knapp (es könnten noch weitere Fragen kommen). Und wenn Sie merken, dass Sie im Unrecht waren, geben Sie es zu und machen Sie weiter – wir alle machen Fehler.

Im letzten Schritt bestätigen Sie, ob Ihre Antwort den Fragesteller zufriedenstellt („Beantwortet das Ihre Frage?"), es sei denn, Sie sehen, dass das Publikum noch viele Fragen hat. Wenn jemand einen nützlichen Punkt angesprochen oder einen guten Rat gegeben hat, stellen Sie dies als Möglichkeit dar, Ihre Arbeit weiter zu stärken, nicht als Schwäche. Zeigen Sie Ihre Dankbarkeit und bedanken Sie sich beim Fragesteller. Das kann andere im Publikum dazu inspirieren, ebenfalls nach Wegen zu suchen, Ihnen zu helfen.

Q&A-Sessions können ziemlich stressig sein: Sie stehen allein vor einem Publikum von Experten, die schwierige Fragen stellen können, die Sie aufgrund der Akustik im Raum vielleicht nicht vollständig hören oder, falls sie nicht in Ihrer (oder deren) Muttersprache gestellt wurden, nicht ganz verstehen. Es erfordert, dass Sie gleichzeitig zuhören, nachdenken und Antworten formulieren. Und dann möchten Sie sich auch noch Notizen machen, um nützliches Feedback nicht zu vergessen. Bitten Sie in solchen Situationen im Vorfeld einen Freund oder Kollegen im Publikum, während der Q&A alles mitzuschreiben. Überlegen Sie anschließend, wenn Sie wieder entspannt sind, wie Sie von dem Feedback und den Fragen profitieren können.

In Abschn. 5.3 zum Erstellen von Folien habe ich empfohlen, keine Abschlussfolie mit der Aufschrift „Vielen Dank. Gibt es Fragen?" zu verwenden. Der Grund liegt im Ablauf der Q&A-Session: Meistens wird Ihre letzte Folie während der gesamten Fragerunde angezeigt. Eine Abschlussfolie mit den wichtigsten Ergebnissen, idealerweise mit Ihrer zentralen Botschaft, gibt dem Publikum die Möglichkeit, Ihren Beitrag noch einmal zu überdenken. Eine Abschlussfolie mit „Gibt es Fragen?" hingegen liefert einen guten Grund, das Smartphone zu zücken.

5.6 An wissenschaftlichen Konferenzen teilnehmen und Ergebnisse präsentieren

Wissenschaftliche Konferenzen sind eine hervorragende Plattform, um Forschungsergebnisse – sowohl laufende als auch abgeschlossene – zu präsentieren. Die Veranstaltungen werden von anderen Forschenden besucht, was bedeutet, dass sie nicht nur an den Ergebnissen Ihrer Studie interessiert sind (wie es bei einem praxisorientierten Publikum der Fall wäre), sondern auch am Forschungsprozess (welche Theorien, Datenquellen, Methoden usw.). Das bedeutet auch, dass sie fachkundig sind und wertvolles Feedback geben können.

Doktorandenkolloquium

Viele Konferenzen bieten verschiedene Arten von Sitzungen oder sogar Unterveranstaltungen an. Ein wichtiges Ereignis für Promovierende ist das *Doktorandenkolloquium* (Ph.D. Colloquium oder Ph.D. Lab), das oft ein (oder mehrere) Tage vor der Konferenz stattfindet. Teilnehmende sind Promovierende des Fachgebiets sowie ausgewählte erfahrene Wissenschaftler*innen, manchmal auch einige Praktiker*innen.

In der Regel kann nur eine begrenzte Zahl von Promovierenden teilnehmen; sie stellen ihre Forschung vor, erfahrene Forschende diskutieren ihre eigenen Arbeiten oder wichtige Entwicklungen im Fachgebiet, und Podiumsdiskussionen oder Diskussionsrunden bieten Raum für ein tieferes Verständnis verschiedener Themen. Ein zentrales Ziel dieser Veranstaltungen ist es, Promovierenden bei Entscheidungen in ihren Projekten zu helfen. Stellen Sie daher das Ziel Ihres Projekts klar dar, in welcher Phase Sie sich befinden und zu welchen Fragen Sie gerne Feedback oder Anregungen erhalten würden. Verstecken Sie also keine Schwächen oder noch offene Fragen in Ihrem Projekt, sondern benennen Sie diese und beschreiben Sie kurz, welche Art von Input hilfreich wäre.

Diese Veranstaltungen sind nicht nur nützlich, um die eigene Forschung weiterzuentwickeln, sondern – aufgrund des spezifischen Publikums – auch, um ein Netzwerk von akademischen Forschenden aufzubauen. Sie sind besonders in der frühen Phase eines Promotionsprojekts, idealerweise im ersten Jahr, am wertvollsten.

Präsentieren auf wissenschaftlichen Konferenzen

Wie bei jeder Präsentation sollten Sie auch bei der Vorbereitung einer Präsentation für eine wissenschaftliche Konferenz zuerst an das Publikum denken. Ihr Publikum kennt sich mit Forschungsmethoden aus und ist – da die Vorträge meist thematisch in parallelen Tracks organisiert sind – vermutlich mit den Grundlagen des Fachgebiets vertraut. Wiederholen Sie diese daher nicht, indem Sie verschiedene Arbeiten im Detail besprechen; Ihr Publikum erwartet, dass Sie in die Tiefe gehen.

Aufbauend auf dem „Warum" von Präsentationen (siehe Abschn. 5.1), überlegen Sie sich das Ziel Ihrer Präsentation. Präsentieren Sie abgeschlossene Forschung und stehen Sie kurz vor dem Berufseinstieg, oder befinden Sie sich in der Anfangsphase eines Projekts und können von Hinweisen zu Literatur oder Methodik profitieren? Manche Konferenzen bieten sogar spezielle Tracks für laufende Forschung an, die Forschende gezielt bei ihren aktuellen Studien unterstützen sollen; dort wird oft ausdrücklich darum gebeten, die Fragen zu benennen, zu denen Sie Rat suchen.

Die Dauer von Konferenzpräsentationen variiert, meist sind es etwa 20–30 min inklusive Zeit für Fragen und Antworten (bei einem Doktorandenkolloquium oft deutlich länger, meist 45–60 min). Auf einer Konferenz haben Sie etwa 15–20 min für die Präsentation und 5–10 min für die Fragerunde. Das bedeutet, dass Sie nur begrenzt Zeit haben, was die Bedeutung einer klaren Zielsetzung unterstreicht. Es ist besser, eine Präsentation mit engem Fokus und klarer Botschaft zu halten, als das Publikum mit Details zu überfrachten. Wenn das Ziel Ihrer Präsentation ist, nützliches Feedback zu erhalten, überlegen Sie zuerst, welches Feedback Sie möchten, und dann: Was muss jemand über Ihre Studie wissen, um solches Feedback geben zu können?

Da die Zeit begrenzt ist, ist es wichtig, Interesse an Ihrer Studie zu wecken. Konzentrieren Sie sich auf die wichtigsten Aspekte Ihrer Arbeit. Was macht Ihre Studie interessant oder einzigartig? Und bauen Sie Ihre Präsentation darum herum auf. Identifizieren Sie während der Präsentation oder in der Fragerunde Personen im Publikum, die sich für Ihre Arbeit zu interessieren scheinen oder bekannte Fachleute sind, und sprechen Sie sie in der nächsten Pause gezielt auf Feedback an.

Präsentationen besuchen

Wenn Sie Präsentationen anderer Forschender besuchen, versuchen Sie, jedem Vortragenden mindestens eine konstruktive Frage zu stellen (oder zu formulieren). Das verhindert nicht nur, dass Sie einschlafen, sondern zeigt auch Ihr Engagement und macht Sie sowohl für die Vortragenden als auch für das restliche Publikum sichtbar (bitte stellen Sie aber keine Frage nur, um zu zeigen, wie klug Sie sind – das gilt als störend und wird negativ aufgenommen).

Konferenzbesuch planen

Einige abschließende Tipps für Ihren Konferenzbesuch: In der Regel sind Konferenzen mit Keynotes, Sitzungen, Workshops und anderen Aktivitäten überladen. Und Sie möchten auch in den Pausen, beim Mittagessen und Abendessen netzwerken. Das bedeutet, dass Sie Ihren Konferenzbesuch sorgfältig planen müssen. Laden Sie den Konferenzplan im Voraus herunter (und drucken Sie ihn aus), sehen Sie sich die Sitzungen und die Teilnehmerliste an. Welche Sitzungen sind am interessantesten? Welche Personen möchten Sie persönlich treffen?

Nutzen Sie Ihre Zeit auf der Konferenz bewusst – sie vergeht schnell, und es ist eine der wenigen Gelegenheiten, Forschende aus anderen Universitäten und Ländern persönlich und in informellen Rahmen zu treffen. Die Wissenschaft ist ein offenes Umfeld, seien Sie also nicht schüchtern und sprechen Sie Senior-Forschende und andere Promovierende auf der Veranstaltung an. Es ist immer verlockend, die Kaffeepausen und Abendessen mit den eigenen Kolleginnen und Kollegen zu verbringen, aber das können Sie auch zu Hause tun.

Literatur

Abrahams, Matt (2014), Think fast, talk smart: Communication techniques, Stanford Graduate School of Business, https://www.youtube.com/watch?v=HAnw168huqA.
Coles, Nicholas A. (2022), Why lectures are like blind dates, *Nature*, 607, 7 July, S. 3–4.

6

Zeitmanagementkompetenz

Es genügt nicht, nur fleißig zu sein…

Die Frage ist vielmehr: Wofür sind wir fleißig?

Henry David Thoreau (1817–1862)

Zusammenfassung Viele Forschungsprojekte sind ehrgeiziger als reich an Ressourcen, was ein sorgfältiges Management unerlässlich macht. Projektmanagement ist der Prozess, der sicherstellt, dass mit den zugewiesenen Ressourcen rechtzeitig Ergebnisse von ausreichender Qualität erbracht werden. Ein effektiver Arbeitsstil ist ebenso wichtig: Wann, wo und wie lange sind Sie am produktivsten? Stress während der Promotion ist häufig. Positiver Stress ermöglicht Höchstleistungen, während negativer Stress erschöpft. Um Ihre Aufgaben im Griff zu behalten, werden in diesem Kapitel effektive Leitlinien vorgestellt, um sowohl das kurzfristige Zeitmanagement als auch die

© Der/die Autor(en), exklusiv lizenziert an Springer Nature Switzerland AG 2026

E. Huizingh, *Erfolgreich zum Doktortitel*, https://doi.org/10.1007/978-3-032-15929-8_6

langfristige Planung eines Promotionsprojekts zu verbessern. Abschließend werden vier benutzerfreundliche Tools und Methoden zur Verbesserung der Projektplanung und des Zeitmanagements beschrieben. Dazu gehören das Gantt-Diagramm, die Methode des kritischen Pfades, die Pomodoro-Technik und die Eisenhower-Matrix.

Zu Beginn eines Promotionsprojekts könnte man meinen, man habe reichlich Zeit: mehrere Jahre nur für ein Forschungsprojekt! Doch sobald die Reise begonnen hat, stellt sich heraus, dass die Aktivitäten mehr Zeit in Anspruch nehmen als erwartet, und die Uhr scheint immer schneller zu ticken. Wenn Sie das Gefühl haben, mehr tun zu wollen, als in die verfügbare Zeit passt, müssen Sie Ihre Zeit sorgfältig einteilen. Dieses Kapitel beginnt mit den Grundlagen des Zeitmanagements, indem es darauf eingeht, warum Zeitmanagement notwendig ist, was es beinhaltet und wie es umgesetzt werden kann, siehe Abschn. 6.1.

Zeitmanagement bedeutet einen bewussten Umgang mit der eigenen Zeit und erfordert daher Planung: Vorausdenken, was Sie wann erreichen möchten, welche Aktivitäten dafür notwendig sind und welche Ressourcen Ihnen zur Verfügung stehen. Abschn. 6.2 behandelt verschiedene Leitlinien, wie sich diese drei Elemente besser aufeinander abstimmen lassen und wie Sie effektiver arbeiten können. Es gibt keine Einheitslösung, daher sollten Sie herausfinden, welche Leitlinien am besten zu Ihnen passen: Was entspricht Ihrem Arbeitsstil? Dies ist das Thema von Abschn. 6.3.

Stress im Promotionsprojekt zu vermeiden, scheint unmöglich. Stress ist jedoch nicht immer negativ, denn er kann sowohl positive als auch negative Auswirkungen haben, siehe Abschn. 6.4. Dennoch erleben viele Promovierende während ihrer Promotion erheblichen Stress, weshalb es wichtig ist, die eigene Arbeit im Griff zu behalten. Abschn. 6.5 gibt eine Reihe von Tipps, um sowohl Ihr Zeitmanagement als auch die Planung Ihres Forschungsprojekts zu verbessern. Um den Planungsprozess zu erleichtern, wurden verschiedene Tools entwickelt; dieses Kapitel schließt mit der Vorstellung von vier dieser Tools: dem Gantt-Diagramm, der Methode des kritischen Pfades, der Pomodoro-Technik und der Eisenhower-Matrix; siehe Abschn. 6.6.

6.1 Grundlagen des Zeitmanagements

Zeitmanagement ist oft weder unterhaltsam noch einfach, aber es ist unvermeidbar und hilfreich, um Dinge zu erledigen. Forschungsprojekte sind häufig ehrgeiziger als reich an Ressourcen, was bedeutet, dass wir

Zeit und andere Ressourcen sorgfältig einteilen müssen. Beginnen wir mit den Grundlagen: dem Warum, Wie und Was des Zeitmanagements, siehe Abb. 6.1.

Das Warum bezieht sich auf die Hauptgründe für Zeitmanagement. Der wichtigste Grund ist: Sie haben nicht genug Zeit. Jedes Projekt umfasst eine Vielzahl von Aktivitäten, von denen viele zum ersten Mal durchgeführt werden, aber alle sollten „richtig" erledigt werden, während unerwartete Rückschläge unvermeidlich sind und zusätzliche Zeit erfordern – oft zu Zeitpunkten, an denen Sie kaum noch welche übrig haben. Und das Problem wird noch anspruchsvoller, weil der Projekterfolg auch von anderen abhängt. Um deren Mitwirkung zu steuern, müssen Sie zunächst Ihre eigenen Aktivitäten und Ihre Zeit sorgfältig managen.

Das Was betrifft das, was Sie erreichen möchten. Projektergebnisse (Deliverables) können unterschiedlich formuliert werden, zum Beispiel ein Problem lösen, einen Artikel schreiben oder eine Dissertation erfolgreich verteidigen. Überlegen Sie sich für jedes Ergebnis, welche Aktivitäten in welcher Reihenfolge durchgeführt werden müssen. Die Lösung eines Problems kann den Aufbau eines Modells oder Designs, das Sammeln von Daten und/oder das Testen verschiedener Ideen erfordern. Jede dieser Aufgaben umfasst Aktivitäten, die Sie planen können. Allerdings sind Aktivitäten meist nur teilweise kontrollierbar. Das Testen einer Idee ist eine kontrollierbare Aktivität, da Sie bestimmen können, was für einen Test erforderlich ist. Wie viele Tests jedoch nötig sind, bis Sie eine praktikable Lösung finden, liegt nicht in Ihrer Kontrolle. Einen Artikel zu schreiben, der gut genug ist, um bei einer Zeitschrift eingereicht zu werden, ist eine kontrollierbare Aktivität; ob er angenommen wird, liegt jedoch außerhalb Ihrer Kontrolle. Wir streben oft

Abb. 6.1 Drei Grundlagen des Zeitmanagements

Ergebnisse an, die wir nur teilweise beeinflussen können. Da unser Einfluss auf andere begrenzt ist, sollten wir besser definieren und uns auf das konzentrieren, was in unserer eigenen Reichweite liegt. Wer diesen Unterschied nicht erkennt, läuft Gefahr, großartige Arbeit zu leisten und dennoch frustriert zu sein. Freuen Sie sich über Ihren gelungenen Artikel *und* bedauern Sie, dass die Gutachter*innen dessen Wert nicht erkennen.

Das Wie betrifft die Art und Weise, wie Sie mit Zeit und anderen Ressourcen umgehen. Der bewusste Umgang mit wertvollen Ressourcen beginnt mit der Übernahme von Verantwortung. Definieren Sie klar das Ziel Ihres Projekts und die durchzuführenden Aktivitäten. Verantwortung für die eigene Zeit zu übernehmen bedeutet, so weit wie möglich selbst zu entscheiden, wie Sie Ihre Zeit verbringen, und den Einfluss anderer zu minimieren. Zeitmanagement erfordert die Planung Ihres Projekts, was die Identifikation der notwendigen Aktivitäten, die Bestimmung der benötigten Ressourcen und die Ermittlung von Beziehungen zwischen den Aktivitäten umfasst – sowohl zeitlich (Reihenfolge der Aktivitäten) als auch ressourcenbezogen (Personen, Wissen, Materialien usw.). Verschaffen Sie sich einen Überblick, identifizieren Sie Engpässe und gehen Sie diese frühzeitig an.

Einen Plan entwickeln

Planung ist ein Prozess, der rückwärts funktioniert. Er beginnt mit der Überlegung, was Sie am Ende erreichen möchten, und dann bestimmen Sie, was dafür zu tun ist. Es hilft, an Zwischenergebnisse, Fristen und Meilensteine zu denken, da sie eine große Aufgabe in kleinere Teile gliedern. Die Identifikation der verschiedenen Aktivitäten und Zwischenergebnisse macht eine „große Aufgabe" bewältigbar. Ein Projekt kann formale Fristen enthalten, die durch Ihren Vertrag, Zielkonferenzen oder Zeitschriften vorgegeben sind, aber es ist ratsam, in Absprache mit Ihrer Betreuungsperson zusätzliche informelle Fristen zu setzen. Diese dienen als nützliche Fortschrittskontrollen, daher der Name Meilenstein.

Drei Tipps für die Planung eines Promotionsprojekts. Erstens: Überprüfen Sie sorgfältig die formalen Anforderungen Ihrer Institution, sowohl hinsichtlich der endgültigen Dissertation als auch anderer Aufgaben, die Sie erfüllen müssen, wie die Teilnahme an Lehrveranstaltungen und Lehrverpflichtungen. Zweitens: Falls Sie im Rahmen Ihres Promotionsprojekts Lehrveranstaltungen absolvieren müssen, was in mehreren europäischen Ländern üblich ist, planen Sie diese möglichst früh im Projekt ein. So profitieren Sie länger davon und vermeiden, sie am Ende des Projekts absolvieren zu müssen, wenn Sie mit vielen anderen dringenden Aufgaben beschäftigt sind. Drittens: Machen Sie sich bewusst, bei welchen Aktivitäten Sie von anderen abhängig sind. Sie sollten diese nicht nur frühzeitig informieren und deren Verfügbarkeit prüfen, sondern auch sicherstellen, dass Sie parallel andere Aktivitäten geplant haben. So geraten Sie nicht ins Stocken, falls andere eine Frist nicht einhalten.

6.2 Effektives Arbeiten

Projektmanagement umfasst den Prozess, der sicherstellt, dass die Ergebnisse mit den zugewiesenen Ressourcen rechtzeitig und in ausreichender Qualität erbracht werden. Abb. 6.2 zeigt die klassische Herausforderung des Projektmanagements, nämlich die drei Anforderungen Qualität, Zeit und Ressourcen in Einklang zu bringen. Jede der drei kann die anderen beiden ausgleichen: Wenn man sich mit geringerer Qualität zufriedengibt, ist es möglich, ein Ergebnis mit den verfügbaren Ressourcen und rechtzeitig zu liefern. Zusätzliche Zeit ermöglicht es, das festgelegte Ergebnis mit den vorhandenen Ressourcen zu realisieren, während mehr Ressourcen helfen, die geforderte Qualität rechtzeitig zu erreichen. Ein etwas zynisches Sprichwort besagt, dass man zwei der drei Dinge bekommen kann, aber nie alle drei.

Dennoch besteht die Herausforderung jedes Projekts darin, alle drei Anforderungen zu erfüllen. Eine hilfreiche Methode, sich dieser Herausforderung zu nähern, ist die, Ihr Forschungsprojekt als einen Umwandlungsprozess zu betrachten, siehe Abb. 6.3. Der Umwandlungsprozess umfasst vier Gruppen von Faktoren: Input, Output, Restriktionen und Ressourcen. Der Input des Projekts besteht aus dem zu Beginn formulierten Projektziel, während der Output in Form von Ergebnissen für die Wissenschaft (zum

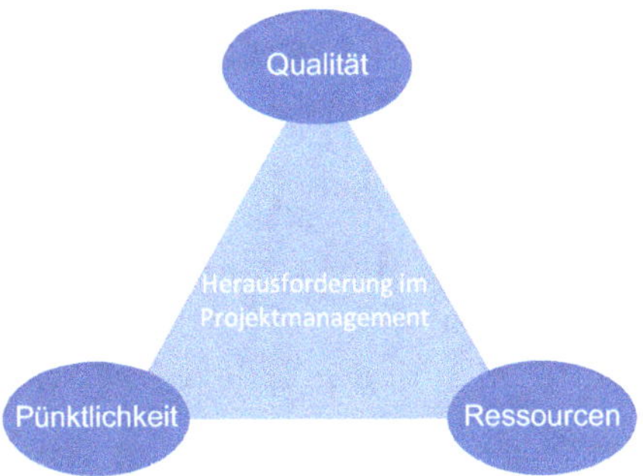

Abb. 6.2 Herausforderung des Projektmanagements

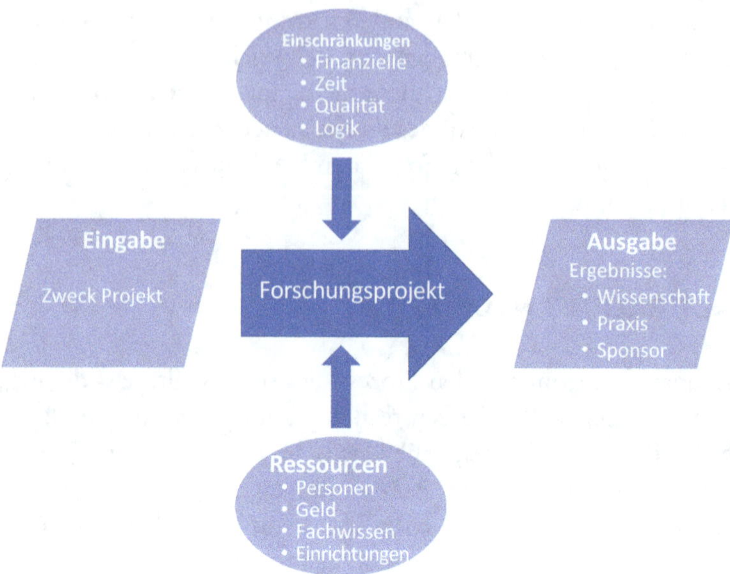

Abb. 6.3   Ein Forschungsprojekt als Umwandlungsprozess[1]

Beispiel Dissertation, Zeitschriftenartikel, Konferenzeinreichungen), die Praxis (zum Beispiel Workshops, Interviews, Blogs) und Berichte für potenzielle Förderer der Studie definiert ist. Ihr Projekt steht vor verschiedenen Restriktionen, etwa hinsichtlich Budget, Zeit, Qualität und Logik (zum Beispiel muss eine Studie durchgeführt werden, bevor ein Artikel darüber geschrieben werden kann). Schließlich steht eine breite Palette von Ressourcen zur Verfügung, wie Personen (Sie selbst, Ihre Betreuungsperson, Kolleginnen und Kollegen, mögliche Co-Autorinnen und Co-Autoren usw.), Geld (für Forschung, Konferenzbesuche, Aufenthalte an anderen Universitäten usw.), Fachwissen (Ihr eigenes, das Ihrer Mitarbeitenden und das, auf das Sie Zugriff haben) sowie Einrichtungen (alles, was für Ihr Projekt nützlich sein könnte). Je besser Sie alle vier Faktoren des Umwandlungsprozesses verstehen, desto leichter fällt es Ihnen, einen Plan zu erstellen und diesen bei Bedarf anzupassen.

Einen Plan für ein Promotionsprojekt zu erstellen und umzusetzen, ist nicht einfach. Projekte beginnen meist mit vielen Unsicherheiten, vermutlich führen Sie das erste Promotionsprojekt Ihres Lebens durch, das Forschungsteam ist neu, und oft sind nur Teile des Forschungsprojekts und der

---

[1] Adaptiert nach: Maylor (2005).

Ergebnisse zu Beginn (klar) definiert. Das verhindert sicherlich, dass Sie zu Beginn einen perfekten Plan machen können, aber interessanterweise ist das auch nicht das Hauptziel der Planung. Der Hauptgrund für die Planung ist, so früh wie möglich zu wissen, wann Sie umsteuern müssen. Der Wert eines Plans liegt darin, Frühwarnsignale zu liefern. Wann ist es notwendig, zu überdenken, was und wie Sie etwas tun, weil der aktuelle Fortschritt das Erreichen des Projektziels gefährdet? Eine gute Planung wird Sie rechtzeitig darauf hinweisen. Abb. 6.4 enthält sechs Tipps, um sowohl die Planung als auch die Umsetzung eines Plans zu erleichtern.

1. Planen Sie realistisch, nicht optimistisch

Seien Sie bei der Schätzung des Zeitbedarfs für Aufgaben so realistisch wie möglich. Treffen Sie fundierte Annahmen. Wenn Sie für ein Projekt Literatur lesen müssen, schauen Sie, wie viele Artikel ein durchschnittlicher Beitrag zitiert. Bedenken Sie, dass diese Autor*innen auch Artikel gelesen haben, die nicht in ihrer Literaturliste gelandet sind – multiplizieren Sie also die Zahl der Referenzen mit zwei. Schätzen Sie, wie viel Zeit das Lesen eines Artikels benötigt. Und bedenken Sie, dass Literatur zunächst gefunden werden muss und Sie später vielleicht feststellen, relevante Arbeiten übersehen zu haben. Jede dieser Überlegungen trägt zu einem realistischen – statt zu einem optimistischen – Plan bei.

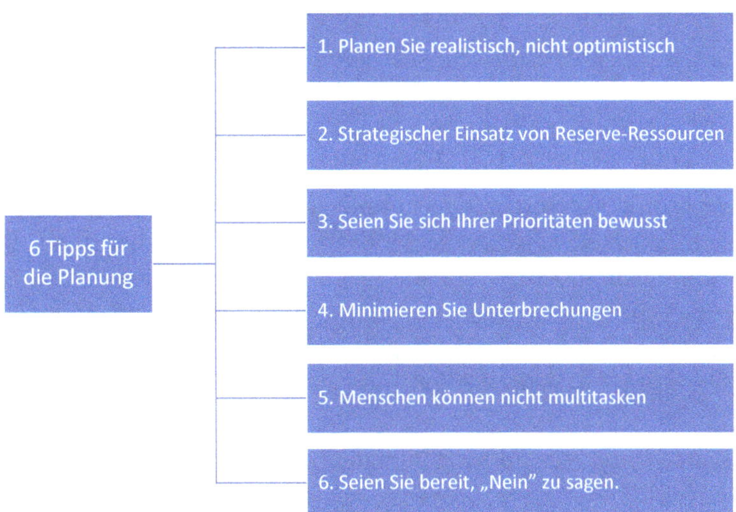

Abb. 6.4 Sechs Tipps für die Erstellung und Umsetzung einer Planung

2. Pufferressourcen strategisch einplanen

Verwenden Sie nicht alle Ressourcen für Ihren Plan. Wenn etwas schiefgeht, sind Sie handlungsunfähig. Reservieren Sie Zeit, Geld und andere Ressourcen für Aktivitäten, die nicht wie geplant verlaufen oder von denen Sie derzeit noch nichts wissen. Solche Ressourcen nennt man Pufferressourcen. Setzen Sie diese strategisch ein, zum Beispiel in Kombination mit Aktivitäten, die Sie nicht vollständig kontrollieren können. Wenn Sie also eine zusätzliche Woche haben, planen Sie diese direkt nach der Woche ein, in der Sie Feedback von Ihrer Betreuungsperson erwarten oder jemand etwas für Sie vorbereiten muss. Falls die vereinbarte Leistung nicht erbracht wird, entstehen dadurch keine größeren Probleme.

3. Seien Sie sich Ihrer Prioritäten bewusst

Promovierende müssen oft mehrere Aufgaben mit unterschiedlicher Bedeutung für ihr Projekt erledigen. Da manche Aktivitäten wichtiger sind als andere, sollten Sie Ihre Prioritäten entsprechend setzen und schützen und sich auf das konzentrieren, was für Ihr Projekt am wichtigsten ist. Denken Sie daran: Es kommt nicht auf die Anzahl der Arbeitsstunden an, sondern darauf, wie viel Zeit Sie für die richtigen Aufgaben aufwenden.

Wichtige Aufgaben wie die Vorbereitung von Feldforschung oder das Schreiben eines Artikels nehmen in der Regel viel Zeit in Anspruch. Reservieren Sie (mehr als) ausreichend Zeit für solche Aufgaben. Wenn die Zeit knapp wird, sollten Ihre unwichtigsten Aktivitäten leiden, nicht die wichtigsten.

4. Minimieren Sie Unterbrechungen

Unterbrechungen beeinträchtigen immer die Qualität. Ein Aufgabenwechsel kann hilfreich sein, wenn die Motivation nachlässt, aber dies sollte Ihre eigene Entscheidung sein. Wenn Sie also beabsichtigen, längere Zeit an einer wichtigen Aufgabe zu arbeiten, sorgen Sie dafür, dass Sie nicht gestört werden. Das kann bedeuten, dass Sie sich an einen anderen Ort zurückziehen und Telefon sowie E-Mail ausschalten.

5. Menschen sind nicht multitaskingfähig

Wenn etwas schiefgeht oder Sie für eine Aufgabe keine Inspiration mehr haben, ist es hilfreich, eine weitere Aufgabe in der Hinterhand zu haben – planen Sie daher mehrere Aktivitäten im selben Zeitraum. Es geht jedoch um das Wechseln zwischen Aufgaben, nicht um das gleichzeitige Erledigen mehrerer Aufgaben. Viele Studien haben gezeigt, dass Menschen nicht multitaskingfähig sind, auch wenn viele glauben, sie seien es. Üben Sie das Wechseln zwischen Aufgaben nur in begrenztem Umfang, planen Sie nur wenige Aufgaben parallel, denn jeder Wechsel kostet Zeit.

6. Seien Sie bereit, „Nein" zu sagen

Einer der wichtigsten Tipps für die Umsetzung eines Plans: Erkennen Sie, wann Sie „Nein" sagen müssen, und haben Sie den Mut dazu. Wenn Sie eine Anfrage erhalten („Könnten Sie bitte dies oder das übernehmen?"), fühlen Sie sich nicht gezwungen, sofort zu- oder abzusagen, sondern verschaffen Sie sich Bedenkzeit („Ich gebe Bescheid", „Ich prüfe das"). Fragen Sie sich, was Sie davon haben (Bietet es wertvolle neue Erfahrungen, Fähigkeiten oder Kontakte?), ob es zu Ihren Aufgaben gehört, ob es sich um eine einmalige oder wiederkehrende Aufgabe handelt und wie es in Ihren Zeitplan passt (Sie können es auch in der Eisenhower-Matrix abbilden, siehe Abschn. 6.6.4). Wenn Sie das Gefühl haben, eine Anfrage nicht ablehnen zu können, suchen Sie nach einem Kompromiss – vielleicht kann Ihnen jemand bei einer Aufgabe auf Ihrer To-do-Liste helfen. Eine Anfrage abzulehnen mag unhöflich erscheinen, aber Ihr Projekt zu schützen ist klug.

Das Gleiche gilt für Gelegenheiten, die sich während Ihrer Promotion ergeben. Neue Forschungsideen, Vorschläge für Anschlussstudien, Möglichkeiten zur Forschungskooperation, Konferenzen und Auslandsaufenthalte. Sie sind gleichermaßen attraktiv und beanspruchen Ihre wertvollen Ressourcen. Wenn Sie Ihr Projekt abschließen wollen, seien Sie bereit, „Nein" zu sagen. Anders ausgedrückt: Die Formel Ja = x*Nein (x > 1) bedeutet: Einem Wunsch zuzustimmen, heißt, mehreren anderen abzusagen.

6.3   Wie sieht Ihr Arbeitsstil aus?

Ein Projekt erfolgreich abzuschließen, erfordert einen effektiven Arbeitsstil, und der erste Schritt zur Entwicklung eines solchen Arbeitsstils besteht darin, die eigenen aktuellen Arbeitsgewohnheiten zu verstehen. Abb. 6.5 zeigt die drei Fragen, die zu solchen Erkenntnissen führen. Die erste betrifft das Timing: *Wann sind Sie am produktivsten?* Die Antwort kann sich auf Wochentage beziehen, zum Beispiel sind manche Menschen zu Beginn

Abb. 6.5 Erkenntnisse über den eigenen Arbeitsstil gewinnen

einer Arbeitswoche produktiver als am Ende, wenn das Wochenende naht. Die Antwort kann sich auch auf Ihre innere Uhr beziehen: Manche Menschen sind Frühaufsteher und besonders produktiv, wenn die meisten Kollegen noch nicht im Büro sind, während andere typische Nachteulen sind, die (spät) abends am effektivsten arbeiten.

Die zweite Frage bezieht sich auf das Zeitintervall: *Wie lange können Sie hochproduktiv sein?* Der Zeitraum kann sowohl als Mindest- als auch als Höchstdauer angegeben werden. Wenn Sie zunächst 20 min zum Aufwärmen benötigen, macht es wenig Sinn, für eine wichtige Aufgabe nur 30 min einzuplanen. Das Maximum bezieht sich auf den Ermüdungseffekt – nach einer bestimmten Zeit brauchen wir alle eine Pause. Für viele Menschen ist dies nach 50–90 min intensiver Arbeit der Fall. Überschätzen Sie auch nicht die Anzahl der Stunden pro Tag, die Sie mit intensiver, kreativer Arbeit verbringen können. Viele Studien haben gezeigt, dass fast die Hälfte eines Arbeitstags für Besprechungen, Gespräche mit Kollegen, Pausen, Nachrichtenlesen, soziale Medien usw. aufgewendet wird.[2]

Viele zusätzliche Arbeitsstunden pro Woche zu investieren, ist oft nicht sinnvoll: Wenn Menschen übermäßig lange Arbeitswochen machen, sinkt ihre Produktivität tendenziell, manchmal sogar drastisch. Wenn Sie nicht wissen, wie lange Sie produktiv sein können, protokollieren Sie Ihre Zeit ein oder zwei Wochen lang – dann wissen Sie es. Stellen Sie einfach den Timer auf Ihrem Smartphone und notieren Sie, was Sie in 10- oder 15-Minuten-Intervallen

---

[2] *This is why we need to ditch the 8-h workday for good,* Fast Company, 25. Oktober 2020. https://tribunecontentagency.com/article/this-is-why-we-need-to-ditch-the-8-hour-workday-for-good Zugriff: 22. Juli 2021.

tun. Ein solcher Bericht zeigt auch, wie viel Zeit Sie für Ihre Kernaufgaben und wie viel für zusätzliche Aktivitäten aufwenden. Achten Sie besonders auf die Kommunikation. Obwohl Kommunikation für eine effektive Zusammenarbeit unerlässlich ist, steht ein Großteil der (Online-)Kommunikation möglicherweise nicht im Zusammenhang mit Ihren Kernaufgaben. Die störende und allgegenwärtige Natur von sozialen Medien, Chats und E-Mails verstärkt deren möglichen negativen Einfluss auf die Produktivität.

Die letzte Frage bezieht sich auf das Umfeld: *Wo sind Sie am produktivsten?* Die Antwort kann auf verschiedene Weise formuliert werden. In Bezug auf den Ort: am Arbeitsplatz, im Café oder zu Hause? In Bezug auf die Menschen: ganz für sich allein oder in Gesellschaft anderer, die ebenfalls konzentriert arbeiten? In Bezug auf Geräusche: völlige Stille, mit Ihrer Lieblingsmusik oder mit dem Murmeln von Menschen im Hintergrund? In Bezug auf die Arbeitsplatzorganisation: an einem leeren Tisch mit nur Ihrem Laptop und vielleicht ein paar Papieren oder an einem Schreibtisch, der mit Papieren, Stiften, Tassen, Kisten und unzähligen anderen Dingen überladen ist?

Die Beantwortung der drei Fragen – wann, wie lange und wo Sie am produktivsten sind – verschafft Ihnen Einblick in Ihren Arbeitsstil. Nutzen Sie dieses Wissen, um Ihre wichtigsten Aufgaben entsprechend zu planen. Strukturieren Sie Ihren Tag und die verschiedenen Arbeitsumgebungen um Ihre produktivsten Stunden herum. Wenn Sie am frühen Morgen am effektivsten sind, ist es schade, die ersten Stunden des Tages mit dem Checken von sozialen Medien und regulären E-Mails zu verbringen. Aufgaben im Einklang mit Ihren effektivsten Arbeitsgewohnheiten zu planen, kann bedeuten, zu Hause oder in der Bibliothek zu arbeiten, Zeitfenster im Kalender zu blockieren, sich unauffindbar zu machen oder geräuschunterdrückende Kopfhörer zu kaufen.

6.4 Promotionsstress: guter und schlechter Stress

Stress während der Promotion ist weit verbreitet,[3] und Stress kann sowohl gut als auch schlecht sein. *Guter Stress* ist das, was wir brauchen, um unsere beste Leistung zu erbringen – das ist der Stress, den Sie unmittelbar vor einer Präsentation, Vorlesung oder einem Vorstellungsgespräch empfinden.

---

[3] Cornwall et al. (2019).

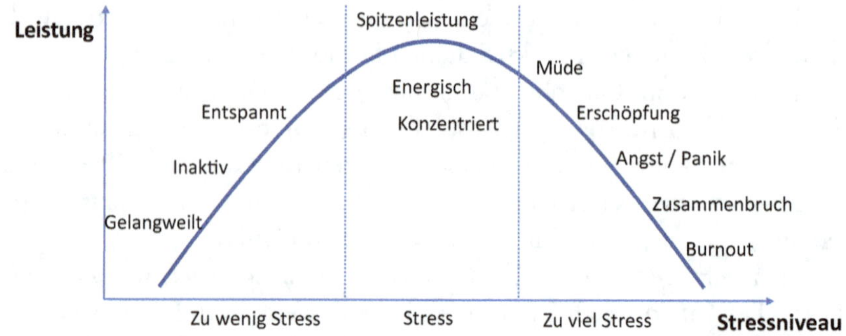

Abb. 6.6 Yerkes-Dodson-Gesetz zur Beziehung zwischen Stress und Leistung

Er verhindert, dass Sie unkonzentriert sind, nicht aufmerksam genug oder eine großartige Gelegenheit verpassen. Guter Stress ist vorübergehend, die negativen körperlichen oder emotionalen Symptome verschwinden nach einiger Zeit.

Schlechter Stress hingegen erschöpft und wirkt sich negativ auf die Gesundheit aus. Er kann sich in verschiedenen Symptomen äußern, etwa körperlich (Kopfschmerzen, Magenschmerzen oder Herzrasen), emotional (Reizbarkeit, Unsicherheit oder Depression), kognitiv (Unentschlossenheit, Vergesslichkeit oder Grübeln) oder im Verhalten (übermäßiges Essen, Rauchen oder Trinken oder Fehler machen).[4] Im Gegensatz zu gutem Stress ist schlechter Stress meist dauerhafter und verschlimmert sich daher mit der Zeit. Etwas zu tun, das viel Energie kostet, ist kein Problem, solange man noch energiegeladen ist, aber über einen längeren Zeitraum entzieht es einem die Kraft, beeinträchtigt die Gesundheit und kann letztlich zu einem Zusammenbruch und Burnout führen.

Die empirische Beziehung zwischen Druck und Leistung wird durch das Yerkes-Dodson-Gesetz beschrieben.[5] Nach diesem Gesetz, das 1908 entwickelt wurde, steigt die Leistung mit physiologischer oder mentaler Erregung – aber nur bis zu einem gewissen Punkt. Bei hohem Stress kippt der Effekt, und die Leistung nimmt ab. Abb. 6.6 veranschaulicht diesen Effekt als glockenförmige Kurve, die die Beziehung zwischen Leistung auf der vertikalen Achse und Stressniveau auf der horizontalen Achse zeigt. Das Modell macht deutlich, dass auch zu wenig Stress nicht gut ist: Wir werden gelangweilt

---

[4] *Tips for dealing with unhealthy stress* (auf Niederländisch), https://www.skillstown.com/5-tips-voor-het-omgaan-met-ongezonde-stress Zugriff: 25. September 2023.

[5] Yerkes und Dodson (1908); siehe auch: https://en.wikipedia.org/wiki/Yerkes-Dodson_law.

und inaktiv, weit entfernt davon, inspiriert, gefordert und kreativ zu sein. Bei maximaler Leistung erleben wir „guten" Stress und sind energiegeladen und fokussiert.

Wenn Ihr Stress höher ist als für maximale Leistung nötig, erleben Sie zu viel Stress. Dies führt zu negativen Effekten und verschlimmert sich, wenn das Stressniveau weiter steigt oder länger anhält. Das ist das, was oben als „schlechter" Stress bezeichnet wurde. Die Literatur zeigt, dass das Yerkes-Dodson-Gesetz nicht für jede Aufgabe gilt, sondern insbesondere für komplexe, ungewohnte oder schwierige Aufgaben – und genau das sind die Aufgaben, an denen Promovierende arbeiten.

Interessanterweise sind es nicht immer die Aktivitäten selbst, die einen auslaugen, sondern die eigene Sichtweise darauf. Wie die Achtsamkeitsforscherin Ellen Langer sagt: „Stress ist keine Funktion von Ereignissen, sondern eine Funktion der Sichtweise auf Ereignisse."[6] Nicht die Ereignisse, sondern das eigene Denken darüber erzeugt den Stress. Wenn Sie sich überfordert fühlen, entsteht Stress, weil Sie denken, alles allein, in kurzer Zeit und mit zu wenigen Ressourcen schaffen zu müssen. Ihr Rat ist, zu überprüfen, ob diese Annahmen wirklich zutreffen. Und falls ja: Wie schlimm sind die Konsequenzen wirklich, wenn Sie eine solch horrende Aufgabe nicht bewältigen können?

Neuere Forschung geht noch einen Schritt weiter und legt nahe, dass sogar die eigene Einstellung zu Stress entscheidend ist. Menschen, die ihre Stressreaktion als hilfreich für ihre Leistung betrachteten, waren weniger gestresst, weniger ängstlich und selbstbewusster, und auch ihre körperliche Stressreaktion war gesünder.[7] Es wurde auch festgestellt, dass Stress Menschen sozialer macht. Wenn Sie sich unter Stress an andere wenden – sei es, um Unterstützung zu suchen oder um jemand anderem zu helfen –, wird Ihre Stressreaktion gesünder und Sie erholen sich schneller vom Stress. Diese Forschung legt nahe, dass unser Denken und Handeln unsere Stresserfahrung verändern kann. Die Entscheidung, die Stressreaktion als hilfreich zu betrachten, schafft die biologische Grundlage für Mut, während die Verbindung mit anderen unter Stress Resilienz schafft. Dennoch gilt: Da Stress für Promovierende ein häufiges Problem ist, sollten Sie Ihren Stresspegel beobachten und, wenn es zu viel wird, rechtzeitig geeignete Maßnahmen ergreifen, siehe auch Kap. 7.

---

[6] Langer (2014).

[7] McGonigal (2013); siehe auch: McGonigal (2015).

6.5 Steigerung Ihrer Effektivität

Den Überblick darüber zu behalten, was zu tun ist, ist entscheidend, um nicht von der Arbeit überwältigt zu werden. In diesem Abschnitt werden zwei Gruppen von Leitlinien vorgestellt, die Ihre persönliche Effektivität steigern sollen. Die erste Gruppe zielt auf eine Verbesserung des Zeitmanagements ab und enthält Tipps für die kurzfristige Effektivität; die zweite Gruppe konzentriert sich auf die langfristige Planung Ihres Promotionsprojekts. Die kurzfristige Effektivität wird durch Ihre Auswahl der Aufgaben und Ihre Tagesgestaltung bestimmt. Abb. 6.7 gibt einen Überblick über Leitlinien zur Verbesserung des kurzfristigen Zeitmanagements.

1. Erstellen Sie eine To-do-Liste

Zeitmanagement beginnt damit, zu wissen, was zu tun ist. Um den Überblick über Ihre kurzfristigen Aufgaben zu behalten, erstellen Sie eine To-do-Liste. Welche Aktivitäten müssen Sie heute oder diese Woche erledigen? Wie viel Zeit beansprucht jede Aktivität und wie wichtig ist sie für Ihr Projekt? Auf dieser Grundlage entwickeln Sie einen Zeitplan für heute oder diese Woche. Die Aktivitäten auf Ihrer To-do-Liste leiten sich von den Ergebnissen ab, die Sie erreichen möchten; siehe Abschn. 6.1.

Um Fortschritte und Erfolge nachzuverfolgen, fügen Sie Spalten für die „In-Arbeit-Liste" und die „Erledigt-Liste" hinzu (dies ähnelt einem

Abb. 6.7 Sieben Tipps zur Verbesserung Ihres Zeitmanagements

Kanban-Board). Sie können dies entweder auf einem Whiteboard in Ihrem Büro tun oder spezielle Tools verwenden, siehe Abschn. 6.6.

2. Planen Sie Unterbrechungen ein

Da Unterbrechungen unvermeidlich sind, sollten Sie an einem Acht-Stunden-Arbeitstag keine Aufgaben für acht Stunden einplanen. Reservieren Sie Zeit für Unterbrechungen und unerwartete Ereignisse. Wenn möglich, bündeln Sie diese, zum Beispiel indem Sie ein Gespräch mit einer Kaffeepause verbinden, und überprüfen Sie soziale Medien nur als Belohnung nach Abschluss einer Kernaufgabe, statt jedes Mal, wenn eine neue Nachricht eingeht. Wenn Sie an einer wichtigen Aufgabe arbeiten und Unterbrechungen nicht passen, minimieren Sie deren Wahrscheinlichkeit. Legen Sie Ihr Telefon weg, schließen Sie Ihr E-Mail-Postfach, hängen Sie ein „Bitte nicht stören"-Schild an Ihre Tür oder verlassen Sie Ihr Büro.

3. Beginnen Sie jeden Tag mit einer Aufgabe hoher Priorität

Wenn Ihre tägliche To-do-Liste viele Punkte enthält, ist es verlockend, mit den kleineren Aufgaben zu beginnen. Denn dann haben Sie nach einer Stunde schon mehrere Aufgaben erledigt, und das fühlt sich gut an (ich weiß das!). Doch dabei handelt es sich meist um weniger wichtige Aufgaben (siehe Abschn. 6.6.4), wie das Beantworten einiger E-Mails. Um zu vermeiden, dass Ihnen für größere und wichtigere Aufgaben die Zeit und Energie ausgehen, beginnen Sie jeden Tag mit der wichtigsten Aufgabe des Tages und lassen Sie soziale Medien (und E-Mails) geschlossen, bis Sie diese Aufgabe erledigt haben.

4. Vermeiden Sie Prokrastination

Stellen Sie sich eine große und komplexe Aufgabe vor, die unangenehme Menschen einbezieht und die Sie auch morgen erledigen könnten: Warum sollten Sie sie heute machen? Nun, aus mehreren Gründen. Unsere Angst vor einer Aufgabe ist meist größer als ihre tatsächlichen Nachteile. Die Aufgabe wird Ihnen wahrscheinlich den ganzen Tag im Kopf herumspuken: Warum erledigst du mich nicht? Diese unangenehmen Menschen werden über Nacht nicht sympathischer, also macht Aufschieben die Sache nicht leichter. Und Handeln erzeugt Schwung für weiteres Handeln; eine gefürchtete Aufgabe erledigt zu haben, fühlt sich umso besser an. Der beste

Zeitpunkt, eine solche unangenehme Aufgabe zu erledigen, ist also: jetzt! Dieser Rat ähnelt der „Eat the Frog First"-Methode, die empfiehlt, jeden Tag mit der schwierigsten und wichtigsten Aufgabe auf Ihrer To-do-Liste zu beginnen.

Aufschieben ist für viele Promovierende ein Problem.[8] Es hilft, Prioritäten und Fristen zu setzen, zu lernen, „Nein" zu sagen („Ja, es ist eine tolle Idee, ein Eis zu essen, aber ich möchte erst diese Aufgabe beenden"), und Ablenkungen wie E-Mails und soziale Medien zu steuern.

5. Belohnen Sie sich selbst für das Erreichen eines Ziels

Egal wie klein eine Aufgabe ist, jedes Mal, wenn Sie eine erledigen, haben Sie ein Ziel erreicht und sollten sich dafür belohnen. Sie müssen nicht jeden Tag eine Flasche Wein öffnen oder mehrere Schokoladenriegel essen, aber sich ein paar Minuten in sozialen Medien zu gönnen, einen Kaffee zu holen oder mit einem Freund zu plaudern, sind Beispiele für kleine Belohnungen, die Ihnen ein gutes Gefühl geben. Sie liefern Energie für die nächste Aufgabe!

6. Machen Sie regelmäßig Pausen

Um Ihre Batterien aufzuladen und kreativ sowie produktiv zu bleiben, planen und nehmen Sie regelmäßige Pausen. Achten Sie darauf, sowohl in Häufigkeit als auch Dauer ausreichend Pausen einzulegen, mehrmals täglich, am Ende von Tagen und Wochen, sowie regelmäßig Urlaub zu nehmen. Effektive Pausen sind Pausen fernab von der Arbeit (und dem Handy!). Pausen helfen auch, komplexe Probleme zu lösen. Oft kommen die besten Ideen, wenn Sie Ihrem Gehirn Zeit zur Reifung geben. Es hilft auch, regelmäßig die Umgebung zu wechseln, mittags draußen spazieren zu gehen, den Tee an einem anderen Ort als sonst zu holen oder auf eine andere Etage zur Toilette zu gehen. Solche Handlungen durchbrechen Muster und erfrischen Körper und Geist.

7. Reflektieren Sie Ihr Zeitmanagement

Reflektieren Sie von Zeit zu Zeit, wie es Ihnen geht. Sind Sie zufrieden mit Ihrer Arbeitsweise und den erzielten Fortschritten? Welche Aktivitäten

---

[8] Weitere Informationen zum Thema Prokrastination finden Sie in dem unterhaltsamen und aufschlussreichen Ted Talk von Tim Urban „Inside the mind of a master procrastinator".

nehmen mehr Zeit in Anspruch als geplant? Ist Aufschieben ein Problem? Lassen Sie sich leicht ablenken? Wann und warum? Belohnen Sie sich ausreichend? Überprüfen und überarbeiten Sie gegebenenfalls Ihr Zeitmanagement. Überdenken Sie auch Ihre Arbeitsgewohnheiten. Falls nötig, können Sie erneut ein Zeitprotokoll führen und analysieren, wie Sie Ihre Zeit nutzen. Im Verlauf Ihres Projekts erwerben Sie neue Fähigkeiten, während sich Aufgaben und Umstände ändern – was früher funktionierte, muss in Zukunft nicht mehr passen.

Während sich die obigen Tipps auf das kurzfristige Zeitmanagement konzentrieren, zielt die nächste Gruppe von Tipps darauf ab, die Planung Ihres Forschungsprojekts zu verbessern; siehe Abb. 6.8.

1. Projektplanung ist iterativ

Planung ist ein fortlaufender, iterativer Prozess. Jeder Plan basiert auf dem Wissen zu einem bestimmten Zeitpunkt. Wenn sich Ziele, Aufgaben, Fähigkeiten, Ressourcen oder Umstände ändern, muss auch Ihr Plan angepasst werden. Schieben Sie die Planung nicht auf, bis Sie genau wissen, was zu tun ist und wie viel Zeit und andere Ressourcen benötigt werden. Erstellen Sie einen Plan mit dem Wissen, das Sie jetzt haben, und überprüfen und überarbeiten Sie ihn regelmäßig. In der Regel wissen wir mehr über kurzfristige Aktivitäten und weniger über weiter in der Zukunft liegende Aufgaben, was bedeutet, dass der kurzfristige Bereich detaillierter geplant werden kann. Die nächsten drei Monate können Sie wahrscheinlich wöchentlich planen, den Rest des Jahres monatlich, das nächste Jahr vielleicht nur vierteljährlich und das darauffolgende Jahr halbjährlich. Verschwenden Sie keine Zeit mit perfekten Schätzungen – mit der Zeit können Sie den Plan weiter ausarbeiten.

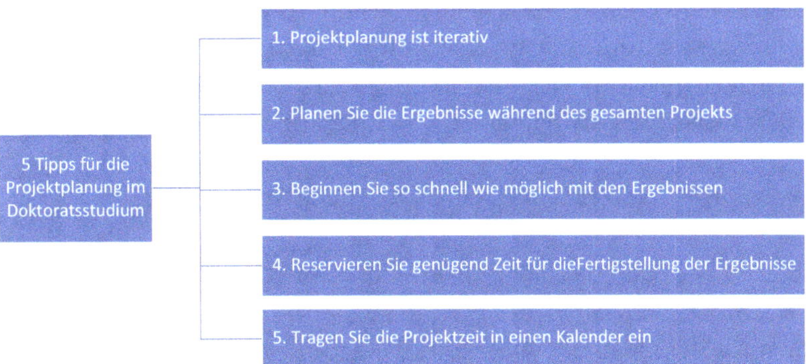

Abb. 6.8 Fünf Tipps zur Verbesserung der Planung Ihres Forschungsprojekts

2. Planen Sie Deliverables über das gesamte Projekt hinweg

Es erscheint logisch, zunächst das Forschungsprojekt durchzuführen und dann die Projektergebnisse zu erstellen. Es ist jedoch besser, Ihr Projekt so zu organisieren, dass Sie während des Projekts mehrere Teilergebnisse produzieren können. Dadurch wird eine große Herausforderung in mehrere kleinere unterteilt – Sie erklimmen den Berg Schritt für Schritt – und es ist motivierender, da Sie während Ihrer Promotion greifbare Ergebnisse erzielen, was zahlreiche Gelegenheiten zur Selbstbelohnung schafft.

3. Beginnen Sie so früh wie möglich mit der Erstellung von Deliverables

Es ist nicht nur ratsam, mehrere Deliverables über das Projekt hinweg zu planen, sondern auch, so früh wie möglich mit deren Erstellung zu beginnen. Denken Sie bereits bei der Entwicklung eines Forschungsantrags an mögliche Veröffentlichungen. Schreiben Sie eine vorläufige Literaturübersicht, wenn Sie Literatur studieren, verfassen Sie einen Entwurf des Methodenteils, wenn Sie Feldforschung vorbereiten usw. Möglicherweise müssen Sie den Text beim Verfassen des endgültigen Artikels noch ändern, aber zumindest haben Sie einen guten Anfang und es ist weniger wahrscheinlich, dass Sie wichtige Details vergessen.

4. Reservieren Sie ausreichend Zeit für die Fertigstellung der Deliverables

Das Schreiben von Artikeln ist ein iterativer Prozess aus Schreiben, Lesen, Überarbeiten, erneutem Lesen und erneutem Überarbeiten. Der Prozess umfasst Präsentationen von Entwürfen auf Seminaren und Konferenzen, um Feedback zu erhalten, was oft weitere Überarbeitungsrunden bedeutet. Beim Schreiben eines Artikels geht es darum, sowohl den Inhalt als auch die Darstellung zu optimieren, weshalb die Fertigstellung der letzten 10–20 % eines Artikels genauso viel Zeit in Anspruch nehmen kann wie die ersten 80–90 %. Stellen Sie sicher, dass Ihr Zeitplan dies berücksichtigt.

5. Tragen Sie die Projektzeit in einen Kalender ein

Bei der Entwicklung eines Projektplans basiert der kurzfristige Zeitplan häufig auf Wochen. Sie benötigen drei Wochen für diese Aufgabe und vier Wochen für die nächste. All diese Aktivitäten lassen sich möglicherweise gut in die 52 Wochen eines Jahres einpassen. Allerdings ist es erfahrungsgemäß während der Ferienzeit besonders schwierig, Personen zu befragen, und auch wenn Sie vielleicht bereit sind, in der Zeit zwischen den Jahren zu arbeiten, gilt dies möglicherweise nicht für Ihre Betreuungsperson oder Ihre Co-Autor*innen. Tragen Sie Ihren Zeitplan in einen Kalender ein, um zu prüfen, ob er realistisch ist.

6.6 Werkzeuge für ein effektives Zeitmanagement

Verschiedene Werkzeuge und Methoden wurden entwickelt, um die Projektplanung und das Zeitmanagement zu verbessern. In diesem abschließenden Abschnitt werden vier einfach zu verwendende Tools vorgestellt. Das Gantt-Diagramm ist ein einfaches grafisches Werkzeug, das bei der Planung hilft, indem es einen visuellen Überblick darüber gibt, was wann zu erledigen ist; siehe Abschn. 6.6.1. Die Methode des kritischen Pfades ist etwas fortgeschrittener und hilft bei der Priorisierung von Aktivitäten. Sie ist nützlich, wenn viele Aktivitäten teilweise in einer bestimmten Reihenfolge und teilweise parallel erledigt werden müssen; siehe Abschn. 6.6.2. Die Pomodoro-Technik ist eine stark strukturierte Methode, um bestimmte Aufgaben zu erledigen, wobei der Fokus auf kurzfristigem Zeitmanagement liegt; siehe Abschn. 6.6.3. Schließlich ist die Eisenhower-Matrix ein hilfreiches Werkzeug zur Priorisierung, indem sie zwischen wichtigen und dringenden Aufgaben unterscheidet; siehe Abschn. 6.6.4.

Sie können diese Methoden auf verschiedene Weise nutzen. Eine einfache Möglichkeit ist Papier und Bleistift oder ein Whiteboard im Büro (dann sehen Sie es jeden Morgen), aber für jede der in diesem Abschnitt besprochenen Methoden gibt es verschiedene Softwarelösungen (Apps). Sie können allgemeine Software wie Excel oder Word verwenden oder spezialisierte Programme wie Trello, Asana, Clickup, Workzone oder RescueTime. Um sich von Online-Ablenkungen zu befreien, können Sie Tools wie Freedom oder LeechBlock nutzen.

6.6.1 Gantt-Diagramm zur Gestaltung eines Projektzeitplans

Ein Gantt-Diagramm ist ein Balkendiagramm, das einen Projektzeitplan sichtbar macht, indem es die verschiedenen Aufgaben und deren Dauer darstellt. Die Zeilen enthalten Aufgaben oder Aktivitäten, die Spalten beziehen

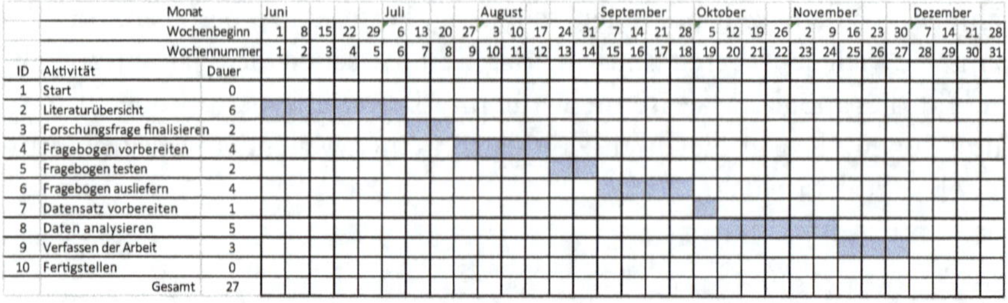

			Monat					Juni					Juli				August					September				Oktober				November					Dezember			
		Wochenbeginn						1	8	15	22	29	6	13	20	27	3	10	17	24	31	7	14	21	28	5	12	19	26	2	9	16	23	30	7	14	21	28
		Wochennummer						1	2	3	4	5	6	7	8	9	10	11	12	13	14	15	16	17	18	19	20	21	22	23	24	25	26	27	28	29	30	31
ID	Aktivität	Dauer						1	2	3	4	5	6	7	8	9	10	11	12	13	14	15	16	17	18	19	20	21	22	23	24	25	26	27	28	29	30	31
1	Start	0																																					
2	Literaturübersicht	6						█	█	█	█	█	█																										
3	Forschungsfrage finalisieren	2												█	█																								
4	Fragebogen vorbereiten	4														█	█	█	█																				
5	Fragebogen testen	2																		█	█																		
6	Fragebogen ausliefern	4																				█	█	█	█														
7	Datensatz vorbereiten	1																								█													
8	Daten analysieren	5																									█	█	█	█	█								
9	Verfassen der Arbeit	3																														█	█	█					
10	Fertigstellen	0																																					
	Gesamt	27																																					

Abb. 6.9   Ein Beispiel für ein Gantt-Diagramm für ein (umfragebasiertes) Forschungsprojekt

sich auf Zeitabschnitte. Das Diagramm enthält horizontale Balken, die zeigen, wann eine Aktivität beginnt und wie viele Zeitabschnitte sie dauert. Das Diagramm ist nach seinem Erfinder Henry Gantt (1861–1919) benannt.[9] Ein großer Vorteil des Diagramms ist seine einfache Handhabung, sowohl bei der Erstellung als auch bei der Nutzung. Es hilft, einen Zeitplan zu entwickeln, diesen anderen mitzuteilen und den Fortschritt zu überprüfen.

Die Länge eines Balkens signalisiert die Dauer einer Aufgabe. Die Farbe oder Schattierung des Balkens kann genutzt werden, um weitere Informationen zu vermitteln, etwa die Art der Aufgabe, wer dafür verantwortlich ist (bei Teamarbeit) oder inwieweit eine Aufgabe bereits abgeschlossen ist (eine dunklere Farbe oder stärkere Schattierung steht für einen höheren Fertigstellungsgrad).

Es ist auch möglich, die Reihenfolge darzustellen, in der Aufgaben erledigt werden müssen. Im einfachen Beispiel in Abb. 6.9 müssen alle vorherigen Aktivitäten abgeschlossen sein, bevor die nächste beginnen kann, doch häufig ist das nicht der Fall. Ein Gantt-Diagramm ermöglicht es, Aktivitäten parallel zu planen. Sequenzielle Beziehungen können durch einen Pfeil vom Ende der vorhergehenden zur nachfolgenden Aufgabe dargestellt werden.

Es ist auch möglich, den Plan auf mehreren Ebenen zu betrachten. Abb. 6.9 zeigt einen Plan in Wochen, aber Sie können diesen auf Monate, Quartale oder sogar Jahre aggregieren. Sie können aber auch hineinzoomen, zum Beispiel kann die Aktivität Literaturrecherche (mehrere Runden von) Suchen, Lesen und Auswerten von Literatur umfassen, gefolgt von einem Bericht und einer Diskussion mit der Betreuungsperson. Diese Schritte können auf Tagesbasis geplant werden. Das Gantt-Diagramm in Abb. 6.9 wurde

---

[9] https://de.wikipedia.org/wiki/Gantt-Diagramm.

mit MS Excel erstellt, aber spezialisierte Software ermöglicht die Erstellung komplexerer (und ansprechenderer) Diagramme. Suchen Sie im Internet nach „kostenlose Gantt Chart Tools".

6.6.2 Kritischer Pfad zur Analyse von Beziehungen zwischen Aufgaben

Die Methode des kritischen Pfades (Critical Path Method) wird verwendet, um eine Reihe von Aktivitäten zu planen, die teilweise in einer festen Reihenfolge und teilweise parallel erledigt werden müssen.[10] Die Methode konzentriert sich auf die Zeit, die für die Durchführung dieser Aktivitäten benötigt wird, und identifiziert die längste Abfolge voneinander abhängiger Aktivitäten als kritischen Pfad. Die für diese Abfolge von Aktivitäten vom Anfang bis zum Ende benötigte Zeit bestimmt, wie lange ein Projekt insgesamt dauert.

Um die Methode anzuwenden, benötigen Sie einen Startpunkt, einen logischen Endpunkt, eine Liste aller zum Projekt gehörenden Aktivitäten mit deren Dauer sowie die Abhängigkeiten zwischen den Aktivitäten. Eine einfache Version der Methode verwendet ein Aktivitäts-Pfeil-Diagramm, in dem die Aktivitäten in Kästchen dargestellt und mit Pfeilen zur Darstellung der Abhängigkeiten verbunden werden. Die Zahl im Kasten gibt die Anzahl der Zeitabschnitte an, die für die Durchführung einer Aktivität benötigt werden; im Beispiel einer Online-Umfrage in Abb. 6.10 sind dies Tage. Es ist leicht zu erkennen, dass der obere Pfad in der Abbildung mehr Zeit benötigt als der untere, nämlich 13 Tage (einschließlich der ersten und letzten Aktivität) gegenüber 10 Tagen. Das bedeutet, dass der obere Pfad der kritische Pfad ist. Wenn eine dieser Aktivitäten verzögert wird, verlängert sich das gesamte Projekt. Im Projektmanagement sind dies die Aktivitäten, die besonders eng überwacht werden müssen.

Die Zahlen oberhalb und unterhalb jedes Kastens beziehen sich auf die möglichen Start- und Endtage einer Aktivität. Die Zahlen oben geben die frühesten Start- und Endtage an, während die Zahlen unten die spätesten Start- und Endtage ohne Verlängerung des Projekts darstellen. Für die Aktivitäten auf dem kritischen Pfad sind beide Datensätze identisch, da diese Aktivitäten keinen Spielraum für Verzögerungen bieten.

---

[10] Siehe auch: https://de.wikipedia.org/wiki/Kritischer_Pfad_Methode.

Bei Aktivitäten, die nicht auf dem kritischen Pfad liegen, spiegelt die Differenz zwischen beiden Zahlen die maximal mögliche Verzögerung wider, ohne die Gesamtdauer des Projekts zu beeinflussen. In der Terminologie der Critical-Path-Methode ist dies der Puffer (Float) einer Aktivität. In diesem Fall kann selbst dann, wenn eine der Aktivitäten „Vorbereitung der E-Mail-Liste" oder „Vorbereitung des Mailing-Texts" um drei Tage verzögert wird, das gesamte Projekt dennoch rechtzeitig abgeschlossen werden.

Die Critical-Path-Analyse ist hilfreich, um Aktivitäten zu identifizieren, die besonders eng überwacht werden müssen. Wenn diese Aktivitäten länger dauern, verzögert sich das gesamte Projekt. Dies sind die Aktivitäten auf dem kritischen Pfad. Die anderen Aktivitäten, die nicht auf dem kritischen Pfad liegen, können verzögert werden, ohne das Projekt zu verlängern. Wenn sie sich jedoch zu stark verzögern, wird ihre Abfolge zum kritischen Pfad. Sobald der kritische Pfad identifiziert ist, entscheiden Sie, ob dessen Länge akzeptabel ist. Falls nicht, prüfen Sie, ob Sie ihn durch zusätzliche Ressourcen oder eine Umplanung der beteiligten Aktivitäten verkürzen können. Während der Projektdurchführung kann das Critical-Path-Diagramm genutzt werden, um die Folgen von Rückschlägen zu bestimmen: Betreffen sie nur einzelne Aktivitäten oder das gesamte Projekt?

Eine alternative und gängige Darstellung des kritischen Pfads ist ein Activity-on-Node-Diagramm, das im Wesentlichen die gleichen Informationen wie in Abb. 6.10 enthält. Komplexere Diagramme können spezielle Einschränkungen berücksichtigen, zum Beispiel dass manche Aktivitäten an jedem Tag erledigt werden können (weil Sie sie selbst durchführen), während andere nur an Werktagen möglich sind (weil andere beteiligt sind). Spezialisierte Critical-Path-Software ermöglicht nicht nur das Zeichnen und die Komplexitätssteigerung des Diagramms, sondern identifiziert auch den kritischen Pfad (was bei Projekten mit vielen verschiedenen Pfaden sehr aufwendig sein kann) und berechnet die jeweiligen Zeiten. Suchen Sie im Internet nach „kostenlose Critical Path Analysis Tools".

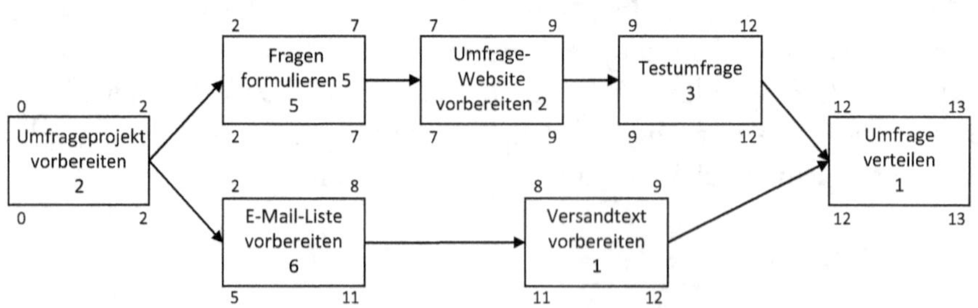

Abb. 6.10 Ein Beispiel für eine Critical-Path-Analyse zur Vorbereitung einer Umfrage

6.6.3 Pomodoro-Technik zur Erledigung von Aufgaben

Die Pomodoro-Technik ist eine einfache Planungsmethode, um Aktivitäten während eines Tages zu erledigen, indem sie anhaltende Konzentration fördert und geistiger Ermüdung vorbeugt. Die Methode sieht vor, zwischen relativ kurzen, fokussierten Arbeitseinheiten und häufigen kurzen Pausen abzuwechseln. Die 25-minütigen Arbeitseinheiten ähneln Sprints, wie sie von der Scrum-Methode vorgeschlagen werden. Die Methode, die Ende der 1980er-Jahre von Francesco Cirillo entwickelt wurde, beinhaltet die Verwendung eines Timers. Der Legende nach benutzte Cirillo eine tomatenförmige Küchenuhr und entschied sich daher, die Arbeitseinheiten Pomodoros zu nennen, italienisch für Tomaten.[11] Die Pomodoro-Technik umfasst sechs Schritte, siehe Abb. 6.11.

1. Entscheiden Sie sich für die zu erledigende Aufgabe

Erstellen Sie eine Liste der Aktivitäten, die Sie erledigen müssen, und wählen Sie die Aufgabe aus, mit der Sie beginnen möchten.

2. Stellen Sie einen Timer auf 25 min ein

Dies ist die Handlung, die das Versprechen widerspiegelt, das Sie sich selbst geben: Ich werde 25 min ununterbrochen an der ausgewählten Aufgabe arbeiten.

3. Arbeiten Sie an der Aufgabe, bis der Timer klingelt

Lassen Sie sich nicht ablenken, arbeiten Sie voll konzentriert an der ausgewählten Aufgabe. Kein Multitasking, sondern fokussiertes Monotasking.

4. Machen Sie eine kurze Pause (5–10 min)

Beenden Sie die Arbeit, wenn der Timer klingelt, setzen Sie ein Häkchen auf Ihre To-do-Liste und notieren Sie, was Sie erledigt haben. Dann: Machen Sie eine kurze Pause. Während der Pause können Sie tun, was Sie möchten, solange es nicht arbeitsbezogen ist – die Pause ist der Entspannung vorbehalten.

---

[11] Weitere Informationen finden Sie unter: https://en.wikipedia.org/wiki/Pomodoro_Technique und https://francescocirillo.com/pages/pomodoro-technique. Zugriff am 25. September 2023.

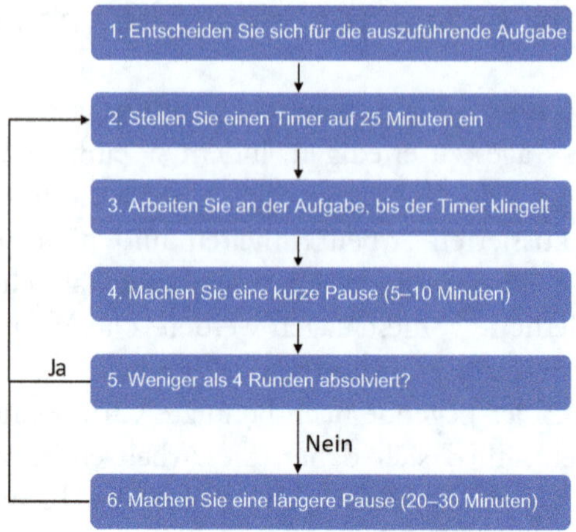

Abb. 6.11   Pomodoro-Technik zur Erledigung von Aktivitäten

5. Weniger als 4 Runden absolviert? Kehren Sie für die nächste Runde zu Schritt 2 zurück

Solange Sie noch keine Serie von vier Runden abgeschlossen haben, kehren Sie für das nächste Pomodoro zu Schritt 2 zurück, welcher die nächste Aufgabe auf Ihrer To-do-Liste umfasst, vorausgesetzt, Sie haben die erste Aufgabe abgeschlossen. Nach vier Runden gehen Sie zu Schritt 6.

6. Nach Runde 4: Machen Sie eine längere Pause (20–30 min)

Gönnen Sie sich nach vier Arbeitseinheiten eine längere Pause. Nutzen Sie die Pause erneut zur Entspannung. Nach der Pause kehren Sie zu Schritt 2 zurück, um die nächsten vier Pomodoros zu absolvieren.

Varianten der Pomodoro-Technik beinhalten eine Personalisierung, indem Sie die Methode an Ihre Arbeitsgewohnheiten anpassen. Je nach Ihrem natürlichen Konzentrationszyklus können Sie eine längere Zeitspanne (30–40 min) für jede Arbeitseinheit wählen. Oder wenn es sich als schwierig erweist, vier Pomodoros durchzuhalten, bevor Sie eine längere Pause machen, können Sie diese auch nach drei Arbeitseinheiten einlegen. Wenn Sie sich für die Pomodoros nicht motivieren können, versuchen Sie es gemeinsam mit ein paar Kolleginnen und Kollegen. Für Software zur Anwendung der Pomodoro-Technik suchen Sie im Internet nach „kostenlose Pomodoro-App".

6.6.4 Eisenhower-Matrix: Wichtige und dringende Aufgaben

Während die Pomodoro-Technik hilfreich ist, um Aufgaben an einem Tag zu erledigen, eignet sich die Eisenhower-Matrix dazu, Ihre Priorisierung von Aufgaben zu reflektieren. Nutzen Sie Ihre Zeit sinnvoll? Zeitmanagement erfordert nicht nur gute Planung, sondern auch ein gutes Verständnis Ihrer Arbeitsgewohnheiten. Sowohl die Zeitplanung als auch die Pomodoro-Technik verlangen, dass Sie zunächst eine To-do-Liste erstellen und dann die Reihenfolge festlegen, in der Sie die Aktivitäten ausführen. Die Eisenhower-Matrix ist hilfreich, um Priorisierungsentscheidungen zu treffen und zu bewerten. Dies ist besonders nützlich bei der Erstellung eines Zeitplans oder bei der Reflexion über Ihre Arbeitsgewohnheiten, insbesondere in Situationen, in denen viele Aufgaben unangekündigt eintreffen. Beispiele hierfür sind eine unerwartete E-Mail, jemand klopft an Ihre Tür oder Sie erinnern sich plötzlich an eine vergessene Aufgabe. Da diese Ereignisse nicht Teil des Zeitplans sind, müssen Sie ad hoc entscheiden, was zu tun ist. Die Realität entwickelt sich dann oft gemäß einem berühmten Zitat, das dem ehemaligen US-Präsidenten Dwight D. Eisenhower zugeschrieben wird: „Was wichtig ist, ist selten dringend, und was dringend ist, ist selten wichtig."

Auf Basis dieses Zitats wird die Eisenhower-Matrix konstruiert. Die Matrix ist eine einfache 2×2-Matrix, die zwischen nicht dringenden und dringenden Aufgaben sowie zwischen unwichtigen und wichtigen Aufgaben unterscheidet; siehe Abb. 6.12. Die Matrix kann sowohl rückblickend genutzt werden, um Ihre Arbeitsgewohnheiten zu überprüfen und zu reflektieren, als auch vorausschauend, um Aufgaben zu priorisieren. In beiden Fällen

	Nicht wichtig	Wichtig
Dringend	**1.** Nachricht aus der Mailingliste E-Mails von Studenten Facebook X/Twitter	**2.** Deadline-Konferenz Besprechung mit Vorgesetztem Vorbereitung einer Präsentation
Nicht dringend	**3.** Surfen im Internet Die meisten E-Mails	**4.** Artikel lesen Zeitschriftenartikel schreiben Netzwerken Teilnahme an Forschungsseminar

Abb. 6.12 Eisenhower-Matrix zur Kategorisierung und Priorisierung von Aktivitäten

beginnen Sie damit, eine Liste von Aufgaben zu identifizieren, zum Beispiel alles, was Sie diese Woche erledigt haben oder nächste Woche erledigen möchten, und ordnen dann jede Aufgabe der passenden Zelle zu. Anschließend gleichen Sie Ihre Prioritäten mit Ihrer tatsächlichen Zeitverwendung ab.

Es ist naheliegend, sich auf das Dringende zu konzentrieren, da sich diese Aufgaben als überlebenswichtig präsentieren. Viele davon gehören jedoch nicht zur Kategorie „brennendes Haus", also Aktivitäten, die sowohl dringend als auch wichtig sind. Viele dringende Aufgaben sind für Ihr Projekt nicht wirklich wichtig – warum sollten Sie sie also sofort erledigen oder viel Zeit darauf verwenden? Im Allgemeinen werden für die vier Felder folgende Strategien empfohlen: delegieren (Feld 1), so bald wie möglich erledigen (Feld 2), eliminieren (Feld 3) und terminieren und später erledigen (Feld 4).

Aus Priorisierungssicht bieten die Felder 2 und 3 einfache Ziele. Aufgaben in Feld 2 sind sowohl dringend als auch wichtig, sie sind schwer zu ignorieren oder zu vergessen, sodass es unwahrscheinlich ist, dass sie nicht ausreichend beachtet werden. Feld 3 enthält Aktivitäten, denen Sie offensichtlich eine niedrige Priorität zuweisen – Sie erledigen sie nur, wenn Sie viel Zeit haben und keine weiteren Aufgaben mehr auf Ihrer To-do-Liste stehen. Verwenden Sie so wenig Zeit wie möglich darauf und eliminieren Sie sie, wenn möglich.

Die Felder 1 und 4 sind schwieriger. Feld 1 enthält dringende Aufgaben, die nicht wichtig sind; Sie können sie aufschieben, aber das erfordert eine bewusste Entscheidung, sie eine Weile zu ignorieren. Obwohl es verlockend ist, sie sofort zu erledigen, sind das Beantworten von E-Mails oder Aktivitäten in sozialen Medien Aufgaben, die Sie besser bündeln und dann erledigen, wenn Ihnen die Energie für komplexe, kreative Tätigkeiten fehlt. Das Ignorieren fällt leichter, wenn Sie die Benachrichtigungen für neue E-Mails oder Social-Media-Nachrichten ausschalten.

Das andere Feld, das Aufmerksamkeit erfordert, ist Feld 4, das Aufgaben enthält, die wichtig, aber nicht dringend sind. Niemand kommt zu Schaden, wenn Sie das Schreiben eines Artikels auf morgen verschieben. Das Problem ist, dass dies auch morgen wieder gilt und solche Aufgaben leicht vernachlässigt werden. Die Lösung ist: Wenn eine Aufgabe sich nicht selbst dringend macht, müssen Sie sie erledigen. Schreiben Sie sie auf eine To-do-Liste, weisen Sie ihr eine hohe Priorität zu, legen Sie eine Frist fest, reservieren Sie ausreichend Zeit für die Erledigung und lassen Sie keine andere (dringende) Aufgabe dazwischenkommen, zum Beispiel indem Sie die Pomodoro-Technik anwenden. Dies ist eine gute Strategie, insbesondere für sensible Tätigkeiten wie Schreiben, Lesen und Nachdenken.

Einer der Hauptgründe, warum die Eisenhower-Matrix ein so nützliches Werkzeug ist, liegt darin, dass viele Menschen dazu neigen, sich darauf zu konzentrieren, die Dinge richtig zu tun. Sie vergessen, dass dem die Überlegung vorausgehen sollte, welches die richtigen Dinge sind. Die Eisenhower-Matrix hilft Ihnen dabei. Für sofort einsetzbare Vorlagen suchen Sie im Internet nach „kostenlose Eisenhower-Matrix-Vorlage".

Literatur

Cornwall, Jon, Elizabeth C. Mayland, Jacques van der Meer, Rachel A. Spronken-Smith, Charles Tustin and Phil Blyth (2019), Stressors in early-stage doctoral students, *Studies in Continuing Education*, 41:3, 363–380, DOI: https://doi.org/10.1080/0158037X.2018.1534821.

Langer, Ellen (2014), Mindfulness in the age of complexity, *Harvard Business Review*, March, p. 68–73 (Quote: 71).

Maylor, Harvey (2005), *Project management*, 3rd Edition, Prentice Hall, p. 26.

McGonigal, Kelly (2013), *How to make stress your friend, TED Talk, TEDGlobal*, https://www.ted.com/talks/kelly_mcgonigal_how_to_make_stress_your_friend.

McGonigal, Kelly (2015), The upside of stress: why stress is good for you, and how to get good at it, Avery, New York.

Yerkes, Robert M., and John D. Dodson (1908), The relation of strength of stimulus to rapidity of habit-formation, *Journal of Comparative Neurology and Psychology*, 18 (5), p. 459–482.

7

Durchhaltevermögen

Wer noch nie einen Fehler gemacht hat,

hat sich noch nie an etwas Neuem versucht.

Albert Einstein (1879–1955)

Zusammenfassung Forschungsprojekte beinhalten viele Unsicherheiten. Acht häufige Gründe werden diskutiert, warum es Forschenden nicht gelingt, Projekte fristgerecht abzuschließen. Im Umgang mit Rückschlägen hilft es, diese in die richtige Perspektive zu rücken, zum Beispiel dass Rückschläge Ehrgeiz widerspiegeln, dass auch andere zu kämpfen haben und dass wissenschaftliche Standards nur teilweise objektiv sind. Zur Überwindung von Rückschlägen werden effektive Leitlinien vorgestellt. Die Verbindung eines herausfordernden Promotionsprojekts mit dem Privatleben wird leichter, wenn man erkennt, wie sich beide Bereiche gegenseitig stärken können.

E. Huizingh, *Erfolgreich zum Doktortitel*, https://doi.org/10.1007/978-3-032-15929-8_7

Viele Promovierende sind ehrgeizig, fleißig und perfektionistisch, und in einem kompetitiven Umfeld können diese Stärken leicht gegen sie wirken. Infolgedessen erleben viele Studierende psychische und/oder körperliche Gesundheitsprobleme. Um Sie dafür zu sensibilisieren, werden in diesem Kapitel die Faktoren erläutert, die zur Entstehung oder Vermeidung solcher Probleme beitragen.

Rückschläge gehören zum Alltag, an manchen Tagen scheint die Sonne und der Himmel ist blau, an anderen ist es stürmisch und regnerisch. Rückschläge sind in Promotionsprojekten unvermeidlich, da solche Projekte meist hohe Ambitionen mit vielen Unsicherheiten verbinden. Verschiedene Dinge werden in Ihrem Projekt schiefgehen, und dann stellt sich die Frage: Wie erholt man sich und bleibt dran? Das ist das Thema dieses Kapitels.

Abschn. 7.1 behandelt die Notwendigkeit von Durchhaltevermögen in Promotionsprojekten, gibt einen Überblick über häufige Gründe, warum Forschende nicht rechtzeitig liefern können, und stellt einen allgemeinen Ansatz vor, wie man auf Rückschläge reagieren kann. Abschn. 7.2 bietet ein tieferes Verständnis akademischer Rückschläge, indem sie in den breiteren Kontext wissenschaftlicher Arbeit gestellt werden. Rückschläge erfordern Strategien zu ihrer Überwindung. Abschn. 7.3 enthält eine Reihe von Leitlinien für die Entwicklung von Strategien, die dabei wirksam sind.

Die letzten beiden Abschnitte nehmen eine breitere Perspektive ein. Abschn. 7.4 thematisiert, dass Sie neben dem akademischen Leben auch ein Privatleben haben. Wie stellen Sie sicher, dass Ihr „Gesamtleben" beides gut miteinander vereinbart? Der abschließende Abschn. 7.5 konzentriert sich darauf, wie Sie während Ihres Projekts eine gute psychische Gesundheit aufrechterhalten – eine Herausforderung für viele Promovierende. Es werden sowohl die Faktoren, die die psychische Gesundheit beeinflussen, als auch Strategien zum Umgang mit Promotionsstress diskutiert.

7.1 Die Notwendigkeit von Durchhaltevermögen

Promotionsprojekte sind von Natur aus herausfordernd, da ihr Hauptziel darin besteht, neues Wissen zu entdecken. Jedes Projekt ist neuartig und bringt viele Unbekannte mit sich. Ich vergleiche Forschungsprojekte oft mit Abenteuerreisen, da sie so viele Unsicherheiten und unerwartete Wendungen beinhalten. Die Abenteuerreise wird von einer unerfahrenen Abenteurerin oder einem unerfahrenen Abenteurer (Ihnen) unternommen, dem oder der zu Beginn noch einige der notwendigen Kenntnisse und Fähigkeiten fehlen. Der Zweck der Reise ist neu und oft vage formuliert, und unterwegs kann sich herausstellen, dass er nicht korrekt formuliert oder zu ambitioniert ist. Der Zweck kann auch obsolet werden, wenn eine andere Forscherin oder ein anderer Forscher das Wissen veröffentlicht, nach dem Sie gesucht haben, sodass Sie mitten im Projekt die Richtung ändern müssen. Es ist das erste Mal, dass dieses Forscherteam zusammenarbeitet, was sowohl fachlich als auch persönlich Unsicherheiten über die Teamzusammensetzung mit sich bringt. In der Regel fehlen dem Team bestimmte Ressourcen, aber welche das sind, wird oft erst im Verlauf des Projekts deutlich. Es gibt also überall Unsicherheiten.

Gute Planung hilft sicherlich, aber selbst ein guter Plan kann nicht alle Unsicherheiten beseitigen. Was, wenn Sie keinen Zugang zu Datenquellen bekommen? Was, wenn Sie viel weniger oder weniger interessante Daten erhalten? Was, wenn Gutachter*innen Ihre Studie nicht schätzen und Ihren Artikel ablehnen? Da kein Plan diese Unsicherheiten eliminieren kann, besteht die Hauptaufgabe der Forschungsplanung darin, Sie im Vorfeld darauf aufmerksam zu machen. Sie hilft Ihnen dabei, sich bewusst zu werden, was Sie genauer beobachten sollten, Probleme frühzeitig zu erkennen und über einen möglichen Plan B nachzudenken, bevor Sie ihn wirklich brauchen.

Abb. 7.1 enthält eine Liste häufiger Gründe, warum Forschende ihre Projekte nicht rechtzeitig abschließen können.[1] Die ersten beiden wurden bereits in Kap. 6 behandelt, nämlich *schlechtes Zeitmanagement* und das Gefühl, sich *nicht lange genug konzentrieren zu können* (die Pomodoro-Technik kann helfen).

Der dritte Grund betrifft das Ambitionsniveau des Projekts, und die Kandidatin oder der Kandidat kann sich *durch den Umfang der Aufgabe entmutigt* fühlen und überfordert sein. In solchen Fällen hilft es, einen Plan zu entwickeln und die große Herausforderung in kleinere, handhabbare Teile zu zerlegen. Der vierte Grund ist, dass manche Forschende erst *Druck spüren müssen,* bevor sie sich wichtigen Aufgaben widmen können. In solchen Fällen ist es wichtig, Fristen zu haben oder sich selbst zu setzen; auch die Anwendung der Eisenhower-Matrix kann helfen (siehe Abschn. 6.6.4).

Perfektionismus ist ein Merkmal vieler hervorragender Forschender, da er sie dazu bringt, hohe Standards zu setzen. Aber Perfektionismus kann auch verhindern, dass Aufgaben abgeschlossen werden, denn keine Studie und kein Artikel wird je perfekt sein. Es gibt immer Verbesserungsmöglichkeiten, und

---

[1] Basierend auf: http://www2.le.ac.uk/offices/ssds/sd/ld/resources/writing/planning-dissertation.

Abb. 7.1 Häufige Gründe, warum Forschende ihr Projekt nicht rechtzeitig abschließen können

diese kleine Stimme im Kopf sagt vielleicht immer wieder, dass die eigene Arbeit noch nicht gut genug ist. In solchen Fällen wird Perfektionismus zum Hindernis für den Projektabschluss. Irgendwann ist ein Forschungsdesign oder ein Artikel gut genug, und Sie müssen den Mut haben, weiterzugehen.

Die letzten drei Gründe stehen im Zusammenhang mit der psychischen Gesundheit der Forschenden. Die Forschenden können *negative Überzeugungen* über ihre Leistungsfähigkeit haben. In manchen Fällen wird dies als Impostor-Syndrom bezeichnet, wenn Menschen an ihren Fähigkeiten, Talenten oder Erfolgen zweifeln und sich selbst für Betrüger halten.[2] Tatsächlich fehlen Ihnen vielleicht derzeit wichtige Kompetenzen, aber Promotionsprojekte sind als „Learning by Doing"-Projekte konzipiert. Sie entwickeln Ihre Kompetenzen während der Durchführung des Projekts. Die relevante Frage ist nicht, ob Sie bestimmte Fähigkeiten haben, sondern wie Sie sie erwerben können. Eine Wachstumsmentalität, siehe Abschn. 1.7, hilft, negative Überzeugungen zu überwinden.

Motivationsverlust kann verschiedene Ursachen haben, darunter Probleme mit dem Fortschritt oder den Ergebnissen der Studie, der Zusammenarbeit mit der Betreuungsperson oder der Beschaffung von Ressourcen. Schließlich können Probleme im *Privatleben* der Forschenden dazu führen, dass ein Projekt nicht rechtzeitig abgeschlossen wird.

Egal, welcher Grund den Fortschritt Ihrer Arbeit beeinträchtigt: Wenn es passiert, erkennen Sie es so früh wie möglich und vereinbaren Sie ein

---

[2] https://en.wikipedia.org/wiki/Impostor_syndrome.

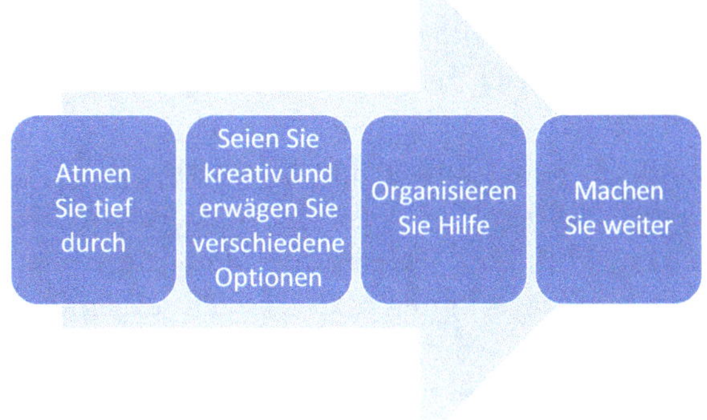

Abb. 7.2 Kurzer Ratschlag zum Umgang mit Rückschlägen

Gespräch mit Ihrer Betreuungsperson und/oder wichtigen Menschen in Ihrem Leben, um zu besprechen, ob ein Kurswechsel notwendig ist. Je früher Sie ein Problem angehen, desto besser.

Es hilft auch, sich klarzumachen, dass Rückschläge nicht zu verhindern sind und ein natürlicher Bestandteil von Forschungsprojekten sind. Planung kann einige davon teilweise verhindern, aber selbst ein ausgezeichneter Plan hat seine Grenzen. Wie der ehemalige Boxweltmeister Mike Tyson einmal sagte: „Jeder hat einen Plan, bis er einen Schlag ins Gesicht bekommt." Der Rest dieses Kapitels konzentriert sich daher darauf, wie Sie mit Rückschlägen umgehen, wenn sie eintreten.

Als Einstieg zeigt Abb. 7.2 den allgemeinen Ansatz, wie man auf Rückschläge reagieren sollte. Atmen Sie zunächst tief durch und akzeptieren Sie die Situation, wie sie ist – Sie haben jetzt ein Problem. Seien Sie dann kreativ bei der Suche nach Optionen, denn für jedes Problem gibt es mehr als eine Lösung. Organisieren Sie Hilfe, Sie sind nicht allein auf der Welt, und andere Menschen können helfen, Lösungen zu finden oder umzusetzen. Und schließlich: Machen Sie weiter, konzentrieren Sie sich nicht auf den Rückschlag, sondern darauf, wie Sie Ihr Projekt trotz des Rückschlags zum Abschluss bringen.

7.2 Akademische Rückschläge richtig einordnen

Die Kenntnis der spezifischen akademischen Normen und Arbeitsweisen hilft, Rückschläge richtig einzuordnen. Basierend auf Gesprächen mit zahlreichen Promovierenden und kombiniert mit Erkenntnissen aus diesem und vorherigen Kapiteln, präsentiert Abb. 7.3 eine Liste von Überlegungen, die es Ihnen erleichtern, sich anzupassen und auch bei Rückschlägen in Ihrem Promotionsprojekt erfolgreich zu bleiben.

1. Sie sind nicht die oder der Einzige mit Schwierigkeiten
 Mit Absicht habe ich diese Überlegung an den Anfang der Liste gestellt, da ich in meinen Workshops viele Promovierende getroffen habe, die sehr erleichtert waren, als sie erfuhren, dass sie nicht die Einzigen mit Schwierigkeiten sind. Jede und jeder Promovierende empfindet das eigene Projekt als herausfordernd, und alle machen Fehler und bekommen Artikel abgelehnt. Es sind also keineswegs nur Sie, die scheitern. Jede und jeder erlebt Stress und hat Angst, ob das Literaturreview vollständig ist, ob das Forschungsdesign der kritischen Prüfung standhält oder ob die eigenen Artikel jemals in guten Zeitschriften veröffentlicht werden. Deshalb ist es gut, andere Promovierende auf Seminaren, Workshops oder Konferenzen zu treffen: Sie werden es bestätigen. Es hilft sehr, Sorgen zu teilen und zu hören, dass andere einen ähnlichen Prozess durchlaufen.
2. Reflektieren Sie Ihre Arbeitsbelastung
 Forschungsprojekte beinhalten viele Aufgaben, und akademische Forschende arbeiten hart. Hohe Standards, perfektionistische Forschende, unrealistische Ziele und viele Unsicherheiten erhöhen das Risiko, körperlich und psychisch erschöpft zu werden. Natürlich wird Stress nicht nur durch die Arbeitsbelastung verursacht, sondern auch durch die eigene Wahrnehmung (siehe Abschn. 6.4). Aber so verbreitet Stress in der

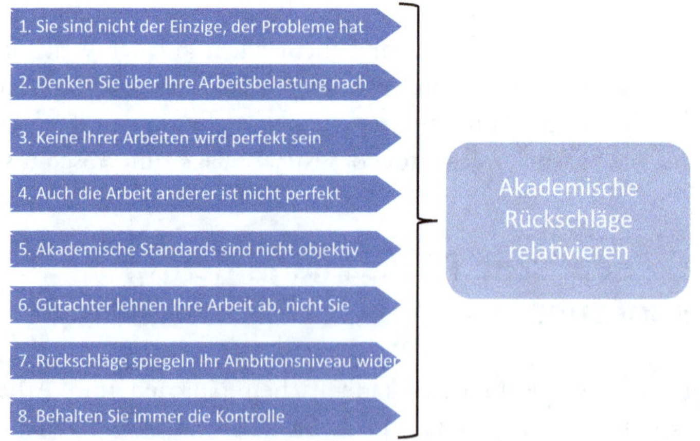

Abb. 7.3 Acht Überlegungen zur Einordnung von akademischen Rückschlägen

Wissenschaft auch ist, zu viel Stress kann zu ernsthaften gesundheitlichen Problemen führen, siehe Abschn. 7.5.

Wenn Sie sich von Ihren Aufgaben überwältigt fühlen, ist es Zeit zur Reflexion. Erstellen Sie eine Aufgabenliste, überdenken Sie Prioritäten, überprüfen Sie Ihren Plan, reflektieren Sie Ihre Arbeitsgewohnheiten und Ihr Zeitmanagement. Wenn Sie danach immer noch gestresst sind und unsicher, ob Sie alles schaffen, sprechen Sie mit Ihrer Betreuungsperson oder einer anderen Vertrauensperson. Es ist wichtig, nicht einfach weiterzumachen und in einer ungesunden Situation zu verharren.

3. Keine Ihrer Arbeiten wird perfekt sein

Viele Forschungseinrichtungen streben Publikationen in renommierten Fachzeitschriften an, und diese verlangen exzellente Forschung, die exzellent präsentiert wird. Kein Wunder, dass Universitäten fleißige, talentierte und ambitionierte Nachwuchsforschende mit hohen Ansprüchen suchen. Solche Ansprüche helfen Ihnen, in der Wissenschaft Fuß zu fassen, sind aber auch eine mögliche Falle. Seien Sie sich dessen bewusst und achten Sie darauf, dass sie nicht gegen Sie arbeiten. Keine Ihrer Arbeiten wird perfekt sein. Kein Literaturreview kann alle Studien zu einem Thema umfassen, jedes Forschungsdesign hat seine Grenzen, und keine Datenanalyse kann alle alternativen Erklärungen ausschließen. Streben Sie das Beste an, was Sie leisten können, aber am Ende zählt, ob es „gut genug" ist.

4. Auch die Arbeiten anderer sind nicht perfekt

Nach dem vorherigen Absatz werden viele Forschende zustimmen, aber dann sagen: „aber…". Viele Studien in Top-Journals sind so gut konzipiert und geschrieben, dass sie perfekt erscheinen. Mehrere Jahre lang habe ich an meiner Universität eine Lesegruppe für Promovierende geleitet, in der wir jeweils einen Artikel aus einer Top-Zeitschrift diskutierten. Wir haben den Artikel auseinandergenommen: Was wurde auf Seite eins versprochen und was auf der letzten Seite geliefert? Was wurde als „Forschungslücke" identifiziert und was wurde tatsächlich untersucht? Rechtfertigen die gesammelten Belege die behaupteten Beiträge? Welche nicht genannten Einschränkungen gibt es? usw. Wir haben nie einen perfekten Artikel gefunden. Jeder Artikel hat bestimmte Aspekte vernachlässigt, Details verschwiegen, alternative Erklärungen übersehen oder Einschränkungen ignoriert. Selbst scheinbar perfekte Arbeiten haben ihre Schwächen.

5. Akademische Standards sind nicht objektiv

Die Standards in der Wissenschaft sind zwar hoch, aber nicht (vollständig) objektiv. Es gibt immer Spielraum für die Frage, ob das, was Sie getan haben, gut genug ist. Ein Peer-Review Ihrer Arbeit ist nie völlig objektiv, Gutachterinnen und Gutachter sind Menschen, denen gefallen oder missfallen kann, warum oder wie Sie etwas oder was Sie getan haben, sie können von Ihren Argumenten überzeugt sein oder nicht. Informieren Sie sich über die Regeln für exzellente Forschung in Ihrem Fach, zum Beispiel zum Studiendesign, zu Messungen, Analysen usw. Und wenn Sie von diesen Regeln abweichen, sollte das eine bewusste Entscheidung sein. Begründen Sie, was Sie getan und was Sie daraus geschlossen haben, und akzeptieren Sie, dass akademische Standards teilweise subjektiv sind – das kann für oder gegen Sie wirken.

6. Gutachter*innen lehnen Ihre Arbeit ab, nicht Sie

 Viele Forschende sind leidenschaftlich und fleißig, und wenn sie ihren Artikel endlich fertiggestellt haben, betrachten sie ihn fast als ihr „Baby". Und wenn jemand Ihr Baby kritisiert, tut das weh. Feedback kann schmerzen, besonders wenn Sie es persönlich nehmen. Aber machen Sie immer einen Unterschied zwischen Ihrer Arbeit und Ihrer Person. Begutachtende sollen Ihre Arbeit beurteilen, sie sollen kritisch sein und können sich nur auf die von Ihnen gelieferten Informationen stützen. Und ja: Manche sind höflich und freundlich, andere sehr direkt. Aber in jedem Fall: Sie bewerten Ihre Arbeit, nicht Sie als Person.

7. Rückschläge reflektieren Ihr Ambitionsniveau

Kein Prozess im Leben verläuft ohne Probleme, und je ambitionierter und unsicherer der Prozess, desto mehr und größere Probleme treten auf. Forschungsprojekte sind da keine Ausnahme. Ein Problem ist ein Hindernis, das überwunden werden muss, kein Grund aufzugeben. In Anlehnung an das Zitat von Albert Einstein zu Beginn dieses Kapitels („Wer noch nie einen Fehler gemacht hat, hat sich noch nie an etwas Neuem versucht"): Rückschläge spiegeln Ihr Ambitionsniveau wider. Wenn Sie keine erleben, sind Sie nicht ambitioniert genug. Wenn Sie einen Artikel einreichen und er sofort veröffentlicht wird, waren Sie nicht ambitioniert genug und hätten es in einer höher gerankten Zeitschrift versuchen sollen. Folgen Sie dem Rat des großen Dichters Oscar Wilde: „Ziele nach dem Mond. Selbst wenn du ihn verfehlst, landest du zwischen den Sternen."

8. Bleiben Sie immer am Steuer Ihres Projekts

 Übernehmen und behalten Sie die Verantwortung für Ihr Projekt und handeln Sie entsprechend. In der Wissenschaft wird gerne debattiert, bei jeder Präsentation werden Ihnen Vorschläge gemacht, was Sie anders machen könnten oder sollten. Aber es ist Ihr Projekt. Sie sollten priorisieren, auswählen, entscheiden, planen und umsetzen: Bleiben Sie immer am Steuer Ihrer Arbeit. Das heißt natürlich nicht, stur zu sein – erfahrene Forschende haben nicht immer Unrecht. Aber da Sie mehrere Jahre Ihres Lebens in dieses Projekt investieren, sollte es *Ihr* Projekt sein.

7.3   Wie man Rückschläge überwindet

Sie werden in Ihrem Projekt Rückschläge erleben. Aber wie kann man sie überwinden? Durchhaltevermögen hält Sie am Laufen, wenn es schwierig wird, und Resilienz hilft Ihnen, wieder aufzustehen, wenn in Ihrem Projekt etwas schiefgeht. Eine schöne und einfache Definition von Resilienz ist, wieder aufs Fahrrad zu steigen, obwohl man gestürzt ist und sich die Knie aufgeschürft hat.[3] Nelson Mandela hat es ebenfalls treffend formuliert: „Unser größter Ruhm ist nicht, niemals zu fallen, sondern jedes Mal wieder aufzustehen." Das klingt alles großartig, aber wie gelingt es am besten, nach einem Sturz wieder aufzustehen? Abb. 7.4 gibt sieben Tipps dazu.

1. Behalten Sie den Glauben an die Sinnhaftigkeit Ihres Projekts

Sie waren einmal davon überzeugt, dass Ihr Projekt einen Unterschied für reale Menschen und reale Probleme machen kann. Rückschläge können es erschweren oder sogar unmöglich machen, alle Ihre Ziele zu erreichen, aber das bedeutet nicht, dass Ihr Projekt seine Bedeutung verliert. Glauben Sie weiterhin an den ultimativen Zweck Ihres Projekts. Ein Rückschlag bedeutet, dass Sie einen anderen Weg zum Ziel einschlagen müssen oder es nur teilweise erreichen können, aber Rückschläge ändern nicht das Grundprinzip: Sie sind auf dem Weg zu einem sinnvollen Ziel.

2. Machen Sie sich bewusst, dass Sie sich in einem Lernprozess befinden
  Promotionsprojekte haben zwei Ziele: ein Forschungsprojekt abzuschließen und eine Person hervorzubringen, die in der Lage ist, Forschung zu betreiben. Es ist ein explizites Projektziel, dass Sie durch die Durchführung des Projekts Ihre Fähigkeiten weiterentwickeln. Ein Promotionsprojekt, in dem die Kandidatin oder der Kandidat nichts lernt, ist ein gescheitertes Projekt. Rückschläge sind Gelegenheiten zum Lernen und sollten

---

[3] Villa (2021).

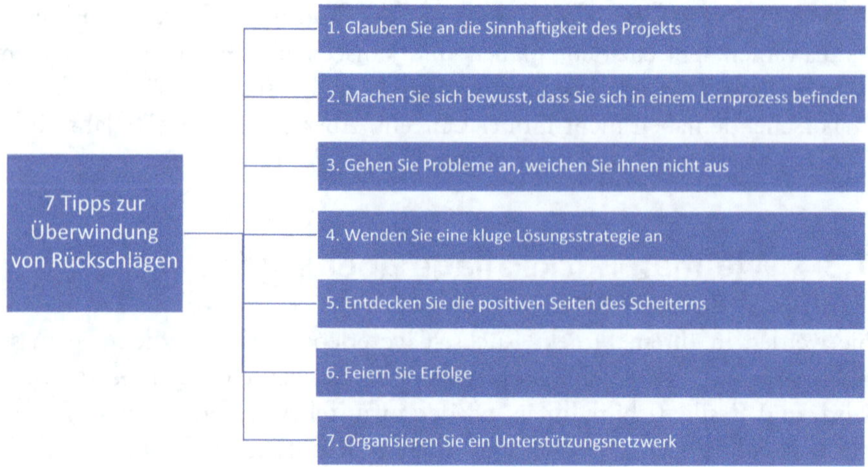

Abb. 7.4   Sieben Tipps, wie man Rückschläge überwindet

deshalb geschätzt werden. Missgeschicke sind natürlich nie angenehm, die erste und natürliche Reaktion ist Enttäuschung, und meist bedeuten sie auch zusätzliche Arbeit. Aber bedenken Sie, dass Promotionsprojekte „Learning on the Job"-Projekte sind.

3. Gehen Sie Probleme an, weichen Sie ihnen nicht aus

Die meisten Probleme verschwinden nicht, wenn man sie ignoriert. Im Gegenteil, sie werden meist größer. Es ist vielleicht nicht angenehm, ein kleines Problem anzugehen, aber bedenken Sie, dass es noch schlimmer ist, ein großes Problem zu bewältigen. Kleine Probleme haben einfache Lösungen, große Probleme schwierige. Vermeiden Sie also Probleme nicht, sondern gehen Sie sie an, solange sie noch klein sind, handeln Sie rechtzeitig oder holen Sie sich Hilfe.

4. Wenden Sie eine kluge Lösungsstrategie an

Kluge Lösungsstrategien haben vier gemeinsame Elemente. Erstens konzentrieren sie sich auf mögliche Lösungen statt auf das Problem. Es mag verlockend sein, viel Zeit damit zu verbringen, Schuldige zu suchen, aber das verbessert die Situation nicht. Was können Sie tun, um die Situation zu verbessern? Minimieren Sie Ihre Abhängigkeit von Faktoren, die Sie nicht kontrollieren können, und konzentrieren Sie sich auf Veränderungen, die Sie mit Ihren eigenen Fähigkeiten und Ihrem Einsatz bewirken können.

Zweitens: Betrachten Sie das Problem aus verschiedenen Blickwinkeln. Jedes Problem hat mehrere Lösungen, und oft ist keine davon eindeutig überlegen. Manche sind einfach effektiver, leichter, günstiger oder schneller umzusetzen. Nehmen Sie sich Zeit, mehrere Lösungen zu entwickeln und zu prüfen, und wählen Sie dann nicht die optimale, sondern eine machbare Lösung. Das Ziel ist, mit Ihrem Projekt weiterzukommen.

Drittens: Lösen Sie das Problem schrittweise. Große Probleme sind oft komplex, nicht vollständig verstanden und erfordern mehrere Teillösungen, wobei es schwer ist, die beste Kombination zu finden. Gehen Sie das Problem Schritt für Schritt an und erledigen Sie das Wichtigste zuerst. Wie der ehemalige südafrikanische Bischof Desmond Tutu sagte: „Es gibt nur einen Weg, einen Elefanten zu essen: einen Bissen nach dem anderen."

Viertens: Um Hilfe zu bitten und diese zu organisieren, ist kein Zeichen von Schwäche, sondern zeigt, dass Sie verstehen, wie ein Forschungsteam am besten vorankommt. Wenn möglich, schaffen Sie Win-win-Situationen – Sie werden feststellen, dass andere gerne zu Ihrem Projekt beitragen.

5. Entdecken Sie das Gute im Scheitern

Oft sind Rückschläge nicht nur schlechte Ereignisse. Sie fühlen sich wie Misserfolge an, aber ohne solche Missgeschicke wären die Endergebnisse vielleicht noch schlechter gewesen. Wenn Sie ein Forschungsdesign testen und es funktioniert nicht wie erwartet, haben Sie sich die Mühe einer kompletten Datenerhebung erspart. Negatives Feedback bei der Präsentation Ihrer Ergebnisse bewahrt Sie davor, viel Zeit in einen Artikel zu investieren, der ohnehin abgelehnt worden wäre. Wir Menschen können aus unseren „Misserfolgen" genauso viel lernen wie aus Erfolgen.

Sinnvoll ist es, sich zu fragen, ob und wie Sie den Rückschlag hätten verhindern oder zumindest früher erkennen können. Das offenbart die Lektionen, die in einem Rückschlag stecken. Es hilft auch, sich klarzumachen, dass frühere Probleme sich als Lerngelegenheiten erwiesen haben, durch die Sie Ihre Fähigkeiten ausgebaut haben. Wie man so sagt: Alles, was einen nicht umbringt, macht einen stärker. Ich weiß, mitten im Chaos ist das das Letzte, was man hören will. Dennoch gibt es immer Gründe, warum Dinge so laufen, wie sie laufen, oder warum Sie so reagieren, wie Sie es tun. Wenn sich der Staub gelegt hat, reflektieren Sie die Ereignisse. Das Leben ist eine Suche nach sich selbst, und ehrliche Reflexion hilft, den nächsten Schritt zu bestimmen. Es hilft auch, den Sinn für Humor zu bewahren – schlechte Dinge fühlen sich weniger schlimm an, wenn man das Komische daran erkennt.

6. Feiern Sie Erfolge

Wir neigen dazu, schlechten Dingen mehr Aufmerksamkeit zu schenken als guten. Aber auf Ihrer Promotionsreise läuft nicht alles schief. Sie sind eine talentierte Person, die viel erreichen kann. Selbst wenn Sie sich ganz auf einen Misserfolg konzentrieren, erinnern Sie sich an einige Ihrer jüngsten Erfolge. Das erfordert oft bewusste Anstrengung, denn Betreuungspersonen konzentrieren ihr Feedback meist darauf, was Sie noch besser machen können, statt auf das, was bereits gut ist. Nehmen Sie diese Erfolge nicht als selbstverständlich hin, sondern feiern Sie sie. Es muss nicht jedes Mal eine große Party sein – oft reicht es, sich selbst mit einer guten Tasse Kaffee, einem Eis oder einem besonderen Essen zu belohnen. Noch besser ist es, ein paar Kolleginnen, Kollegen oder Freundinnen und Freunde einzuladen. Erfolge zu feiern hat mindestens zwei positive Effekte: Erstens geben Feiern Energie, die Sie nutzen können, um Probleme zu überwinden. Zweitens machen sie Ihnen bewusst, dass Ihr Projekt nicht nur aus Problemen besteht. Ja, Sie haben ein Problem, aber viele andere Aspekte Ihres Projekts laufen gut. Feiern signalisiert die positive Bilanz Ihres Projekts.

7. Organisieren Sie ein Unterstützungsnetzwerk
 Es ist großartig, wenn Sie sich im Bedarfsfall an jemanden wenden können, um Zweifel und Probleme zu teilen und Rat oder Hilfe zu bekommen. Wir alle brauchen ein Unterstützungsnetzwerk, auf das wir in schwierigen Zeiten zurückgreifen können. Dafür benötigen Sie sowohl ein berufliches als auch ein privates Netzwerk, denn beide Arten von Unterstützung können während Ihres Projekts notwendig sein – und meist ist es besser, für jede Art unterschiedliche Personen zu haben.

7.4 Wie man die Work-Life-Balance aufrechterhält

Promotionsprojekte sind anspruchsvoll und erfordern viel Zeit und Energie. Und dennoch möchte man auch ein Privatleben haben. Zeit mit dem Partner verbringen, eine Familie gründen, Spaß mit Freunden haben, Filme und Serien genießen, sich sportlich betätigen, einem Hobby nachgehen usw. Und dabei habe ich sogar grundlegende menschliche Bedürfnisse wie Schlafen und Essen sowie die täglichen Aufgaben wie Einkaufen, Kochen und Putzen übersehen. Wie lässt sich all das mit dem akademischen Leben vereinbaren?

Zwei Hauptaspekte sind hilfreich, um zu verstehen, wie sich die verschiedenen Lebensbereiche miteinander verbinden lassen. Diese sind Zeit und Effektivität, und ich habe für beide eine „wissenschaftliche" Formel entwickelt, um ihren Einfluss auf das Finden einer angemessenen Work-Life-Balance leichter erklären zu können.

Der *Zeit*-Aspekt wird in der folgenden Formel erfasst:

$$24 \quad \text{Arbeit} \quad \text{Privatleben} \quad \text{Erholung}. \tag{7.1}$$

Die Formel verdeutlicht, dass – egal wie sehr wir uns bemühen – kein Tag mehr als 24 h hat und wir alle Aktivitäten in diese begrenzte Zeitspanne packen müssen. Das Beste, was Sie tun können, ist, die 24 h entsprechend Ihren Prioritäten auf die drei Bereiche Arbeit, Privatleben und Erholung aufzuteilen. Per Definition geht mehr Zeit für eine Aktivität auf Kosten einer anderen. Eine zusätzliche Arbeitsstunde bedeutet eine Stunde weniger für Privates und/oder Erholung.

Der zweite Aspekt ist die Effektivität, und die Formel für diesen Aspekt berücksichtigt ebenfalls, dass Sie alle drei Aktivitäten ausüben, kombiniert sie jedoch auf andere Weise:

$$\text{Effektivitat} \quad \text{Arbeit Privatleben Erholung}. \tag{7.2}$$

Die Annahme dieser Formel ist, dass Ihre Effektivität bei der Arbeit nicht nur von der Anzahl der Arbeitsstunden abhängt, sondern dass auch die anderen Aktivitäten eine Rolle spielen. Sie legt nahe, dass Zeit mit Familie und Freunden, Sport, gesunde Ernährung und alle anderen nichtberuflichen Aktivitäten sich positiv auf die Effektivität bei der Arbeit auswirken können. Jeder kann für kurze Zeit lange arbeiten, aber der letztendliche Erfolg Ihres Projekts entscheidet sich auf lange Sicht. Wer über einen längeren Zeitraum viele Überstunden macht, läuft Gefahr, Fehler zu machen, weniger kreativ zu werden, die Motivation zu verlieren und sich erschöpft zu fühlen. Auch das Risiko, krank zu werden, steigt. Ab einem bestimmten Punkt führt mehr Arbeitszeit zu geringerer Effektivität und damit zu schlechterer Leistung.

Nichtberufliche Aktivitäten können die Arbeitseffektivität positiv beeinflussen, weil sie helfen, die eigenen Batterien wieder aufzuladen und als Inkubationszeit für kreative Lösungen dienen. Ein weiterer Grund ist, dass die in einem Lebensbereich entwickelten Fähigkeiten auch in anderen Bereichen anwendbar sind. Deshalb schlägt Ellen Langer[4] vor, nicht von Work-Life-Balance, sondern von Work-Life-Integration zu sprechen: „Balance' suggeriert, dass die beiden Gegensätze sind und nichts miteinander zu tun haben … Wenn Sie sie getrennt halten, lernen Sie nicht, das, was Sie in einem Bereich erfolgreich tun, auf den anderen zu übertragen." Ob bei der Arbeit,

---

[4] Langer (2014).

im Privatleben oder im Fitnessstudio – in jeder Situation erleben Sie Rückschläge und Erfolge, müssen planen und mit Stress umgehen. Das Durchhaltevermögen, das Sie beim Sport entwickeln, kann Ihnen helfen, Ziele im Beruf zu erreichen.

Eine gesunde Work-Life-Balance oder -Integration zu halten, fällt vielen Promovierenden schwer. Abbildung 7.5 gibt einen Überblick über Empfehlungen, die bei der Definition, Überwachung und Aufrechterhaltung einer gesunden Work-Life-Balance hilfreich sein können.[5]

1. Kennen und leben Sie Ihre Werte

Theoretisch gibt es Millionen von Dingen, die Sie in den nächsten 24 h tun könnten, aber in Wirklichkeit können Sie nur sehr wenige davon umsetzen. Priorisieren ist unvermeidlich und muss Ihre Werte widerspiegeln. Wie wichtig ist Ihnen die Arbeit? Wie wichtig sind Beziehungen zu Partner*in, Kindern, Verwandten oder Freund*innen? Möchten Sie sich in Ihrer Gemeinschaft engagieren? Zeit für sich selbst, Ihre Leidenschaften und Hobbys haben? Diese Fragen betreffen persönliche und grundlegende Themen und erfordern schwierige Abwägungen.

Sobald Sie ein klareres Bild Ihrer Werte haben, prüfen Sie, ob Sie Ihre Zeit entsprechend diesen Werten verbringen. Definieren Sie eine begrenzte Anzahl wichtiger Lebensbereiche (zum Beispiel Arbeit, Familie, Freund*innen und Hobbys) und verfolgen Sie über mindestens mehrere Wochen, wie viel Zeit Sie darauf verwenden. Vergleichen Sie die Ergebnisse mit Ihren Werten – dann wissen Sie es.

2. Praktizieren Sie Zeitmanagement

Stellen Sie sicher, dass Sie beim Umgang mit Ihrer Zeit am Steuer sitzen und dort bleiben. Nutzen Sie die im Kap. 6 besprochenen Methoden und Werkzeuge des Zeitmanagements. Dieses Kapitel konzentrierte sich auf Arbeitsaktivitäten, aber es kann sinnvoll sein, das Zeitmanagement auch auf nichtberufliche Aktivitäten auszuweiten, damit diese nicht unter Ihren Promotionsambitionen leiden müssen. Die Promotion ist wichtig, aber sie sollte nicht Ihr ganzes Leben bestimmen.

Machen Sie sich bewusst, dass Zeit mit Familie oder für Hobbys – wie oben beschrieben – ebenfalls zur Arbeitsleistung beiträgt. In diesem Sinne ähnelt es dem Rat, regelmäßig Pausen einzulegen, siehe Abschn. 6.5. Bewusste

---

[5] Weitere Informationen zu diesen und ähnlichen Praktiken und Empfehlungen finden Sie auf zahlreichen Webseiten; suchen Sie im Internet nach „gesunde Work-Life-Balance". Weitere nützliche Quellen sind Bücher wie: Brooks (2004); Freidman (2014).

Abb. 7.5 Sechs Empfehlungen für eine gesunde Work-Life-Balance

Erholung ist wichtig, da sie eine mentale Auszeit von der Arbeit bietet und sowohl Gehirn als auch Körper die Möglichkeit gibt, sich zu regenerieren. Alex Pang nennt sie bewusst,[6] weil sie absichtlich praktiziert wird, indem Menschen ihren Tag so organisieren, dass sie Zeit dafür haben. Nicht zu arbeiten mag wie Untätigkeit erscheinen, ist aber entscheidend für die Produktivität. Die Logik ist ähnlich wie bei der umgekehrten U-Kurve zwischen Stress und Leistung, siehe Abschn. 6.4.

3. Setzen Sie Grenzen in Zeit, Aufgaben und Raum
 Menschen sind am effektivsten, wenn sie sich voll auf eine Aufgabe konzentrieren. Multitasking und das Vermischen verschiedener Aktivitäten verringern die Leistung. Beispielsweise sinkt Ihre Leistungsfähigkeit, wenn Sie sich bei der Arbeit Sorgen um einen kranken Elternteil machen oder beim Spielen mit Ihrem Kind an eine Arbeits-E-Mail denken. Für optimale Leistung und eine gesunde Work-Life-Balance müssen Sie Grenzen bei Arbeitszeit, Aufgaben und Räumen setzen. Ihr Arbeitstag sollte zu einer bestimmten Zeit beginnen, aber auch enden. Begrenzen Sie die Anzahl der Aufgaben, zu denen Sie sich verpflichten, und lernen Sie, „Nein"

---

[6] Pang (2016).

zu sagen, siehe Abschn. 6.2. Grenzen gelten auch für Räume, denn Arbeit und Privatleben benötigen unterschiedliche Umgebungen. Wenn Sie zu Hause arbeiten, versuchen Sie, nicht beide Lebensbereiche im selben Raum zu verbringen. Ist das nicht möglich, räumen Sie Ihre Arbeitssachen weg, wenn es Zeit für das Privatleben ist.

Es ist großartig, dass digitale Werkzeuge ständige Erreichbarkeit und Arbeiten von überall ermöglichen, aber diese Tools können auch nützliche Grenzen zerstören. Grenzen durchzusetzen kann bedeuten, das Handy auszuschalten, Arbeits-E-Mails zu deaktivieren, ein separates Arbeits- und Privattelefon oder Laptop zu nutzen oder verschiedene Browser für Arbeit und Privatleben zu verwenden. Sie können Technologie auch nutzen, um Grenzen zu setzen, zum Beispiel mit einer App, die ablenkende Webseiten (sozialer Medien) während der Arbeitszeit blockiert und Arbeitstools abends und am Wochenende sperrt, oder mit einer automatischen Antwort, die Absender darüber informiert, dass Sie offline sind.

4. Arbeiten Sie smarter, nicht länger

Wenn Sie das Gefühl haben, Ihre Arbeit nicht in einer angemessenen Stundenzahl erledigen zu können, überlegen Sie, ob Sie nicht smarter statt länger arbeiten können. Wie, wann und wo erledigen Sie Ihre Arbeit? Können Sie dies anders organisieren, um Ihre Effektivität zu steigern? Scheinbar kleine Veränderungen können große Auswirkungen haben. Wenn Sie fünf E-Mails direkt nach Eingang beantworten, werden Sie fünfmal unterbrochen. Wenn Sie eingehende E-Mails bis zu einem bestimmten Zeitpunkt sammeln und dann gebündelt beantworten, werden Sie nur einmal unterbrochen.

Smarteres Arbeiten kann bedeuten, Aufgaben zu kombinieren, zusammenzuarbeiten, zu delegieren oder auszulagern. Wenn das Problem ist, dass Sie sich zu leicht ablenken lassen, schalten Sie Ihr Smartphone aus (oder geben Sie es für eine Stunde einem Kollegen), nutzen Sie Pomodoros (siehe Abschn. 6.6.3), oder überdenken Sie Ort und Zeit Ihrer Arbeit. Eine weitere Möglichkeit ist, für mehr Flexibilität zu sorgen: Wenn Sie remote arbeiten können oder Puffer in Ihre Planung eingebaut haben (siehe Abschn. 6.2), können Sie leichter mit unerwarteten Ereignissen im Arbeits- und Privatleben umgehen. Das gilt auch für das Privatleben: Wenn Sie jemanden als Backup haben, der Ihr Kind aus der Kita abholen kann, haben Sie mehr Möglichkeiten, auf Rückschläge bei der Arbeit zu reagieren.

5. Überdenken Sie Ihre Gewohnheiten

Wir alle entwickeln Gewohnheiten, was großartig ist, weil sie es uns ermöglichen, Aufgaben ohne kognitive Anstrengung zu erledigen. Der Nachteil ist, dass wir Aktivitäten gedankenlos ausführen, und auch wenn die Art und Weise, wie wir sie tun, einst eine ausgezeichnete und bewusste Entscheidung war, ist sie vielleicht nicht mehr die beste Option. Vielleicht fahren Sie mit dem Auto zur Arbeit statt mit dem Fahrrad, weil Radfahren mehr Zeit kostet. Aber wenn das bedeutet, dass Sie die meiste Zeit drinnen verbringen, kaum in der Natur sind und ins Fitnessstudio gehen müssen, um sich zu bewegen, ist Radfahren vielleicht doch keine schlechte Wahl.

Gewohnheiten sind zwar nicht in Stein gemeißelt, aber bekanntermaßen schwer zu ändern. Ein Grund dafür ist, dass wir oft zu radikalen Veränderungen neigen. Denken Sie an Neujahrsvorsätze, die im Februar vergessen sind, und Crash-Diäten, die nur ein paar Wochen funktionieren. Da radikale Veränderungen meist zum Scheitern führen, ist es besser, klein anzufangen und darauf aufzubauen. Wenn Sie kontinuierlich kleine Verbesserungen vornehmen, summieren sich diese Veränderungen. Wie James Clear berechnet, sind Sie, wenn Sie sich ein Jahr lang jeden Tag um 1 % verbessern, am Ende des Jahres siebenunddreißigmal besser.[7]

6. Üben Sie Selbstmitgefühl

Perfektionismus wurde in diesem Buch bereits mehrfach erwähnt, und um eine gesunde Work-Life-Balance zu erreichen, ist das Loslassen von Perfektionismus eine Grundvoraussetzung. Perfektionismus mag in jungen Jahren gut funktioniert haben, aber als Kind ist es leichter, perfektionistische Gewohnheiten aufrechtzuerhalten, da das Leben mit zunehmendem Alter komplizierter wird.[8] Statt Ihrer Eltern sind Sie es, die sich um Mahlzeiten, Finanzen, Wohnung, Hausarbeit usw. kümmern müssen. Je mehr Aufgaben und Verantwortlichkeiten Sie jonglieren müssen, desto unmöglicher wird es, jede davon perfekt zu erledigen. Perfektionismus ist keine Option mehr – lassen Sie ihn los.

Jede dieser Empfehlungen kann Ihre Work-Life-Balance verbessern. Eine gesunde Work-Life-Balance bedeutet nicht, die Zeit einfach gleichmäßig zwischen Arbeit, Privatleben und Freizeit aufzuteilen, wie es die zweite

---

[7] Clear (2018).

[8] https://www.kantata.com/blog/article/13-tips-tricks-to-maintain-a-healthy-work-life-balance.

Formel suggerieren könnte. Eine gesunde Balance ist nicht nur von Person zu Person unterschiedlich, sondern verändert sich auch im Laufe der Zeit. Sowohl der Stand Ihrer Arbeit als auch der Ihres Privatlebens befinden sich in ständigem Wandel, was eine kontinuierliche Neuausrichtung erfordert. Überwachen Sie daher regelmäßig Ihre Work-Life-Balance und passen Sie sie bei Bedarf an.

7.5   Wie Sie Ihre psychische Gesundheit bewahren

Intelligent, ehrgeizig, leidenschaftlich, fleißig, perfektionistisch und wettbewerbsorientiert – das sind Eigenschaften, die auf viele Promovierende zutreffen. Werden diese Stärken in den Druckkochtopf einer hochkompetitiven und ambitionierten Umgebung gesteckt, können sie sich ins Gegenteil verkehren. Zu viel des Guten wird zum Problem. Infolgedessen erleben viele Promovierende während ihrer Promotion psychische und/oder physische Gesundheitsprobleme, die sich in Schlafmangel, Angstzuständen, Selbstzweifeln, Unzufriedenheit und Einsamkeit äußern. In schweren Fällen führen sie zu Burnout, Drogen- und Alkoholmissbrauch, Essstörungen, Depressionen und sogar Suizidversuchen. Studierende brechen zeitweise ab, benötigen länger für den Abschluss, erwägen den Ausstieg aus der Wissenschaft (oder tun es) und im schlimmsten Fall begehen sie Suizid.

Viele Faktoren tragen dazu bei, psychische Probleme zu bekommen oder zu verhindern. Zahlreiche Studien haben versucht, die wichtigsten Einflussfaktoren zu identifizieren; drei systematische Übersichtsarbeiten analysierten zusammen mehr als 200 Studien.[9] Solche Studien konzentrieren sich auf verschiedene Gesundheitsprobleme, zum Beispiel Stress, Angst und Depressionen,[10] sowie auf verschiedene Indikatoren für den Promotionserfolg, zum Beispiel Zufriedenheit, Fortschritt oder Abbruchabsichten.[11] Angesichts dieser Unterschiede und der vielen Unterschiede in Forschungsfeld, Land, Kultur und anderen Stichprobenmerkmalen überrascht es nicht, dass die Literatur eine sehr große Zahl an Einflussfaktoren identifiziert hat.

---

[9] Jackman et al. (2022);
   Hazell et al. (2020);
   Sverdlik et al. (2018).

[10] Evans et al. (2018).

[11] van Rooij et al. (2021).

Basierend auf der Kategorisierung von Jackman et al.[12] gibt Abb. 7.6 einen Überblick über die in den systematischen Übersichtsarbeiten identifizierten Faktoren. Angesichts der Vielzahl untersuchter Faktoren werden scheinbar verwandte Aspekte zusammengefasst. So umfasst soziale Isolation (in der Kategorie persönliche Situation) auch den Umzug in eine andere Stadt (oder sogar ein anderes Land) für die Promotion und die Trennung von Familie und Freunden.

Der Überblick in Abb. 7.6 zeigt, dass die psychische Gesundheit das Ergebnis vieler gleichzeitig wirkender Faktoren ist, von denen einige negativ, andere positiv auf die Gesundheit wirken. Zu den negativen Faktoren zählen Sorgen um die eigene Rolle als Promovierende*r, die verschiedenen Aktivitäten im Promotionsprozess, die persönliche Situation der Promovierenden (einschließlich Demografie) und die Rahmenbedingungen des akademischen Umfelds. Positive Faktoren sind die Selbstfürsorge und der Lebensstil der Promovierenden, die Qualität ihres Unterstützungsnetzwerks außerhalb der Wissenschaft und die Unterstützung durch die akademische Gemeinschaft.

Wenig überraschend taucht die Betreuungsperson (und allgemeiner: die akademische Gemeinschaft, in der die Promovierenden arbeiten) sowohl als potenziell negativer als auch positiver Faktor auf, im Einklang mit der Aussage in Abschn. 3.2, dass das Betreuungsverhältnis sowohl Hauptursache als auch Lösung für Stress sein kann. Gleiches gilt für das Forschungsumfeld. Es kann unterstützend sein, indem es großzügig Fachwissen und Erfahrungen teilt, helfende Hände und Köpfe bietet und Schultern zum Anlehnen oder Ohren zum Zuhören bereitstellt. Aber akademische Umgebungen können auch feindselig sein, mit übermäßiger Arbeitsbelastung, einer Kultur langer Arbeitszeiten, widersprüchlichen Managementanforderungen, Druck zu mehr und schnellerem Output bei gleichbleibend hoher Qualität und Isolation statt Unterstützung.[13]

Da Gesundheit ein empfindliches Gleichgewicht ist, ist es in der Praxis meist nicht ein einzelner Faktor, der zu Problemen führt, sondern eine Vielzahl von Faktoren, die zu lange zu viel Stress verursachen. Da das Gleichgewicht in beide Richtungen kippen kann, berichtet die Literatur von einer Dichotomie in den Erfahrungen Promovierender: eine positive Reise mit intellektuellem und persönlichem Wachstum, die das Wohlbefinden fördert, und eine negative Erfahrung, die zu Angst und emotionaler Erschöpfung führt.[14]

---

[12] Jackman et al. (2022).
[13] Kinman und Wray (2013).
[14] Hunter und Devine (2016).

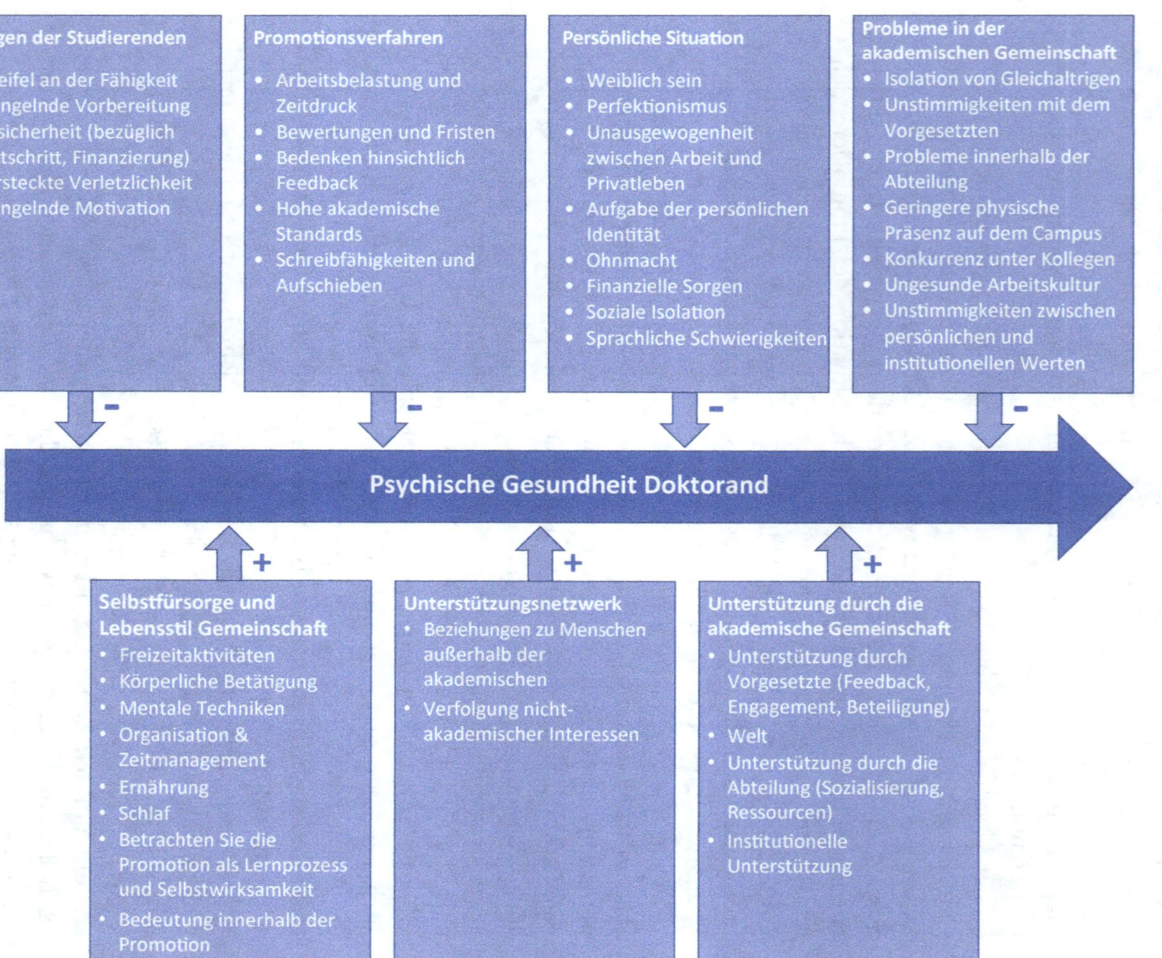

Anliegen der Studierenden
Zweifel an der Fähigkeit
Mangelnde Vorbereitung
Unsicherheit (bezüglich Fortschritt, Finanzierung)
Versteckte Verletzlichkeit
Mangelnde Motivation

Promotionsverfahren
Arbeitsbelastung und Zeitdruck
Bewertungen und Fristen
Bedenken hinsichtlich Feedback
Hohe akademische Standards
Schreibfähigkeiten und Aufschieben

Persönliche Situation
Weiblich sein
Perfektionismus
Unausgewogenheit zwischen Arbeit und Privatleben
Aufgabe der persönlichen Identität
Ohnmacht
Finanzielle Sorgen
Soziale Isolation
Sprachliche Schwierigkeiten

Probleme in der akademischen Gemeinschaft
Isolation von Gleichaltrigen
Unstimmigkeiten mit dem Vorgesetzten
Probleme innerhalb der Abteilung
Geringere physische Präsenz auf dem Campus
Konkurrenz unter Kollegen
Ungesunde Arbeitskultur
Unstimmigkeiten zwischen persönlichen und institutionellen Werten

−

Psychische Gesundheit Doktorand

+

Selbstfürsorge und Lebensstil Gemeinschaft
Freizeitaktivitäten
Körperliche Betätigung
Mentale Techniken
Organisation & Zeitmanagement
Ernährung
Schlaf
Betrachten Sie die Promotion als Lernprozess und Selbstwirksamkeit
Bedeutung innerhalb der Promotion

Unterstützungsnetzwerk
Beziehungen zu Menschen außerhalb der akademischen
Verfolgung nicht-akademischer Interessen

Unterstützung durch die akademische Gemeinschaft
Unterstützung durch Vorgesetzte (Feedback, Engagement, Beteiligung)
Welt
Unterstützung durch die Abteilung (Sozialisierung, Ressourcen)
Institutionelle Unterstützung

Dennoch berichten die meisten Studien zur Gesundheit von Promovierenden alarmierende Ergebnisse und bestätigen, dass es keine einfache Lösung gibt. Viele Wissenschaftler*innen sind leidenschaftlich bei ihrer Arbeit und sehen sie als Berufung, nicht nur als Job.[15] Sie tun, was sie lieben, was es schwierig macht, die Arbeitskultur zu verändern, die auf tief verwurzelten, internalisierten Werten basiert. Mehrere Studien zeigen, dass Wissenschaftler*innen deutlich höhere wahrgenommene Stresslevel erleben als die Allgemeinbevölkerung,[16] andere hochqualifizierte Beschäftigte oder Studierende an der Universität.[17] Unter Promovierenden ist die psychische Gesundheit bei Frauen und Transpersonen sogar noch schlechter.[18]

Angesichts der Wahrscheinlichkeit von Stress während der Promotion ist es wichtig, wirksame Bewältigungsstrategien zu entwickeln, um emotionale Erschöpfung zu verhindern oder zu verringern. Viele der in Kap. 6 zum Zeitmanagement und in diesem Kapitel besprochenen Praktiken und Empfehlungen sind hilfreich. Abschließend zeigt Abb. 7.7 fünf weitere Maßnahmen, um mit dem unvermeidlichen Promotionsstress umzugehen.

Stress antizipieren

Die Promotion ist eine hochanspruchsvolle Herausforderung, und Stress zu vermeiden scheint nahezu unmöglich. Machen Sie sich dies bewusst, bevor Sie Ihre Promotionsreise beginnen. Antizipieren Sie Stress, indem Sie die Einflussfaktoren analysieren (siehe Abb. 7.6) und einschätzen, welche in Ihrem Fall relevant sind oder werden könnten. Handeln Sie, bevor der Stress zuschlägt, zum Beispiel indem Sie Zeit zum Auftanken reservieren und schützen, ein Unterstützungsnetzwerk aufbauen und sich Ihrer persönlichen Frühwarnzeichen für Stress bewusst werden. Welche Signale sendet Ihr Körper, um Ihnen zu zeigen, dass Sie an Ihre Grenzen kommen?

Überwachen Sie Ihre Gesundheit

Überwachen und priorisieren Sie Ihre psychische, emotionale und körperliche Gesundheit. Viele Studierende machen zu lange weiter und werden erst nach dem Zusammenbruch mit der Realität konfrontiert. Vereinbaren Sie

---

[15] What researchers think about the culture they work in (2020).
[16] Barry et al. (2018); Evans et al. (2018).
[17] Levecque et al. (2017).
[18] Evans et al. (2018).

Abb. 7.7   Wirksame Strategien zum Umgang mit Promotionsstress

alle zwei bis drei Monate einen Termin mit sich selbst, um Ihre Gesundheit zu überprüfen. Schlafen Sie genug? Haben Sie Schuldgefühle, wenn Sie abends oder am Wochenende nicht arbeiten? Wie leicht fällt es Ihnen, abzuschalten? Treiben Sie Sport? Ernähren Sie sich gesund? Haben Sie ein Sozialleben? Wie oft sehen Sie (nichtakademische) Freunde? Wie steht es um entspannende Aktivitäten? Diese können gezielt sein, wie Yoga, Meditation oder Achtsamkeit, oder Hobbys wie Lesen, Musizieren, Malen, Tanzen oder Spaziergänge in der Natur. Erkennen Sie die Bedeutung von Gesundheit, und wenn Sie bei der Überwachung negative Signale feststellen, handeln Sie.

Stress ist normal

Alle Promovierenden erleben Stress. Es betrifft nicht nur Sie – alle haben damit zu kämpfen. Sie denken vielleicht, Sie seien besonders (und das sind Sie), aber jede*r Promovierende erlebt Stress und ringt mit der Bewältigung. In diesem Sinne sind Sie nicht besonders. Schon die Erkenntnis kann einen Unterschied machen: Es liegt nicht an Ihnen, dass Sie scheitern.

Fokussieren Sie sich auf Ihren Fortschritt

Es ist verlockend, sich mit anderen zu vergleichen. Aber das ist nicht ratsam. Ein anderer Promovierender oder eine andere Promovierende mag noch brillanter erscheinen, weil er oder sie in einer Top-Zeitschrift publiziert hat –

vielleicht hatte er oder sie aber einfach mehr Glück mit Forschung, Betreuung oder Gutachtern. Sie wissen es nicht. Ein realistischer Maßstab für Ihre Arbeit ist der Vergleich mit Ihrem früheren Selbst. Wie das Growth Mindset (siehe Abschn. 1.7) zeigt, geht es um Fortschritt. Wenn Sie Fortschritte machen, sind Sie auf dem richtigen Weg – akzeptieren Sie, dass es manchmal langsam und manchmal schnell vorangeht. Messen Sie Fortschritt an Dingen, die Sie beeinflussen können: Sie können ein großartiges Studiendesign entwickeln, aber nicht das Ergebnis beeinflussen. Sie können die Qualität Ihres Papers beeinflussen, nicht aber, ob es angenommen wird.

Teilen Sie Ihre Sorgen

Verstecken Sie sich nicht, sondern teilen Sie Ihre Sorgen, Erfahrungen, Hoffnungen und Verzweiflung mit anderen. Das Teilen löst nicht immer Probleme, kann sie aber weniger bedrohlich erscheinen lassen, weil Sie Dampf ablassen können. Schließen Sie sich Peer-Communitys wie Promotionsverbänden an oder pflegen Sie Kontakte zu anderen Promovierenden. Wenn es wirklich zu viel wird, suchen Sie Hilfe. Wenn es sich sicher anfühlt, sprechen Sie Gesundheitsprobleme im Strategiegespräch mit Ihrer Betreuungsperson an (siehe Abschn. 3.2). Andernfalls wenden Sie sich an eine Vertrauensperson, einen Coach oder eine Therapeutin und nutzen Sie die Gesundheits- und Beratungsangebote Ihrer Institution. Es liegt nicht nur in Ihrem Interesse, sondern auch im Interesse Ihrer Betreuungsperson und Ihrer Institution, dass Probleme frühzeitig erkannt und gelöst werden.

Sich anderen anzuvertrauen und Hilfe zu suchen klingt selbstverständlich, ist aber in einer Kultur, in der psychische Probleme akzeptiert werden oder als „Eingeständnis des Scheiterns" gelten, oft nicht einfach.[19] Stigmatisierung erhöht die Hürden, Hilfe zu suchen, verkennt aber, dass eine Verschlechterung der psychischen Gesundheit nicht nur bei Studierenden auftritt, die mit ihrem Studium zu kämpfen haben. Obwohl leistungsschwächere Studierende über ein höheres Stressniveau berichten als diejenigen, die im Zeitplan liegen, gilt dasselbe ebenso für leistungsstarke Kandidat*innen.[20]

---

[19] Anonymous Academic (2014).
[20] Barry et al. (2018).

Literatur

Anonymous Academic (2014), *There is a culture of acceptance around mental health issues in academia*, The Guardian, 1 March, www.theguardian.com/higher-education-network/blog/2014/mar/01/mental-health-issue-phd-research-university. This blog was followed by multiple others, e.g., *Dark thoughts: why mental illness is on the rise in academia* (https://www.theguardian.com/higher-education-network/2014/mar/06/mental-health-academics-growing-problem-pressure-university), and *How Cambridge University almost killed me* (https://www.theguardian.com/education/2014/oct/06/cambridge-university-student-depression-eating-disorders).

Barry, K. M., M. Woods, E. Warnecke, C. Stirling & A. Martin (2018), Psychological health of doctoral candidates, study-related challenges and perceived performance, *Higher Education Research & Development*, 37, 3, 468–483, DOI: https://doi.org/10.1080/07294360.2018.1425979.

Brooks, Robert (2004), *The power of resilience: achieving balance, confidence and personal strength in your life*, McGraw Hill.

Clear, James (2018), *Atomic habits: tiny changes, remarkable results*, Penguin Random House, New York, NY.

Evans, Teresa M., Lindsay Bira, Jazmin Beltran Gastelum, L. Todd Weiss, and Nathan L. Vanderford (2018), Evidence for a mental health crisis in graduate education, *Nature Biotechnology*, 36 (3), 282–284. doi: https://doi.org/10.1038/nbt.4089.

Freidman, Stewart (2014), *Leading the life you want: skills for integrating work and life*, Harvard Business Review Press.

Hazell, Cassie M., Laura Chapman, Sophie F. Valeix, Paul Roberts, Jeremy E. Nevin, and Clio Berry (2020), Understanding the mental health of doctoral researchers: A mixed methods systematic review with meta-analysis and meta-synthesis, *Systematic Reviews*, 9: 197, doi: https://doi.org/10.1186/s13643-020-01443-1.

Hunter, Karen H. and Kay Devine (2016), Doctoral students' emotional exhaustion and intentions to leave academia, *International Journal of Doctoral Studies*, 11, 35–61.

Jackman, Patricia C., Lisa Jacobs, Rebecca M. Hawkins, and Kelly Sisson (2022), Mental health and psychological wellbeing in the early stages of doctoral study: a systematic review, *European Journal of Higher Education*, 12, 3, 293–313, DOI: https://doi.org/10.1080/21568235.2021.1939752.

Kinman, Gail, and Siobhan Wray (2013), *Higher stress: a survey of stress and wellbeing among staff in higher education*, University and College Union, UK. https://www.ucu.org.uk/media/5911/Higher-stress-a-survey-of-stress-and-well-being-among-staff-in-higher-education-Jul-13/pdf/HE_stress_report_July_2013.pdf.

Langer, Ellen (2014), Mindfulness in the age of complexity, *Harvard Business Review*, March, p. 68–73 (Quote: 71).

Levecque, Katia, Frederik Anseel, Alain De Beucklaer, Johan Van de Heyden, and Lydia Gisle (2017), Work organization and mental health problems in Ph.D. students, *Research Policy*, 46, 868–879, doi: https://doi.org/10.1016/j.respol.2017.02.008.

Alex Soojung-Kim Pang (2016), *Rest: why you get more done when you work less*, Basic Books.

van Rooij, E., M. Fokkens-Bruinsma, and E. Jansen (2021), Factors that influence Ph.D. candidates' success: the importance of Ph.D. project characteristics, *Studies in Continuing Education*, 43, 1, 48–67. https://doi.org/10.1080/01580 37X.2019.1652158.

Sverdlik, Anna, Nathan C. Hall, Lynn McAlpine, and Kyle Hubbard (2018), The Ph.D. Experience: a review of the factors influencing doctoral students' completion, achievement, and well-being, *International Journal of Doctoral Studies*, 13, 361–388. doi: https://doi.org/10.28945/4113.

Villa, David (2021), The power of resilience, and how to develop it, *Forbes*, March 26, https://www.forbes.com/sites/forbesagencycouncil/2021/03/26/the-power-of-resilience-and-how-to-develop-it/.

What researchers think about the culture they work in (2020), Shift Learning and Wellcome Trust, London, UK. https://wellcome.org/sites/default/files/what-researchers-think-about-the-culture-they-work-in.pdf.

8

Wie es gelingt

Ziele zu setzen ist der erste Schritt, das Unsichtbare sichtbar zu machen.

Tony Robbins (1960-)

Zusammenfassung Die Entwicklung eines persönlichen akademischen Entwicklungsplans beginnt mit der Identifikation der zu verbessernden Kompetenzen, gefolgt von der Formulierung eines konkreten Verbesserungsziels und der Festlegung des Zeitplans. Der nächste Schritt betrifft die Entscheidung, wie eine Kompetenz verbessert werden kann. Verschiedene effektive Methoden werden diskutiert, vom Lesen und Anschauen über das Studieren hervorragender Beispiele bis hin zur Zusammenarbeit mit erfahrenen Forschenden. Der letzte Schritt besteht darin, zu beurteilen, welches Feedback signalisiert, ob Sie Ihr Ziel erreicht haben. Über das Promotionsprojekt hinaus beschreibt das Kapitel die Praktiken, die erfolgreiche Menschen auszeichnen, das Ikigai-Konzept zur Erkundung, welcher Beruf zu Ihnen passt, sowie die Bereiche, die langfristig Gesundheit und Erfolg bestimmen (psychisch, physisch, sozial, finanziell und beruflich). Das Buch schließt mit einer Diskussion der Vor- und Nachteile von drei Arten von Zielen, die Sie für Ihr Leben formulieren könnten.

© Der/die Autor(en), exklusiv lizenziert an Springer Nature Switzerland AG 2026

E. Huizingh, *Erfolgreich zum Doktortitel,* https://doi.org/10.1007/978-3-032-15929-8_8

Die vorherigen Kapitel behandelten die verschiedenen Kompetenzen, die Sie benötigen, um in der Wissenschaft erfolgreich zu sein. Dieses Kapitel konzentriert sich darauf, wie Sie die gewünschten Verbesserungen Ihrer Kompetenzen tatsächlich umsetzen können. Ein persönlicher akademischer Entwicklungsplan ist ein nützliches Instrument, um Ihre angestrebten und erreichten Verbesserungen im Blick zu behalten. Kap. 1 hat diesen Plan bereits kurz vorgestellt, und Abschn. 8.1 erläutert die fünf Schritte zur Erstellung eines solchen Plans, während die folgenden vier Abschnitte die einzelnen Elemente vertiefen. Die Auswahl der Kompetenzen, die Sie verbessern möchten, ist Thema von Abschn. 8.2. Abschn. 8.3 behandelt die Faktoren, die den Zeitpunkt dieser Verbesserungen bestimmen. Da Sie Kompetenzen auf vielfältige Weise verbessern können, gibt Abschn. 8.4 einen Überblick über effektive Methoden zur Kompetenzentwicklung. Die Entwicklung von Kompetenzen sollte zu beobachtbaren Verhaltensänderungen führen, und Abschn. 8.5 erläutert, wie Sie oder andere beurteilen können, ob Sie Ihre Kompetenzen verbessert haben.

Die folgenden beiden Abschnitte erweitern die Diskussion über den Abschluss des Promotionsprojekts hinaus. Abschn. 8.6 listet Praktiken auf, die erfolgreiche Menschen von anderen unterscheiden, und Abschn. 8.7 beschreibt, wie man nach der Promotion ein gutes Leben führt, indem eine Methode vorgestellt wird, mit der Sie analysieren können, welcher Beruf zu Ihrer Persönlichkeit passt (Abschn. 8.7.1) und welche Voraussetzungen für ein gesundes und erfolgreiches Leben notwendig sind (Abschn. 8.7.2).

Der letzte Abschn. 8.8 schließt dieses Buch mit der Feststellung, dass Kompetenzentwicklung kein Projekt, sondern ein nie endender Prozess ist. Es gibt immer Raum für weiteres Wachstum – vorausgesetzt, wir entwickeln und bewahren die richtige Einstellung.

8.1 Gestaltung Ihres akademischen Entwicklungsplans

Ein akademischer Entwicklungsplan ist eine schriftliche Festlegung darüber, was, wann und wie Sie eine bestimmte Kompetenz verbessern möchten und welches Feedback Ihnen (oder anderen) zeigt, dass der gewünschte Fortschritt erreicht wurde. Abb. 8.1 zeigt die Phasen des iterativen Prozesses zur Erstellung eines solchen Plans.

Der Prozess beginnt mit der Identifikation der *zu verbessernden Kompetenzen*. Wie in Kap. 1 betont wurde, ist das Ziel nicht, in einer bestimmten Kompetenz perfekt zu werden, sondern „gut genug" für Ihr Projekt zu

Abb. 8.1 Der Weg zur Entwicklung eines persönlichen akademischen Entwicklungs-plans

sein. In den meisten Fällen identifizieren Forschende mehrere Kompetenzen, die verbessert werden müssen. Da es nicht ratsam ist, zu viele Kompetenzen gleichzeitig zu verbessern, müssen Sie die Verbesserungsschritte priorisieren, die Sie anstreben. Welche sind am wichtigsten?

Der zweite Schritt betrifft die Formulierung eines konkreten *Verbesserungsziels für die Kompetenz*. Was genau möchten Sie können? Je spezifischer Sie den gewünschten Fortschritt definieren, desto leichter können Sie feststellen, ob Sie Ihr Ziel erreicht haben.

Der dritte Schritt befasst sich mit dem *Zeitpunkt der Verbesserung*. Stimmen Sie den Zeitpunkt mit Ihrem Projektplan ab, damit Sie die Fähigkeiten dann besitzen, wenn Sie sie benötigen. Wenn Sie beispielsweise eine komplexe Methode der statistischen Datenanalyse beherrschen möchten, weil diese für Ihr Projekt entscheidend ist, Sie die Daten aber erst in einem Jahr erheben, ist es sinnvoller, sich zunächst auf die Verbesserung einer anderen Kompetenz zu konzentrieren.

Der vierte Schritt betrifft die Festlegung, *wie Sie Ihre Kompetenzen verbessern*. In manchen Fällen reicht Übung (Learning by Doing), in anderen Fällen benötigen Sie vielleicht einen Coach, müssen ein Buch lesen oder einen Kurs besuchen. Kompetenzen können auf viele verschiedene Arten verbessert werden – bestimmen Sie, welche Methode(n) für die angestrebte Verbesserung am geeignetsten sind.

Abschließend: *Welches Feedback* zeigt Ihnen, dass Sie Ihr Verbesserungsziel erreicht haben? Überlegen Sie, welche Art von Rückmeldung es Ihnen oder anderen ermöglicht zu erkennen, dass das in Schritt 2 definierte Ziel erreicht wurde. Dies ist ein entscheidender Schritt, denn er liefert entweder einen guten Grund zum Feiern oder signalisiert, dass die gewählte Lernmethode nicht ausreichend war und weitere Maßnahmen erforderlich sind.

Obwohl die Schritte als Abfolge dargestellt werden, sind in der Regel mehrere Iterationen erforderlich, bevor Sie Ihren endgültigen persönlichen akademischen Entwicklungsplan erreichen. Beginnen Sie damit, die Kompetenzen aufzulisten, die Sie verbessern möchten, und priorisieren Sie diese. Die Prioritäten hängen nicht nur von der Bedeutung der Kompetenz ab – berücksichtigen Sie auch Ihren Projektplan und ordnen Sie den Kompetenzen, die Sie früher benötigen, eine höhere Priorität zu. Die gewählte Lernmethode kann Sie auch dazu veranlassen, den Zeitpunkt der Verbesserungen zu überdenken. Wenn Sie sich beispielsweise für einen Trainingsworkshop entscheiden, der nur einmal im Jahr stattfindet, müssen Sie Ihre Priorisierung anpassen, um rechtzeitig am Workshop teilnehmen zu können. Manchmal ist eine weitere Iteration erforderlich, wenn Sie beim Formulieren des Feedbacks feststellen, dass die Verbesserung nicht spezifisch genug definiert wurde. An mehreren Stellen im Prozess der Erstellung Ihres persönlichen akademischen Entwicklungsplans kann es also notwendig sein, zu einem vorherigen Schritt zurückzukehren.

Letztlich können Sie Ihren persönlichen akademischen Entwicklungsplan ausfüllen, wie in Abb. 8.2 dargestellt. Der Plan bietet einen klaren Überblick über die Kompetenzen, die Sie entwickeln müssen, um Ihr Projekt abzuschließen. Kehren Sie regelmäßig zu Ihrem Plan zurück, um Ihre Entwicklung zu überprüfen, Ihre Prioritäten zu überarbeiten, herauszufinden, welche Lernmethoden für Sie am besten funktionieren, und um sich über die bereits erzielten Fortschritte zu freuen.

Persönlicher akademischer Entwicklungsplan				
Welche Fähigkeit?	Welches Ziel?	Wann verbessern?	Wie verbessern?	Feedback?
1.				
2.				
3.				

Abb. 8.2 Persönlicher akademischer Entwicklungsplan

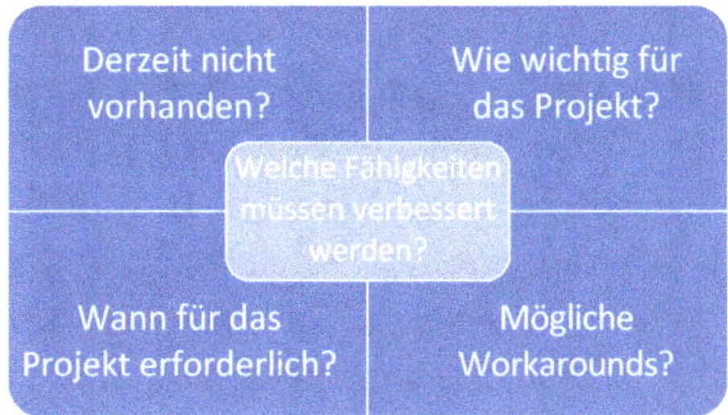

Abb. 8.3   Kriterien zur Beurteilung, welche Kompetenzen verbessert werden sollten

8.2   Welche Kompetenzen sollten für Ihre Promotion verbessert werden?

Die Entwicklung eines akademischen Entwicklungsplans beginnt mit der Identifikation und Priorisierung der Kompetenzen, die Sie verbessern möchten. Abb. 8.3 listet vier Kriterien zur Beurteilung auf, welche Kompetenzen verbessert werden sollten. Das erste Kriterium ist, ob Ihnen *derzeit eine Kompetenz fehlt,* die für Ihr Projekt notwendig ist. Wenn Sie eine für Ihr Projekt notwendige Tätigkeit nicht ausführen können, ist dies offensichtlich ein Kandidat für eine Verbesserung. Da Menschen nicht perfekt sind und ein Promotionsprojekt ein Lernprojekt ist, werden Sie vermutlich eine ganze Reihe von Kompetenzen identifizieren, die Sie verbessern könnten. Das bedeutet, dass Sie priorisieren und selektiv vorgehen müssen, da Sie wahrscheinlich nicht alle verbessern können.

Die nächsten drei Kriterien helfen bei diesen Entscheidungen. Erstens: *Wie wichtig* ist eine Kompetenz für Ihr Projekt? Ist sie entscheidend oder nur „nice to have"? Welche Konsequenzen hätte es für den Abschluss Ihres Projekts, wenn Sie eine bestimmte Kompetenz nicht besitzen?

Zweitens: *Wann benötigen* Sie eine bestimmte Kompetenz für Ihr Projekt? So können Sie die Verbesserungen Ihrer Kompetenzen über den Zeitverlauf Ihres Projekts verteilen. Was zuerst gebraucht wird, wird zuerst angegangen.

Berücksichtigen Sie schließlich *mögliche Workarounds.* Ist es möglich, Ihr Projekt auch ohne eine bestimmte Kompetenz abzuschließen, indem Sie das Projekt anders gestalten, mit jemandem zusammenarbeiten, der über die nötigen Kompetenzen verfügt, oder Hilfe anheuern? Der Kern von Teamarbeit ist die Zusammenarbeit mit Personen, die über komplementäre Kompetenzen oder Ressourcen verfügen, siehe Abschn. 3.3. Wenn andere die Kompetenzen besitzen, die Ihnen fehlen, müssen Sie diese vielleicht nicht selbst entwickeln. Und wenn Sie es dennoch möchten, bitten Sie diese Personen, Sie beim Erwerb dieser Kompetenzen als Mentor zu unterstützen.

Definieren Sie für jede gewünschte Kompetenzentwicklung klar, welche Art von Verbesserung Sie erreichen möchten. Im Sinne des Growth Mindset, siehe Abschn. 1.7, formulieren Sie angestrebte Verbesserungen als einen Schritt nach vorn. Ist dieser erreicht, können Sie sich auf den nächsten Schritt vorbereiten. Bewerten Sie Ihre aktuelle Kompetenz auf einer Skala von 1 bis 10, wobei 1 bedeutet, dass Ihnen die Kompetenz völlig fehlt, und 10, dass Sie eine Aufgabe problemlos erledigen können (nicht: „perfekt" oder „weltbester", "weltbester"). Nachdem Sie Ihre aktuelle Position auf dieser Skala eingeschätzt haben: Was würde ein Punkt mehr bedeuten? Wenn Sie derzeit bei 4 stehen, was würde eine 5 bedeuten? Was könnten Sie dann? Definieren Sie dies als Ihr Verbesserungsziel.

Formulieren Sie Ziele positiv, als zu erreichende Erfolge, und nicht als das Beenden kontraproduktiven Verhaltens. Weniger nervös beim Präsentieren zu sein, ist kein gutes Ziel – selbstbewusster beim Präsentieren zu sein, hingegen schon.

8.3   Wann sollten Sie Ihre Kompetenzen verbessern?

Die meisten Kompetenzverbesserungen kommen nicht von selbst, das heißt, Sie müssen sie planen. Abb. 8.4 zeigt die drei wichtigsten Aspekte im Hinblick auf das Timing von Kompetenzverbesserungen: die Übereinstimmung

Abb. 8.4 Drei Aspekte, die bei der Planung von Kompetenzverbesserungen zu berücksichtigen sind

mit Ihrem Forschungsprojekt, die Frage, ob die Zeitplanung realisierbar ist, und der Einstieg mit den am leichtesten zu erreichenden Zielen („Low-Hanging Fruit").

Der erste Aspekt bezieht sich auf Ihren *Projektplan*. Welche Aktivitäten sind wann geplant und welche Kompetenzen benötigen Sie für diese Aktivitäten?

Der zweite Aspekt betrifft das *Definieren realistischer Schritte*. Geplante Verbesserungen sollten machbar sein. Definieren Sie daher Schritte und keine Sprünge bei der Verbesserung Ihrer Kompetenzen. Wenn Sie aktuell eine 5 für eine Kompetenz erreichen (auf einer Skala von 1–10), während für Ihr Projekt eine 8 erforderlich ist, streben Sie zunächst eine 6 an und nicht sofort die 8. Zerlegen Sie die erforderliche Kompetenzverbesserung in mehrere machbare Schritte. Das Definieren realistischer Schritte bedeutet auch, die Anzahl gleichzeitiger Verbesserungen zu begrenzen. Sie können mehrere Verbesserungsziele im selben Zeitraum anstreben, dies hängt jedoch auch davon ab, wie herausfordernd die Ziele sind, wie viel Unterstützung Sie organisieren können und welche Übungsmöglichkeiten es gibt. Berücksichtigen Sie schließlich praktische Einschränkungen hinsichtlich der Verbesserung einer Kompetenz und der benötigten Ressourcen, zum Beispiel im Hinblick auf den Zeitpunkt von Kursen, die Sie besuchen möchten, oder Konferenzen, an denen Sie teilnehmen wollen. Wenn eine Kompetenzverbesserung die Einbindung anderer erfordert, prüfen Sie, ob Ihr Zeitplan auch für diese machbar ist.

Der dritte Aspekt beim Timing von Kompetenzverbesserungen ist, dass es klug ist, *mit „Low-Hanging Fruit" zu beginnen*. Das sind Ziele, die gut erreichbar sind und nur wenig Zeit zur Umsetzung benötigen. Sie garantieren schnelle Erfolge, und da nichts motivierender ist als Erfolg, steigern sie Ihre Energie und Ihr Selbstvertrauen.

8.4   Wie verbessern Sie Ihre Kompetenzen?

Nachdem Sie konkrete Kompetenzverbesserungen festgelegt haben, besteht der nächste Schritt darin, zu überlegen, wie Sie das angestrebte Wachstum erreichen. Da Kompetenzen auf viele verschiedene Arten entwickelt werden können, ist es sinnvoll, über eine Lernstrategie nachzudenken, die einfach

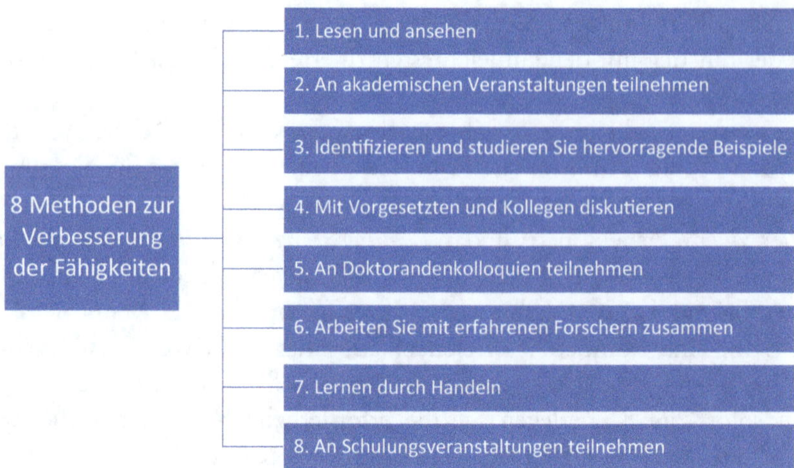

Abb. 8.5   Acht Methoden zur Verbesserung von Kompetenzen

und effektiv ist. Abb. 8.5 zeigt acht Methoden zur Verbesserung von Kompetenzen.

1. Lesen und anschauen

Lesen und Anschauen sind einfache, schnelle und kostengünstige Methoden, die Sie vollständig selbstständig durchführen können. Zu nahezu jedem Thema finden Sie im Internet informative Blogs, Präsentationen oder Videos. Alternativ können Sie in der Bibliothek gezielt nach Artikeln und Büchern zu der Kompetenz suchen, die Sie verbessern möchten. Oft profitieren Sie stark von den Erfahrungen anderer, die in einem zeitaufwendigen und mühsamen Prozess durch Versuch und Irrtum gelernt haben.

2. An wissenschaftlichen Veranstaltungen teilnehmen

Veranstaltungen wie Vorträge, Seminare und Konferenzen bieten eine einfache Möglichkeit, sich über Ihr Fachgebiet, Forschungsmethoden, potenzielle Datenquellen, Präsentationsmethoden oder Kooperationspartner zu informieren. Seien Sie aktiv und nehmen Sie an möglichst vielen Veranstaltungen teil. Selbst wenn ein Thema nicht direkt mit Ihrer eigenen Forschung zu tun hat, können Sie allein durch die Beobachtung lernen, wie andere Forschende ihre Arbeit präsentieren, wichtige Designentscheidungen erklären, Beiträge formulieren und sich an Diskussionen beteiligen.

3. Exzellente Beispiele identifizieren und studieren

Manche Menschen beherrschen die Kompetenzen, die Sie erwerben möchten, besonders gut. Indem Sie exzellente Beispiele identifizieren und studieren (zum Beispiel zuhören, lesen oder anschauen), können Sie von den Expertinnen und Experten lernen. Suchen Sie Personen oder Arbeiten, die Sie hinsichtlich der zu verbessernden Fähigkeit für exzellent halten, und analysieren Sie diese gezielt im Hinblick auf deren besondere Kompetenz. Wenn Sie beispielsweise besser präsentieren können möchten, ignorieren Sie den Inhalt der Präsentation und konzentrieren Sie sich nur darauf, wie sie vorgetragen wird. Wie baut die Person ihre Geschichte auf? Wie bindet sie das Publikum ein? Wie setzt sie Pausen, Gestik und Folien ein? Wenn Ihnen das Beobachten nicht ausreicht, fragen Sie die Person anschließend. Die meisten Menschen sprechen gerne über das, was sie gut können. Bei einem exzellenten Artikel analysieren Sie dessen Aufbau und Schreibstil. Warum ist es ein gut strukturierter und leicht verständlicher Artikel? Wie werden Methoden, Ergebnisse und Schlussfolgerungen formuliert? Wie werden Bezüge zu früheren Forschungen und Vorschläge für künftige Forschung dargestellt?

Manchmal ist es auch hilfreich, das Gegenteil zu tun und schlechte Beispiele zu studieren. Bevor ich meinen ersten Online-Workshop konzipierte, habe ich mehrere Webinare und andere Online-Workshops besucht und dabei viel darüber gelernt, was ich in meinen eigenen Online-Veranstaltungen vermeiden sollte.

4. Mit Betreuer*innen und Kolleg*innen diskutieren

Erfinden Sie nicht neu, was andere bereits herausgefunden haben. Seien Sie offen bezüglich Ihrer Schwächen und Sorgen und sprechen Sie mit informierten Personen wie Ihrer Betreuungsperson, Kolleg*innen oder erfahrenen Forschenden, die Sie auf wissenschaftlichen Veranstaltungen treffen. Nutzen Sie die Gelegenheit, Ratschläge zu erhalten und von erfahreneren Forschenden oder anderen Promovierenden zu lernen. Sie haben (oder hatten) ähnliche Herausforderungen und werden Ihren Prozess wiedererkennen.

5. An Doktorandenkolloquien teilnehmen

Ein Doktorandenkolloquium (Ph.D. Colloquium oder Ph.D. Lab) ist eine Veranstaltung, an der Promovierende und einige erfahrene Forschende teilnehmen, mit dem Ziel, den Promovierenden beim Fortschritt ihrer Projekte zu helfen, siehe Abschn. 5.6. Die Möglichkeit, um Rat zu fragen, das eigene Projekt mit erfahrenen Forschenden zu diskutieren und Diskussionen zu anderen Projekten zuzuhören oder sich daran zu beteiligen, sind großartige Gelegenheiten, Ihre Kompetenzen zu verbessern. Gleiches gilt für die Teilnahme an Workshops zur Manuskriptentwicklung oder die Präsentation Ihrer Arbeit in internen Seminarreihen oder auf Konferenzen.

6. Mit erfahrenen Forschenden zusammenarbeiten

Viel akademisches Wissen ist sogenanntes implizites Wissen, siehe Abschn. 4.4. Das ist Wissen, das sich nicht leicht explizit machen und weitergeben lässt. Sie erwerben es durch die Zusammenarbeit mit Personen, die dieses Wissen besitzen. Identifizieren Sie Forschende, von denen Sie viel lernen können, und suchen Sie nach Möglichkeiten zur Zusammenarbeit.

7. Learning by Doing

Ein wesentlicher Teil von Promotionsprojekten besteht in Learning by Doing. Dies ist ein einfacher und effektiver Ansatz, wenn Sie nicht viel zu verlieren haben. Wenn Sie Probleme leicht beheben können, wenn etwas schief geht, dann „tun Sie es einfach". Ist eine Korrektur schwieriger, stimmen Sie sich vorab mit Ihrer Betreuungsperson ab, um sicherzustellen, dass Ihr geplantes Vorgehen richtig ist.

8. An Trainingsveranstaltungen teilnehmen

Zu nahezu jedem Thema gibt es Kurse, Workshops, Seminare, Trainings oder Coaches, die Ihnen helfen, spezifische Kompetenzen zu entwickeln. Informieren Sie sich über die Angebote Ihrer Institution, viele Universitäten verfügen über ein Graduiertenkolleg, das solche Leistungen anbietet. Erkundigen Sie sich bei anderen Promovierenden oder anhand von Online-Bewertungen nach deren Qualität und Inhalten. Wenn diese ausreichend zu Ihren Bedürfnissen passen, können sie eine effektive Möglichkeit zur Kompetenzverbesserung bieten.

Auswahl einer Lernstrategie

Um die angestrebten Kompetenzverbesserungen zu erreichen, können Sie eine oder mehrere der oben genannten Methoden auswählen. Es ist sinnvoll, mit einer Methode zu beginnen, die einfach, schnell und kostengünstig ist, und falls dies nicht ausreicht, diese durch eine weitere Methode zu ergänzen.

Überlegen Sie auch, welche Methoden für Sie in der Vergangenheit effektiv waren. Vielleicht lässt sich die Methode, mit der Sie Ihr aktuelles Kompetenzniveau erreicht haben, auch für das nächste Level anwenden. Eine weitere Möglichkeit ist, andere (erfahrene Kolleg*innen oder Promovierende) zu fragen, wie sie eine bestimmte Fähigkeit erworben haben.

Anwendung einer Lernstrategie

Da jede Lernstrategie Handeln erfordert, definieren Sie konkrete Maßnahmen für die folgenden drei Lernelemente. Erstens: *Welche Praxis* möchten Sie ausprobieren oder übernehmen? Was sind Best Practices in Bezug auf die Kompetenz, die Sie verbessern möchten? Welche davon erscheint Ihnen – in Bezug auf Sie und Ihr Projekt – vielversprechend? Zweitens: Formulieren Sie Maßnahmen zum *Üben*. Im Fokus steht die Steigerung der Kompetenz, nicht nur das Verständnis. Das bedeutet, dass Sie vom Wissen zum Handeln übergehen müssen. Welche guten Gelegenheiten gibt es, eine Kompetenz zu üben? Drittens: Überlegen Sie, was ein effektives Feedback wäre. Wie im nächsten Abschnitt erläutert, kommt effektives Feedback nicht immer von selbst, daher sollten Sie überlegen, wie Sie schnell nützliches Feedback erhalten können.

Einbeziehen von anderen

Eine Promotion umfasst viele verschiedene Formen der Zusammenarbeit, auch zur Kompetenzverbesserung. Andere Forschende können Sie beim Lernen auf vielfältige Weise unterstützen. Sie können Ratschläge geben oder Sie auf nützliche Ressourcen hinweisen. Sie können Möglichkeiten zum Üben vorschlagen und bei der Organisation helfen. Schließlich können Sie sie einbeziehen, indem Sie um Leistungsfeedback bitten. Überlegen Sie also, wie andere Sie beim Ausbau Ihrer Kompetenzen unterstützen können: wer und wie?

8.5   Wie beurteilen Sie die Verbesserung Ihrer Kompetenzen?

„Probieren geht über Studieren" ist ein bekanntes Sprichwort, aber es gilt nur, wenn man auch weiß, wie man probiert. Anders ausgedrückt: Sie benötigen eine Gelegenheit zum Üben, Rückmeldung zu Ihrer Leistung und

Abb. 8.6 Kompetenzverbesserung durch gezieltes Üben

einen Maßstab, um festzustellen, ob die angestrebte Kompetenzverbesserung tatsächlich erreicht wurde. Üben ist wichtig, da es Ihnen ermöglicht, Best Practices vollständig zu verstehen, zu erfahren, was für Sie funktioniert, effektive Lektionen zu verinnerlichen und nützliches Feedback zu erhalten. Es markiert auch den Unterschied zwischen passivem und aktivem Lernen: Während sich passives Lernen auf Lesen, Zuhören und Zuschauen konzentriert, umfasst aktives Lernen das Mitmachen und Handeln. Abb. 8.6 zeigt, wie Sie eine Fähigkeit durch gezieltes Üben verbessern können.

1. Ziel der Kompetenzverbesserung

Wie in den vorherigen Abschnitten erläutert, beginnt die Kompetenzverbesserung mit der Definition eines expliziten Ziels. Wenn Sie Ziele nach der SMART-Methode formulieren, wird es einfacher, Ihre Vorhaben innerhalb eines bestimmten Zeitrahmens zu erreichen. SMART ist ein Akronym und steht für Spezifisch, Messbar, "Achievable", Relevant und Terminiert, siehe Abb. 8.7.

Spezifisch bedeutet, klar zu formulieren, welches Ziel Sie erreichen möchten (siehe Abschn. 8.2), wie Sie es erreichen wollen (siehe Abschn. 8.4), welche Schritte Sie unternehmen, wer beteiligt ist, welche Ressourcen benötigt werden usw.

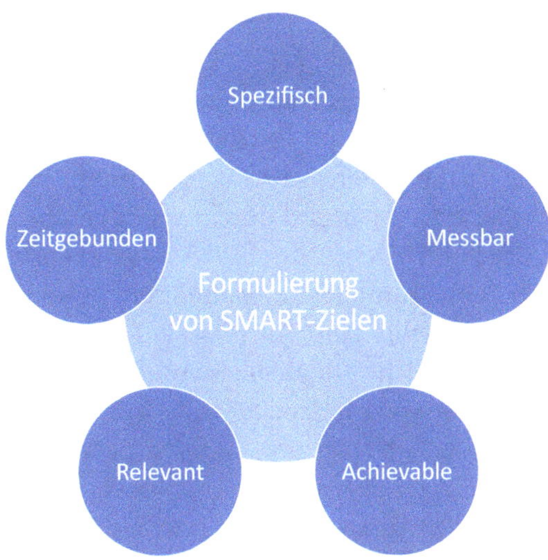

Abb. 8.7 Ziele nach der SMART-Methode formulieren

Messbar bezieht sich darauf, wie festgestellt werden kann, ob Sie ein Ziel erreicht haben. Welche Art von Feedback liefert diese Information? Woran können Sie oder andere erkennen, dass Sie ein Ziel erreicht haben? Die SMART-Literatur betont die Verwendung von Zahlen, aber das ist bei Zielen zur Kompetenzverbesserung oft nicht realistisch. Die verschiedenen Arten von nützlichem Feedback werden im Folgenden erläutert.

Erreichbar ("achievable") bedeutet, dass ein gutes Ziel herausfordernd, aber auch in Reichweite sein sollte. Es fordert Ihre Fähigkeiten heraus, bringt Sie aus Ihrer Komfortzone in die Lernzone (siehe Abschn. 1.1), aber nicht zu weit, nicht in Ihre Panikzone, damit es umsetzbar bleibt.

Relevant bedeutet, dass Sie vom Erreichen Ihres Ziels profitieren sollten: Die Verbesserung von Kompetenzen sollte die Qualität Ihrer Arbeitsergebnisse erhöhen und/oder die Projektdurchführung beschleunigen.

Terminiert impliziert, dass das Ziel eine Frist enthält. Ein klarer Endtermin gibt an, bis wann die Kompetenzverbesserung erreicht sein muss (siehe Abschn. 8.3).

Die Formulierung von Zielen nach der SMART-Methode hilft, klarzustellen, welche Kompetenzverbesserungen Sie erreichen möchten, fokussiert Ihre Lernbemühungen, nutzt Ihre Zeit und andere Ressourcen effektiv und erhöht die Wahrscheinlichkeit, das zu erreichen, was Sie sich vorgenommen haben.

2. Gelegenheiten zum Üben

Viele Gelegenheiten, Kompetenzen zu üben, ergeben sich in Ihrem Projekt ganz natürlich, denn Promotionsprojekte sind Lernprojekte. Um Ihr Projekt abzuschließen, müssen Sie interessante Forschungsfragen definieren sowie ein Forschungsprojekt entwerfen und durchführen, das machbar ist und den Standards des Fachgebiets entspricht. Sie müssen zusammenarbeiten, Zeit managen, Ihre Arbeit auf Konferenzen präsentieren und Artikel für wissenschaftliche Zeitschriften schreiben. All dies sind natürliche Gelegenheiten, Kompetenzen zu üben. Solche Möglichkeiten können aber auch gezielt geschaffen werden, zum Beispiel indem Sie eine Vorlesung für Bachelor-Studierende halten, um das Sprechen vor Publikum zu üben, oder indem Sie gezielt für Ihre Forschungsgruppe präsentieren, bevor Sie an einer Konferenz teilnehmen. Generell gilt: Passen Sie Lern- und Übungsumgebung aneinander an, und manchmal ist es besser, zunächst in einem geschützten Rahmen zu üben.

3. Bewusstes Üben

Kompetenzverbesserung erfordert gezieltes Üben, das sich durch fokussierte Aufmerksamkeit auszeichnet und auf Leistungssteigerung abzielt, siehe Abschn. 1.7. Die alte Weisheit „Übung macht den Meister" stimmt, sollte aber nicht als bloßes Wiederholen einer Handlung verstanden werden. Gezieltes Üben ist zielgerichtetes und systematisches Üben mit Aufgaben in Ihrer Lernzone (siehe Abschn. 1.1).[1]

4. Feedback einholen

Feedback, das die Überwachung der eigenen Leistung ermöglicht, ist unerlässlich, damit gezieltes Üben tatsächlich zu einer Kompetenzverbesserung führt. Es bezieht sich auf das M für Messbar im SMART-Akronym. Je expliziter Sie die Kompetenzverbesserung definiert haben, desto leichter ist es, geeignete Leistungsindikatoren festzulegen. Obwohl SMART (quantitative) Messung empfiehlt, lassen sich Kompetenzen oft nicht direkt messen. Da Kompetenzen uns befähigen, etwas zu tun, kommt nützliches Feedback häufig in Form dieses „Etwas" oder des Weges zu diesem "Etwas". Ersteres nennt man Ergebnis-Feedback, letzteres Prozess-Feedback. Beim Schreiben

---

[1] Siehe auch: Ericsson und Pool (2016).

eines Artikels ist *Ergebnis-Feedback,* ob Ihre Betreuungsperson das Paper für gut genug hält, um es einzureichen. *Prozess-Feedback* ist, wenn Ihre Betreuungsperson Ihnen mitteilt, dass die aktuelle Version in den zuvor schwachen Punkten deutlich verbessert wurde.

Feedback kann intern oder extern sein. *Internes Feedback* wird von Ihnen selbst eingeschätzt und kann eine Beobachtung sein („Mein Betreuer stand sehr positiv zur letzten Version meines Papers") oder ein Gefühl („Ich war während der Fragerunde nach meinem Vortrag entspannt und souverän"). *Externes Feedback* wird von anderen gegeben. In Bezug auf die obigen Beispiele: eine explizite Aussage Ihres Betreuers zum Fortschritt beim Schreiben Ihres Papers und der Eindruck, den Sie bei einem Kollegen während der Fragerunde hinterlassen. Internes Feedback ist, wie Sie selbst erkennen, dass Sie Ihr Ziel erreicht haben. Externes Feedback ist, wie andere dies erkennen. Wenn Sie sich auf internes Feedback verlassen, seien Sie nicht zu streng mit sich selbst und bedenken Sie, dass das Ziel die Verbesserung ist – jeder Schritt nach vorn ist ein Erfolg.

In der Regel kommt das bessere Feedback nicht von selbst, Sie müssen es *organisieren*: Sprechen Sie gezielt fachkundige Personen an und bitten Sie sie um eine Rückmeldung zu Ihrer Leistung. In den obigen Beispielen bitten Sie Ihre Betreuungsperson explizit, den aktuellen Entwurf mit der vorherigen Version Ihres Papers zu vergleichen, und bitten Sie im Vorfeld einen Kollegen, der an Ihrem Vortrag teilnimmt, auf Ihr Verhalten während der Fragerunde zu achten.

Bitten Sie um konstruktives Feedback, das spezifisch, sowohl positiv als auch negativ und anhand klarer Beispiele begründet ist. Feedback wird noch nützlicher, wenn Sie es aus mehreren Perspektiven und zu verschiedenen Aspekten erhalten. Bei einer Präsentation könnten Sie sowohl Ihre Betreuungsperson als auch andere Promovierende um Feedback bitten. Sie können auch gezielt nach Rückmeldungen zur Struktur Ihres Vortrags, zur Verständlichkeit der Folien und zu Ihrem Sprechtempo fragen.

Reagieren Sie beim Erhalt von Feedback niemals defensiv, auch wenn Ihnen die Rückmeldung nicht gefällt. Es ist die Meinung der anderen, und wenn Sie sie nicht hören wollen, hätten Sie nicht danach fragen sollen. Danken Sie den Feedbackgebern immer für ihre hilfreichen Kommentare – was Sie mit dem Feedback machen, liegt bei Ihnen.

5. Verhalten anpassen

Feedback signalisiert die Leistung. Wenn Sie Ihr Ziel noch nicht vollständig erreicht haben, besteht der nächste Schritt darin, Ihr Verhalten weiter anzupassen. Die Wirkung von Feedback sollte nicht darin bestehen, sich mehr anzustrengen, sondern etwas anders zu machen. Dazu muss das Feedback in angepasstes Handeln übersetzt werden. Auch hier gilt: Je spezifischer das Feedback, desto leichter fällt die Verhaltensanpassung. Wenn das Präsentationsfeedback besagt, dass die Folien 3 und 5 zu viel Text enthalten, sollten Sie in Erwägung ziehen, weniger relevante Textpassagen von diesen Folien zu entfernen.

In anderen Fällen ist weniger klar, welche Verhaltensänderungen helfen könnten, und Sie müssen vielleicht auf die Übersicht der Lernmethoden (siehe Abschn. 8.4) zurückgreifen, um Anregungen zu erhalten. Wenn das nicht (schnell genug) hilft, können Sie in Erwägung ziehen, jemanden als Coach oder Mentor hinzuzuziehen. Eine solche Person kann Ihnen nützlicheres Feedback und bessere Vorschläge für ein verbessertes Verhalten geben.

8.6 Wie machen es erfolgreiche Menschen?

Am Ende dieses Buches habe ich zwei Abschnitte eingefügt, die über den Abschluss eines Promotionsprojekts hinausgehen. Dieser Abschnitt beschreibt, was erfolgreiche Menschen von anderen unterscheidet; der folgende Abschnitt befasst sich damit, wie man nach der Promotion ein gutes Leben führt. Heidi Grant Halvorson vertritt die Ansicht, dass erfolgreiche Menschen ihre Ziele nicht einfach aufgrund ihrer Persönlichkeit erreichen, sondern vor allem wegen ihres Handelns. Obwohl sich ihr Buch an ein allgemeines Publikum richtet, sind die Strategien auch auf die Wissenschaft übertragbar und stehen in engem Einklang mit diesem und den vorangegangenen Kapiteln. Abb. 8.8 enthält die neun Praktiken, die sie beschreibt.[2]

1. Werden Sie konkret

Wie in diesem Kapitel besprochen, sollten Sie Ihre Ziele so konkret wie möglich formulieren. Kennen Sie Ihre Ziele, die Hindernisse, die Ihnen begegnen könnten, und die Maßnahmen, die notwendig sind, um Ihr Ziel zu erreichen.

---

[2] Halvorson (2011).

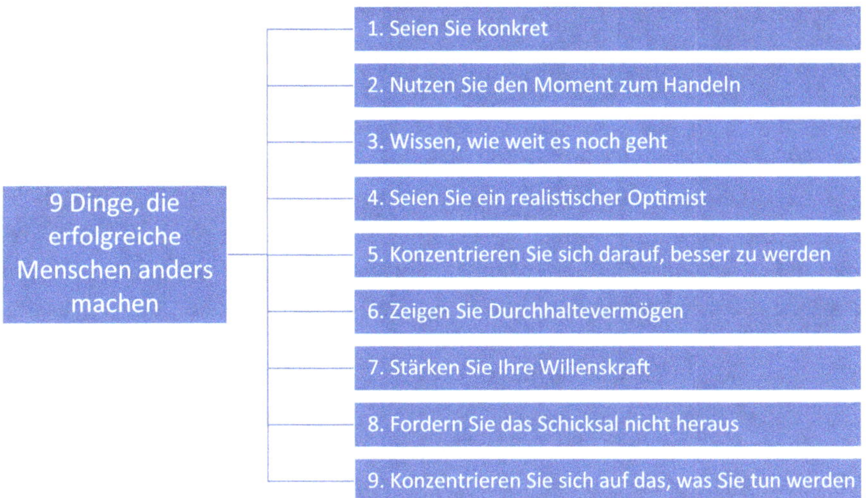

Abb. 8.8   Was erfolgreiche Menschen anders machen

2. Nutzen Sie den Moment

Um den Moment zu nutzen, entscheiden Sie im Voraus, wann und wo Sie welche Maßnahmen ergreifen werden. So verhindern Sie, dass Sie Chancen verpassen. Seien Sie auch hier konkret. Wenn Sie mindestens eine Stunde pro Tag schreiben möchten, legen Sie im Voraus fest, zu welcher Zeit und in welcher Umgebung Sie schreiben werden.

3. Wissen, wie weit es noch ist

Die Überwachung des Fortschritts liefert das notwendige Feedback, um motiviert zu bleiben. Legen Sie fest, wann Sie den Fortschritt überprüfen (tragen Sie es in Ihren Kalender ein) und welche Informationen Sie zur Bewertung des Fortschritts heranziehen werden.

4. Seien Sie realistisch optimistisch

Glauben Sie an sich selbst, seien Sie optimistisch in Bezug auf Ihre Erfolgsfähigkeit, bleiben Sie aber realistisch. Realistisch zu sein bedeutet nicht nur, dass Ihr Ziel erreichbar ist, sondern auch, dass Sie verstehen, dass Erfolg nicht von selbst kommt. Erfolg erfordert Planung, Anstrengung und Ausdauer. Sie können sich auf die bevorstehende Arbeit einstellen, indem Sie sich vorstellen, wie Sie Hindernisse überwinden.

5. Konzentrieren Sie sich auf Verbesserung

Es ist gut, an Ihre Fähigkeit zum Erfolg zu glauben, aber ebenso wichtig ist es, daran zu glauben, dass Sie diese Fähigkeit erwerben können. Dieser Glaube ähnelt dem Growth Mindset, siehe Abschn. 1.7. Konzentrieren Sie sich darauf, besser zu werden, statt nur gut zu sein. Machen Sie sich bewusst, dass der Promotionsprozess ein Lernprozess ist und Fehler unvermeidlich sind, um Kompetenzen zu entwickeln. Seien Sie nicht zu streng mit sich selbst, wenn Sie nicht beim ersten Mal Erfolg haben.

6. Zeigen Sie Durchhaltevermögen

Durchhaltevermögen ist die Bereitschaft, sich langfristigen Zielen zu verschreiben und auch angesichts von Herausforderungen nicht aufzugeben. Ein anspruchsvolles Projekt abzuschließen und Kompetenzen zu entwickeln, erfordert Zeit, Anstrengung, Kreativität und das Überwinden von Hindernissen. Wenn Sie auf Probleme stoßen, machen Sie sich bewusst, dass diese zu erwarten waren – Sie wussten nur nicht, welche und wann. Die Frage ist: Was werden Sie als Nächstes tun?

7. Stärken Sie den Muskel Ihrer Willenskraft

Der Vergleich der Willenskraft mit einem Muskel legt nahe, dass Ihre Willenskraft schwächer wird, wenn Sie sie nicht nutzen, und stärker, wenn Sie sie regelmäßig trainieren. Nutzen Sie Ihren Selbstkontrollmuskel, um Versuchungen zu widerstehen und Schwierigkeiten zu überwinden – das bringt nicht nur Ihr Projekt voran, sondern stärkt auch Ihre Willenskraft. Das unterstreicht, wie wichtig es ist, Erfolge zu feiern, denn so wird Ihnen bewusst: „Du hast es geschafft!". Seien Sie sich aber auch bewusst, dass Sie in der richtigen Stimmung sein müssen, um Ihre Willenskraft einzusetzen. Wenn Sie müde sind, ist es nicht der richtige Moment, ein schwieriges Gespräch zu führen oder einen Aufsatz zu schreiben – warten Sie besser bis zum nächsten Morgen.

8. Fordern Sie das Schicksal nicht heraus

Es ist gut, an sich selbst zu glauben, aber übernehmen Sie nicht zu viele herausfordernde Aufgaben gleichzeitig. Gehen Sie Schritt für Schritt voran.

9. Konzentrieren Sie sich auf das, was Sie tun wollen

Richten Sie Ihre Anstrengungen auf das, was Sie tun möchten, nicht auf das, was Sie nicht tun möchten. Wenn Sie sich tagsüber nicht von Social-Media-Nachrichten ablenken lassen wollen, formulieren Sie ein Ziel dafür, was Sie tun wollen. Zum Beispiel: Ich möchte zweimal am Tag Social-Media-Nachrichten lesen. Um es noch konkreter zu machen, könnten Sie zwei bestimmte Zeitfenster nennen oder festlegen, dass Sie täglich zwei 20-minütige Zeitfenster dafür reservieren.

8.7 Der Weg zu einem guten Leben nach der Promotion

Dieses Buch befasst sich mit der Entwicklung der Kompetenzen, die es Ihnen ermöglichen, erfolgreich die Ziellinie des Doktortitels zu erreichen. Doch das Leben endet nicht nach der Promotion. Schauen wir also weiter in die Zukunft und betrachten, wie Sie sowohl beruflich als auch privat aufblühen können. Irgendwann in der zweiten Hälfte Ihren Promotion müssen Sie über Ihren nächsten Job nachdenken; Abschn. 8.7.1 behandelt, wie Sie herausfinden, welcher Job zu Ihnen passt, basierend auf dem japanischen Ikigai-Konzept. Abschn. 8.7.2 identifiziert die verschiedenen Lebensbereiche, die langfristige Gesundheit und Erfolg bestimmen.

8.7.1 Ikigai: Welcher Job passt zu Ihnen?

Das japanische Konzept Ikigai bedeutet „wofür es sich zu leben lohnt".[3] Es bezieht sich darauf, was Ihrem Leben einen Sinn gibt. Das Konzept existiert schon lange in der japanischen Kultur, wurde aber kürzlich popularisiert und im Westen als hilfreiches Modell zur Berufungsfindung adaptiert. Ikigai kann dabei helfen, einen Job zu finden, der zu Ihrer Persönlichkeit passt, denn Ihr idealer Job sollte nicht nur Ihre Rechnungen bezahlen, sondern auch Freude und Erfüllung bringen. Hinzu kommt, dass Sie die Fähigkeiten für diesen idealen Job besitzen sollten – damit sind alle vier Elemente von Ikigai erfüllt, siehe Abb. 8.9.[4]

---

[3] https://en.wikipedia.org/wiki/Ikigai.

[4] Weitere Informationen: World Economic Forum (2017); Eatough (2021); García und Miralles (2017).

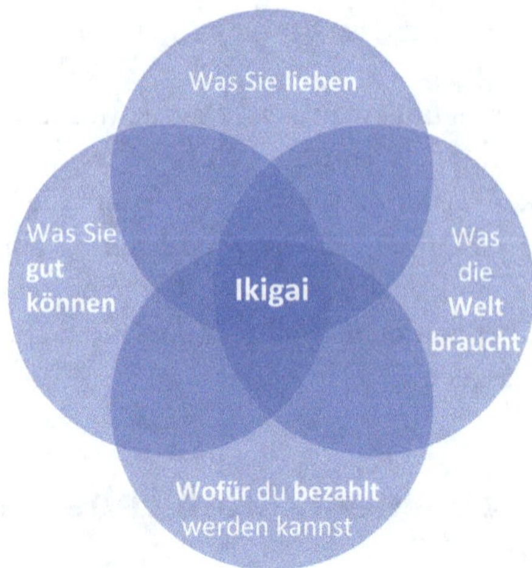

Abb. 8.9 Ikigai-Konzept zur Suche nach einem Beruf, der zur eigenen Persönlichkeit passt

Was Sie lieben

Das erste Element ist das, was Sie lieben. Was würden Sie auch dann tun, wenn Sie kein Geld dafür bekämen? Welche Tätigkeiten geben Ihnen Energie, lassen Sie die Zeit vergessen und versetzen Sie in einen Zustand des „Flows"? Gemeint sind Aktivitäten, in die Sie sich völlig vertiefen können und die Sie allein um ihrer Freude willen ausführen. Die Antworten müssen daher nicht unbedingt mit beruflichen Aufgaben zusammenhängen, sondern können sich auch auf ein Hobby oder alles beziehen, wofür Sie Leidenschaft empfinden.

Was die Welt braucht

Sinnstiftende Arbeit ist ein wichtiger Bestandteil des „richtigen" Jobs. Wir verbringen einen großen Teil unseres Lebens bei der Arbeit, und das, was wir in all diesen Stunden tun, sollte für andere von Bedeutung sein. Trägt ein Beruf dazu bei, wichtige gesellschaftliche, wirtschaftliche oder ökologische Probleme zu lösen? In welchem Beruf können Sie für andere Menschen einen Unterschied machen? Was wird in der Gemeinschaft, in der Sie leben, am meisten gebraucht?

Eine praktischere Herangehensweise an diese Frage ist, die Zukunftsaussichten eines Berufs zu betrachten: Wird die Gesellschaft diesen Beruf (in

Zukunft vermehrt) benötigen? Je größer der Bedarf, desto leichter ist es, in diesem Bereich eine Karriere aufzubauen.

Womit Sie Geld verdienen können

Seinen Lebensunterhalt zu verdienen bedeutet, mit dem, was Sie tun, ein Einkommen zu erzielen. Für welche Berufe gibt es Stellenangebote? Wie gut werden sie bezahlt? Für welche Berufe gibt es (zukünftig) Engpässe? Kennen Sie Menschen mit ähnlichen Interessen, die es geschafft haben, mit ihrer Leidenschaft ihren Lebensunterhalt zu bestreiten?

Worin Sie gut sind

Was können Sie besser als viele andere? Wofür bekommen Sie Komplimente? Bei welchen Tätigkeiten wenden sich andere an Sie? Jeder Beruf erfordert Kompetenzen, und je mehr Sie die Fähigkeiten und Talente besitzen, die Sie in einem Beruf erfolgreich machen, desto besser passt der Beruf zu Ihnen.

Ihre Berufung oder Traumkarriere liegt dort, wo sich alle vier Elemente überschneiden. Die Ikigai-Philosophie empfiehlt, klein anzufangen und Schritt für Schritt in die richtige Richtung zu gehen. Seien Sie im Moment präsent, machen Sie sich bewusst, was und warum Sie die Dinge tun, die Sie tun. Kehren Sie von Zeit zu Zeit zu den vier Fragen zurück, um Ihre Berufung neu zu bewerten und festzustellen, ob Sie weiterhin Fortschritte in die richtige Richtung machen – das bedeutet, dass sich die vier Ikigai-Elemente annähern.

8.7.2   Langfristige Gesundheit und Erfolg

Arbeit ist nur ein Bereich Ihres Lebens; ein gutes Gleichgewicht zwischen allen wichtigen Lebensbereichen zu halten, ist notwendig für langfristige Gesundheit und Erfolg. Abb. 8.10 zeigt die fünf grundlegenden Bereiche des menschlichen Lebens, die gemeinsam zu langfristiger Gesundheit und Erfolg beitragen.

Psychische Gesundheit

Die Aufrechterhaltung einer guten psychischen Gesundheit ist für Promovierende ein wichtiges Thema, da das Stressniveau oft hoch ist und die

Abb. 8.10   Verschiedene Elemente langfristiger Gesundheit und Erfolg

Gefahr emotionaler Erschöpfung besteht, siehe Abschn. 7.5. Unser Gehirn braucht Zeit, um sich auszuruhen, sich auf andere Dinge als die Arbeit zu konzentrieren und die mentale Batterie wieder aufzuladen. Viele Aktivitäten helfen, die psychische Gesundheit zu erhalten – vom Schlafen über Meditation und Yoga, Spielen mit den Kindern, Zeit in der Natur verbringen, Musikhören, Ausgehen mit Freunden bis hin zu Hobbys wie Kochen oder Gärtnern. Es umfasst jede Aktivität, die für Sie eine Quelle der Freude und Entspannung ist.

Psychische Gesundheit kann auch aus spirituellen Aktivitäten in Verbindung mit Religion oder Philosophie stammen, die ein Gefühl der Verbundenheit mit etwas Größerem als uns selbst vermitteln. Solche Aktivitäten können einen Lebenssinn und ein Gefühl des inneren Friedens bieten. Es kann sogar so einfach sein, wie Dankbarkeit zu empfinden für das, was man hat. Nehmen Sie gewöhnliche Dinge nicht als selbstverständlich hin, behandeln Sie sie als etwas Besonderes (vielleicht werden sie es eines Tages sein) und sagen Sie Danke dafür.

Körperliche Gesundheit

Die drei wichtigsten Aktivitäten, die zur körperlichen Gesundheit beitragen, sind Schlafen, Essen und Bewegung. Schlafen Sie ausreichend, möglichst zu regelmäßigen Zeiten. Essen Sie gesunde Nahrung in begrenzten Mengen, ebenfalls vorzugsweise zu festen Zeiten. Laut der Weltgesundheitsorganisation (WHO) sollten Erwachsene mindestens 150–300 Minuten pro Woche aerobe körperliche Aktivität mit mittlerer Intensität ausüben.[5] Sie können ins Fitnessstudio gehen, aber auch Walken, Radfahren, Tanzen, Schwimmen und Rasenmähen helfen. Am besten wirkt Bewegung, wenn Sie sie zur Gewohnheit machen, zum Beispiel zu Fuß zur Arbeit gehen oder mit dem Rad fahren und an einem festen Tag ins Fitnessstudio gehen. Steigen Sie eine Haltestelle früher aus dem öffentlichen Verkehrsmittel aus und gehen Sie das letzte Stück zu Fuß nach Hause oder zur Arbeit. Wenn Sie mit dem Auto kommen, wählen Sie einen Parkplatz weiter entfernt vom Gebäude, in dem Sie arbeiten. Wenn Sie zur Toilette gehen, nutzen Sie eine auf einer anderen Etage. Gehen Sie ab und zu zur Kaffeeküche in einem anderen Gebäude.

Soziale Gesundheit

Soziale Gesundheit bezieht sich auf unsere Beziehungen zu anderen Menschen. Dazu gehören Beziehungen zu Partner*in, Kindern, Verwandten, Freund*innen, Nachbar*innen, Kolleg*innen usw. Gesunde Beziehungen sind wichtig für ein glückliches, langes und erfülltes Leben; sie können unser Selbstwertgefühl und Zugehörigkeitsgefühl stärken, Einsamkeit verhindern, Freude bringen und in schwierigen Zeiten Unterstützung bieten.

Finanzielle Gesundheit

Menschen unterscheiden sich stark darin, wie wichtig sie Geld finden. Arme Menschen sind aus guten Gründen von Geld besessen, reiche Menschen aus schlechten Gründen. Unabhängig davon, wie Sie Geld bewerten, müssen wir alle Rechnungen bezahlen, und es ist klug, Rücklagen für schlechte Zeiten oder den Ruhestand zu haben.

Berufliche Gesundheit

Wie im vorherigen Abschnitt besprochen, wäre es ideal, wenn Sie eine Arbeit finden, die Sie lieben, die sinnvoll ist, in der Sie gut sind und die eine attraktive Bezahlung bietet. Laut der Selbstbestimmungstheorie bleiben wir motiviert und entwickeln uns optimal, wenn drei grundlegende psychologische Bedürfnisse in unserer Arbeit erfüllt werden, nämlich Autonomie (das Gefühl, eine Wahl zu haben), Kompetenz (wirksam zu sein und Meisterschaft

---

[5] https://apps.who.int/iris/bitstream/handle/10665/337001/9789240014886-eng.pdf. Zugriff am 25. September 2023.

zu erleben) und soziale Eingebundenheit (das Gefühl, sich mit anderen verbunden fühlen und Zugehörigkeit zu erleben).[6]

Obwohl die fünf Bereiche einzeln besprochen werden, sind sie eng miteinander verbunden. Schlechte psychische Gesundheit kann sich in körperlichen Problemen äußern, während gute soziale Gesundheit hilft, körperliche Probleme zu überwinden. Außerdem tragen viele Aktivitäten zu mehreren Gesundheitsbereichen bei. Tanzen mit Freunden zum Beispiel fördert die körperliche, psychische und soziale Gesundheit.

Wenn Sie das Konzept der verschiedenen Gesundheitsbereiche anwenden, definieren und beschreiben Sie zunächst, was jeder Bereich für Sie bedeutet. Dies kann dazu führen, dass Sie Bereiche aufteilen, zum Beispiel kann soziale Gesundheit in Familie, Freunde und Gemeinschaft unterteilt werden. Setzen Sie anschließend Ziele für jeden Bereich, sowohl kurzfristig als auch langfristig, und vereinbaren Sie regelmäßige Termine mit sich selbst, um diese zu überprüfen. Ich mache das alle sechs Monate, um sicherzustellen, dass ich andere wichtige Lebensbereiche nicht aus den Augen verliere, nur weil ich mich so stark auf einen Bereich konzentriere.

Wenn Sie jeden Ihrer Gesundheitsbereiche überprüfen, kontrollieren Sie nicht nur, ob Sie die beim letzten Mal gesetzten Ziele erreicht haben, sondern gehen Sie auch auf die vier Fragen ein, die in Abb. 8.11 zusammengefasst sind.[7]

Haben Sie Freude an den Aktivitäten? Auch wenn Ihr Hauptgrund, ins Fitnessstudio zu gehen oder zu arbeiten, nicht der Spaß ist, sind Aktivitäten, die Ihnen positive Energie geben, viel leichter durchzuhalten. Sie machen optimistisch, steigern Energie und Selbstvertrauen, helfen, Hürden zu überwinden, tragen zu einem sinnvollen Leben bei und können sogar andere inspirieren. Wenn Sie an Aktivitäten keine Freude mehr haben, ist es Zeit für eine Veränderung.

Erhöhen die Aktivitäten die Vielfalt in Ihrem Leben? Vielfalt bezieht sich darauf, verschiedene Dinge im Leben zu erleben. Diversität ist ein Wert an sich, egal ob es um das geht, was Sie lesen, anschauen, essen oder tun. Lesen Sie unterschiedliche Bücher, treffen Sie verschiedene Menschen, haben Sie mehrere Hobbys, besuchen Sie verschiedene Museen und probieren Sie neue Reiseziele aus. Viele Jahre lang hatte ich ein Zitat an meiner Bürotür: „Tu jeden Tag etwas Neues." Das bewahrt uns davor, ein stumpfsinniges Leben zu führen.

---

[6] Deci und Ryan (1985); Ryan und Deci (2000).

[7] Abgeleitet aus: Schweitzer (2014).

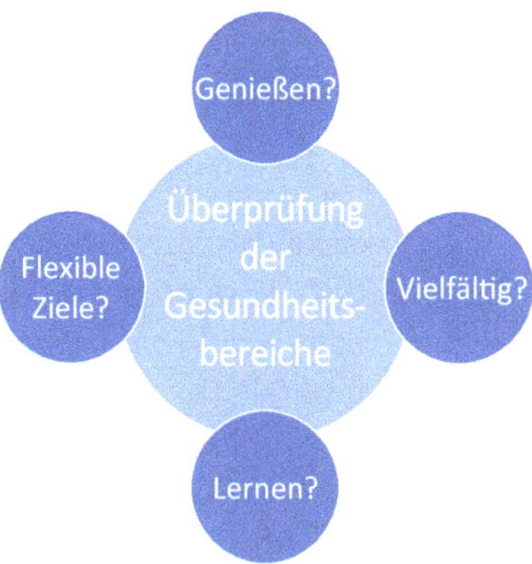

Abb. 8.11 Wichtige Fragen bei der Überprüfung der Gesundheit in verschiedenen Lebensbereichen

Bieten die Aktivitäten Lernerfahrungen? Lernen bringt neue Einsichten und Fähigkeiten, fördert Selbstvertrauen und Stolz, erhöht das Verständnis der Welt und hat positive gesundheitliche Effekte, einschließlich der Vorbeugung von Alzheimer. Das Sprichwort „Wer rastet, der rostet" gilt sowohl mental als auch körperlich – bleiben Sie also in Bewegung. Während des Pendelns höre ich TED Talks oder Podcasts, die ich mehr oder weniger zufällig auswähle. Lesen Sie informative Bücher und Blogs, schauen Sie Dokumentationen und erleben Sie Kunst.

Sind Sie flexibel bei Ihren Zielen? Dieses Buch hat die Bedeutung von Zielsetzung mehrfach betont; das Thema kam auch bei der Diskussion über erfolgreiche Menschen in Abschn. 8.6 wieder auf. Konkrete Ziele ermöglichen es, Fortschritte zu überwachen. Aber Sie sollten Ziele nicht als in Stein gemeißelt betrachten, sondern flexibel damit umgehen. Es ist gut, sich gesund zu ernähren, aber ein gelegentliches Stück Schokoladenkuchen schadet nicht. Tägliche Bewegung ist eine großartige Gewohnheit, aber manchmal sind andere Dinge wichtiger. Solche Abweichungen sind nicht schlimm, solange Sie das übergeordnete Ziel – ein gesundes Leben zu führen – im Blick behalten. Außerdem verläuft das Leben nicht geradlinig; manches, was Sie sich sehr wünschen, wird nicht Realität. Flexibilität bei der Zielsetzung bedeutet dann, einen Gang zu wechseln. Vertrauen Sie darauf, dass sich eine neue Tür öffnet, wenn sich eine schließt.

8.8 Persönliches Wachstum als fortlaufender Prozess

Dieses Buch handelt davon, entscheidende Fähigkeiten für die Promotion zu entwickeln, indem Sie Ihr Verständnis und Selbstvertrauen stärken – mit dem übergeordneten Ziel, die Erfolgsquoten von Promotionen zu erhöhen und die psychische Gesundheit von Promovierenden zu verbessern. Zu den Gründen für den Abbruch von Promotionsprojekten zählen Faktoren wie finanzielle Probleme, Familiengründung, Krankheit und andere lebensverändernde Ereignisse, die meist unvorhersehbar und unkontrollierbar sind. Doch wie der spanische Schriftsteller Miguel de Cervantes schrieb: „Wer vorbereitet ist, hat den Kampf halb gewonnen." Sich der Fähigkeiten bewusst zu werden, die Sie benötigen, um die Ziellinie zu erreichen, hilft Ihnen, sich auf die Herausforderung, die Sie angenommen haben, vorzubereiten.

Persönliches Wachstum erfordert nicht nur Lernen, ebenso wichtig ist es, von Zeit zu Zeit über den zurückgelegten Weg nachzudenken. Betrachten Sie den Abstand, die Geschwindigkeit und die Richtung. *Der Abstand* bezieht sich auf die Kompetenzen, die Sie bisher entwickelt haben. Was haben Sie gelernt und welche zusätzlichen Kompetenzen benötigen Sie, um Ihre (nächsten) Ziele zu erreichen?

Die Geschwindigkeit bezieht sich auf das Lerntempo. Es könnte an der Zeit sein, neue Aufgaben zu übernehmen, um neue Wachstumschancen zu erkunden. Wenn Sie das Gefühl haben, dass der Fortschritt zu langsam ist, fragen Sie sich, ob Sie nicht zu viel auf einmal wollen. Vielleicht sollten Sie nachsichtiger mit sich selbst sein und kleinere Schritte anstreben. Lassen Sie sich nicht zu früh von langsamem Fortschritt entmutigen – Wachstum verläuft selten linear, und manchmal kommen die ersten Schritte langsam, werden aber nach einem Durchbruch von Sprüngen gefolgt. Wenn Sie den Fortschritt weiterhin als zu langsam empfinden, überdenken Sie Ihre Lernstrategie, siehe Abschn. 8.4.

Die Richtung schließlich bezieht sich auf die Ziele, die Sie anstreben. Stimmen diese noch mit Ihren Ambitionen und dem Stand Ihres Projekts überein? Sowohl Ihr Projekt als auch Sie selbst sind in Entwicklung – passen Sie Ihre Ziele an, wenn sich die Umstände ändern.

Sie können die in diesem Buch beschriebenen Ansätze auch anwenden, um verschiedene Arten von Zielen für Ihre berufliche Laufbahn oder andere Lebensbereiche zu formulieren, wie in Abb. 8.12 dargestellt. *Ergebnisziele* definieren genau, wo Sie am Ende stehen möchten. Fügen Sie ein Datum

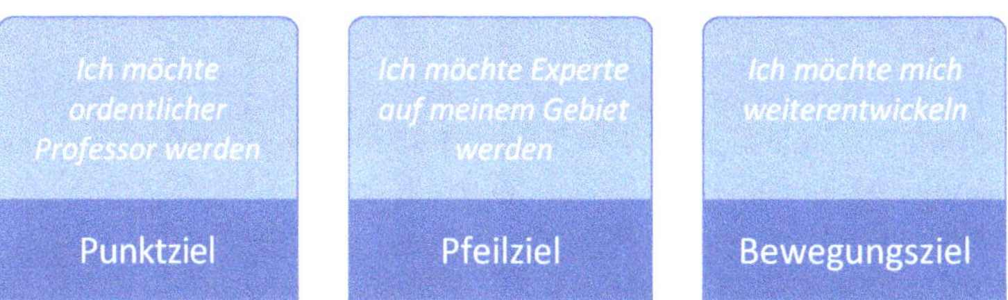

Abb. 8.12 Drei verschiedene Zieltypen, die Sie formulieren könnten

hinzu, und es wird zu einem SMART-Ziel. Solche Ziele eignen sich für kurzfristig orientierte Vorhaben, bei denen Sie sich ziemlich sicher sind, dass Sie sie erreichen können.

Richtungsziele formulieren eine bestimmte Richtung, lassen aber offen, wo genau Sie am Ende stehen möchten. Sie eignen sich weniger für einen SMART-Ansatz, können aber erfüllender sein und Sie potenziell glücklicher machen. Sie sind nützlich für längerfristige Ziele, die Sie nur teilweise selbst beeinflussen können (wer weiß schon, wie der Arbeitsmarkt in zehn Jahren aussieht?) und/oder bei denen Sie sich (noch) nicht sicher sind, ob sie in Reichweite Ihrer Fähigkeiten liegen.

Die dritte Kategorie sind *Handlungsziele*. Solche Ziele konzentrieren sich darauf, kontinuierlich Fortschritte zu machen. Sie mögen auf den ersten Blick wie die am wenigsten ambitionierte Kategorie erscheinen, können aber für ein gesundes und glückliches Leben essenziell sein. Es ist großartig, das Ziel erreicht zu haben, Professor zu werden, aber kaum jemand bleibt lange glücklich, nur weil er Professor geworden ist. Menschen, die sich in ihrem Beruf oder in einem anderen Lebensbereich festgefahren fühlen, sind weder glücklich noch gesund, unabhängig davon, welche Ziele sie in der Vergangenheit erreicht haben. Handlungsziele betonen, dass es um die Reise geht, nicht um das Ziel.

Kompetenzentwicklung ist kein Projekt, sondern ein Prozess. Es ist ein fortlaufender Prozess, der nicht mit der Promotion endet. Mit der richtigen Einstellung, der Bereitschaft, neue Herausforderungen anzunehmen und neue Ansätze auszuprobieren, werden Sie nie aufhören zu lernen. Die kontinuierliche Weiterentwicklung Ihrer Kompetenzen ist sowohl für Ihre berufliche als auch persönliche Gesundheit unerlässlich. Ich wünsche Ihnen viel Erfolg!

Literatur

Deci, Edward L. and Richard M. Ryan (1985), Int*rinsic motivation and self-determination in human behavior,* Plenum, New York.

Eatough, Erin (2021), *What is ikigai and how can it change my life?,* May 7, https://www.betterup.com/blog/what-is-ikigai. *Ikigai: the Japanese secret to a joyful life,* https://www.japan.go.jp/kizuna/2022/03/ikigai_japanese_secret_to_a_joyful_life.html

Ericsson, Anders, and Robert Pool (2016), *Peak: secrets from the new science of expertise,* Mariner Books.

García, Héctor and Francesc Miralles (2017), *Ikigai: the Japanese secret to a long and happy life,* Penguin Life.

Heidi Grant Halvorson (2011), *Nine things successful people do differently,* Harvard Business Review Press.

Ryan, Richard M., and Edward L. Deci (2000). Self-determination theory and the facilitation of intrinsic motivation, social development, and well-being, *American Psychologist,* 55, 1, 68-78. doi: https://doi.org/10.1037/0003-066X.55.1.68.

Derived from: Schweitzer, Roeland (2014), 6 tips om je leven lang scherp te blijven, 21 July, https://www.intermediair.nl/persoonlijke-groei/persoonlijke-ontwikkeling/6-tips-om-je-leven-lang-scherp-te-blijven

World Economic Forum (2017), *Is this Japanese concept the secret to a long, happy, meaningful life?,* August 9, https://www.weforum.org/agenda/2017/08/is-this-japanese-concept-the-secret-to-a-long-life/

GPSR Compliance
The European Union's (EU) General Product Safety Regulation (GPSR) is a set
of rules that requires consumer products to be safe and our obligations to
ensure this.

If you have any concerns about our products, you can contact us on

ProductSafety@springernature.com

In case Publisher is established outside the EU, the EU authorized
representative is:

Springer Nature Customer Service Center GmbH
Europaplatz 3
69115 Heidelberg, Germany

www.ingramcontent.com/pod-product-compliance
Lightning Source LLC
LaVergne TN
LVHW011058200726
843510LV00003B/911